U0690738

澳门大学"非疾病风险消费者基因检测服务法律规范问题研究"多年度研究资助项目（编号：MYRG2018-00074-FLL）支持

前沿生物技术应用监管的现实困境与法律对策研究

杜立 著

WUHAN UNIVERSITY PRESS
武汉大学出版社

图书在版编目(CIP)数据

前沿生物技术应用监管的现实困境与法律对策研究/杜立著.
—武汉:武汉大学出版社,2021.8(2021.9重印)
ISBN 978-7-307-22496-4

Ⅰ.前… Ⅱ.杜… Ⅲ.生物工程—科学技术管理法规—研究—中
国 Ⅳ.D922.174

中国版本图书馆 CIP 数据核字(2021)第 147610 号

责任编辑:胡 荣 责任校对:汪欣怡 版式设计:马 佳

出版发行:**武汉大学出版社** (430072 武昌 珞珈山)
(电子邮箱:cbs22@whu.edu.cn 网址:www.wdp.com.cn)
印刷:武汉中科兴业印务有限公司
开本:720×1000 1/16 印张:14 字数:225 千字 插页:1
版次:2021 年 8 月第 1 版 2021 年 9 月第 2 次印刷
ISBN 978-7-307-22496-4 定价:48.00 元

目　　录

引　言

一、新兴生物科技

生物科技是现代社会大众熟悉的名词。即便不知道其具体的科学定义，大众对生物科技在日常生活中的运用已不陌生。我们食用的食品，其加工过程中可能有生物科技的参与，使得食物的口感更好、营养价值更高;[①] 我们的农业生产可以在生物科技的帮助下变得更加高效且减少温室气体排放;[②] 我们的医学研究会因生物科技的发展与应用而定制出个性化的治疗方案;[③] 我们使用的燃料和能源因生物科技的应用变得更加环保和可持续化发展。不可否认，现代生物科技已经越来越多地融入现代人的生活中。

与生物学的概念有所差别，广义的生物科技指利用生命系统、生物体或生物衍生材料来开发或制造产品。[④] 因此，生物科技有非常强的应用属性。随着各种生物技术基础研究的不断突破和发展，例如，细胞操作工具的升级，DNA 编辑技术的革新等，生物科技的应用也变得越来越广泛、精准和高效。然而，人类社会在享受生物科技研发与应用带来的利益同时，也面临其潜在的健康与安全风险以及随之而来的监管挑战。在百度搜索中，输入"生物科技"或者某一项具体的生物技术名称，例如，"基因编辑"，检索结果里除了大量的有关生物技术研发突

[①] 旭日干、庞国芳:《中国食品安全现状、问题及对策战略研究》，科学出版社 2015 年版，第 44~46 页，第 119~121 页。

[②] 郑斯齐、韩祺、陈艳萍等:《近期国外生物经济战略综述及对我国的启示》，载《中国生物工程杂志》2020 年第 4 期。

[③] 李菲、龙耀辉、赵劲松等:《我国生物医药产业现状及区域化发展战略》，载《中国生物工程杂志》2020 年第 8 期。

[④] 陈方、丁陈君、吴晓燕等:《生物科技领域国际进展与趋势分析》，载《世界科技研究与发展》2018 年第 1 期。

破的新闻外，也可以看到许多关于规范生物科技应用和商业化的担忧与监管呼吁。的确，21 世纪，人类在生物科技领域取得了前所未有的巨大发展与进步。我们共同见证了很多生物科技研发的里程碑事件，但同时，因生物科技研发中的操作失误和不合法的生物技术应用而导致的重大公共安全事件也接连发生。对于世界各国来说，如何有效地规范生物科技发展，既兼顾公共卫生、环境保护、生物安全，同时又能促进生物科技创新、生物经济发展、创造就业机会成为各国监管部门和立法者的难题。[①]

在人类基因组计划（Human Genome Project，HGP）启动前，媒体和大众对生物科技的讨论主要集中在转基因农作物对环境和人体的安全性风险上。当时各国政府部门没有特别重视生物科技的研发可能同时带来复杂的社会问题，也没有预计到这些社会问题会严重影响相关技术的进一步研发与应用。因此，纵使转基因技术可以科学有效地改善农业生产面临的各种难题，例如，干旱、病虫害、盐碱土等，转基因农产品和食品仍没有获得大众的支持。在转基因技术研发与农业生产应用的初期，由于没有有效的大众科普与公众参与，转基因技术的不确定性风险被媒体无限放大。[②] 最终，大众在错误信息和科技谣言中对利用转基因技术生产的食品产生偏见。[③] 直到今天，尽管大量的科学研究都证明了转基因食品对人类和动物的安全性，但在很多国家，尤其是欧洲国家，转基因技术在农业生产中的应用仍不为大众所接受。[④] 相关产品的商业化进程受到来自法律规范和民众反对态度的巨大阻碍。

在人类基因组计划启动后，以美国为代表的发达国家很快意识到人类基因组研究必将对人类社会产生重大影响。为避免重蹈转基因技术的覆辙，必须同步开展与基因科技研发相应的法律、伦理与社会问题的研究。通过创立专项研究计

① The National Academies Press, "Preparing for Future Products of Biotechnology", https：//www. ncbi. nlm. nih. gov/books/NBK442204/, February 23, 2021.

② 吴林海、吕煜昕、吴治海：《基于网络舆情视角的我国转基因食品安全问题分析》，载《情报杂志》2015 年第 4 期。

③ 韦敏：《科学传播困境背后的技治主义——以黄金大米的科学传播为例》，载《科学与社会》2018 年第 1 期。

④ Alan H. Schulman, Kirsi-Marja Oksman-Caldentey, Teemu H. Teeri, "European Court of Justice Delivers No Justice to Europe on Genome-edited Crops", *Plant Biotechnology Journal* 18, 2020, pp. 8-10.

划，例如，在美国国家人类基因组研究院（National Human Genome Research Institute, NHGRI）设立的伦理、法律和社会影响研究计划（Ethical, Legal and Social Implications Research Program, ELSI, 以下简称美国 ELSI 计划）支持下，① 基因组学与基因科技研发相关的法律、伦理与社会问题得到科研经费支持，跨学科研究团队随之开展了广泛与细致的研究。在美国 ELSI 计划开展后，类似的研究计划也很快在英国、加拿大、澳大利亚和欧洲国家开展起来。② 这样，21 世纪也见证了与生物科技相关的法律、伦理与社会问题研究的大发展。很多欧美顶尖大学也陆续创办生命伦理、生物科技法律与政策研究中心。③

---

① National Human Genome Research Institute, "Ethical, Legal and Social Implications Research Program", https：//www. genome. gov/Funded-Programs-Projects/ELSI-Research-Program-ethical-legal-social-implications, February 23, 2021.

② 加拿大于 2000 年成立 "基因组研究组"（Genome Canada），其目标之一是推动研究和解决基因组学在伦理、环境、经济、法律和社会方面的影响问题（Genomics and Its Ethical, Environmental, Economic, Legal and Social Aspects, GELS）。2001 年成立的加拿大健康研究院遗传学研究所（Institute of Genetics, Canadian Institutes of Health Research）也长期致力于遗传学及其伦理、法律和社会问题（The Ethical, Legal and Social Issues Associated with Genetics, GELS）的研究。自 2002 年，英国经济及社会研究理事会（Economic and Social Research Council, ESRC）组建 "ESRC 基因组学网络"（Genomics Network），资助英国各地的中心与机构开展研究和解决基因组学科学和技术的经济、社会影响问题。2004 年，荷兰成立了 "社会和基因组学中心"（Centre for Society and Genomics），专门关注研究、评估和改进基因组学的伦理、法律和社会方面问题。2008 年，挪威研究委员会（The Research Council of Norway）开始研究生物技术、纳米技术和认知科学方面的伦理、法律和社会问题（Ethical, Legal and Social Aspects, ELSA）。2009 年，奥地利、芬兰和德国在 2009 年发起了一项多国倡议（ELSAGEN Transnational Research Programme），呼吁在基因组学和相关科学的伦理、法律、社会文化和经济方面开展合作研究项目。

③ 例如，加拿大：阿尔伯塔大学健康法研究所（Health Law Institute, University of Alberta）、麦吉尔大学基因组学与政策中心（Centre of Genomics and Policy, McGill University）、多伦多大学创新法律与政策中心（Centre for Innovation Law and Policy, University of Toronto）；美国：斯坦福大学法律与生物科学中心（Center for Law and the Biosciences, Stanford University）、哈佛大学健康法律与政策创新中心（Center for Health Law and Policy Innovation, Harvard University）、耶鲁大学所罗门健康法律与政策中心（Solomon Center for Health Law and Policy, Yale University）；英国：剑桥大学法律、医学与生命科学中心（Centre for Law, Medicine and Life Sciences, University of Cambridge）和牛津大学健康、法律与新兴技术中心（Centre for Health, Law and Emerging Technologies, University of Oxford）；澳大利亚：悉尼健康法中心（Sydney Health Law, University of Sydney）、墨尔本大学健康法律与伦理网络（Health Law and Ethics Network, University of Melbourne）。

中国在生物科技法律、伦理与社会研究方面起步晚一些。但根据欧美国家的经验，尤其是中国国内近年不断报道的与生物技术应用相关的丑闻影响（表1-1），现代生物科技研发的顺利推进和科研成果的成功转化，持续的研发资金和市场化运营的资本投入，与国家政策和健全的法律监管机制息息相关。同时，大众对于某项生物科技的认知也在很大程度上决定了该项科技商业化的成败。因此，在新兴生物科技基础研发的同时，必须强调对其社会影响进行研究，重视相关立法和行业规则的制定与完善，以保障该科技产品的商业化能够获得持续的资金和市场支持，保障生物科技研发与产品商业化过程安全、稳定且有序地进行。

二、对生物科技潜在风险的法律规范

目前，国际社会以及大多数国家在生物科技领域已经制定了专门的法律规范。这些规范制度主要是针对生物科技潜在的生物安全、食品安全、医疗安全及伦理等风险。以生物安全为例，其是生物科技领域最重要的风险问题之一。① 生物科技的研发和商业化可能会对公众健康和社会环境产生不确定的风险。② 此外，经过基因修饰的生物体一旦进入自然界，其可能造成自然资源基因库污染，危害生物多样性，甚至影响生态系统平衡。③ 为应对生物安全风险，在国际法层面，联合国《生物多样性公约》（*Convention on Biological Diversity*，CBD）于1993年生效。其要求缔约国在开展生物学研究和应用时，应承担保护自然生物资源和可持续发展的条约义务。《生物多样性公约》的补充协议——《卡塔赫纳生物安全议定书》（*Cartagena Protocol on Biosafety*，CPB，以下简称《卡塔赫纳议定书》）在《生物多样性公约》基础上进一步针对生物科技制定了生物安全操作规则。④ 依据《卡塔赫纳议定书》，缔约国需要考虑所有改性活生物体在越境转移、过

---

① 李真真、董永亮、高旖蔚：《设计生命：合成生物学的安全风险与伦理挑战》，载《中国科学院院刊》2018年第11期。

② Katherine French, "Harnessing Synthetic Biology for Sustainable Development", *Nature Sustainability* 2, 2019, pp. 250-252.

③ Michele Garfinkle, Lori Knowles, "Synthetic Biology, Biosecurity, and Biosafety", in Ronald L. Sandler, eds., *Ethics and Emerging Technologies*, London, Palgrave Macmillan, 2014, pp. 533-547.

④ Markus Vordermayer, "The Extraterritorial Application of Multilateral Environmental Agreements", *Harvard International Law Journal* 59, 2018, pp. 59-124.

表 1-1　近二十年因违法或不当使用生物科技导致的伤害事件

事件发生时间	事件名称	涉及的生物科技类别	网址（新闻报道或裁判文书）	事件信息
2002 年	雀巢公司基因改造食品事件	转基因食品	http://finance.sina.com.cn/x/20021205/082128695.shtml; http://www.ebiotrade.com/newsf/2002-12/L200212592725.htm	据媒体报道，雀巢公司未向中国监管部门申报转基因标识。对此，农业部转基因管理办公室称，雀巢未申报转基因标识。雀巢食品销售商家称，未见过雀巢食品上附有转基因食品标签。
2004 年	江苏宿迁假疫苗案	疫苗质量	http://finance.sina.com.cn/x/20040823/1226968208.shtml	2004 年，江苏省宿迁市药监局调查出不合格疫苗。宿迁市药品监督管理局报告称，不合格疫苗涵盖了共九种疫苗，约 6000 支。约有 3000 名婴幼儿已经接种此疫苗。后经查明，该批疫苗无经销资质，冷链失效，后给予行政处罚。
2005 年	非法转基因水稻污染中国大米	转基因水稻	https://www.greenpeace.org.cn/wp-content/uploads/2017/05/20050613_ge_rice.pdf	绿色和平组织经过四次的实地调查，先后在 2005 年 4 月和 6 月公布《非法转基因水稻污染中国大米》调查报告，揭露了未经国家审批的转基因水稻已经在湖北进行非法销售和种植，而且污染了湖北的大米。农业部门有关人士表示，由于尚未收到详细的检测结果，所以对该组织的检测结果"无法认同"。农业部将依据《农业转基因生物安全管理条例》的监督职责，根据湖北省农业厅执法检查的结果进行判断和处理。

事件发生时间	事件名称	涉及的生物科技类别	网址（新闻报道或裁判文书）	事件信息
2006年	亨氏婴儿米粉中发现未经政府批准的转基因成分	转基因食品	http://finance.sina.com.cn/xiaofei/puguangtai/20060314/1742416564.shtml; http://finance.sina.com.cn/xiaofei/puguangtai/20060314/18512416694.shtml	绿色和平组织在继2005年在湖北省武汉市等多地发现非法转基因水稻种植及在广州市发现非法转基因大米销售等情况后，再次发现有非法转基因稻米污染食物链的事件。对此，"亨氏中国"发布声明确认，在"权威独立检测机构"，就亨氏过去及近期产品所做的所有测试中（包括其产品或原材料），没有检测到任何转基因成分。
2009年	大连狂犬病疫苗造假案	疫苗质量	http://news.sohu.com/20090301/n262533718.shtml	2009年2月6日，国家药监局在其官方网站上发布了一段情况通报，称中国药品生物制品检定所在对狂犬病疫苗监督检验中发现，辽宁大连金港安迪生物制品有限公司2008年生产的部分人用狂犬病疫苗中检出违法添加的核酸物质。食品药品监管部门对此进行立案调查，控制并召回问题疫苗。
2010年	东北农业大学布氏菌病感染事件	实验室感染	http://zqb.cyol.com/html/2011-09/03/nw.D110000zgqnb_20110903_3-03.htm	2010年12月19日，东北农业大学28人因在实验室进行"羊活体解剖学实验"被感染布鲁氏菌病（乙类传染病）。调查报告显示，要在购买实验动物时，采购人未按《黑龙江省实验动物管理条例》要求购买养殖场出具有关检疫合格证明。实验前，指导教师也未按以上规定对其进行现场检疫。

续表

事件发生时间	事件名称	涉及的生物科技类别	网址（新闻报道或裁判文书）	事　件　信　息
2010 年	绿色和平对沃尔玛因售卖违法转基因大米提出诉讼	转基因大米	https://www.greenpeace.org.cn/ge-lawsuit/	绿色和平组织在沃尔玛超市购买到尚未取得商业流通资格的违法转基因散装大米，并就此提起诉讼。对此，农业部责成有关部门进行调查；沃尔玛分店出售的转基因大米已经下架。
2011 年	网瘾基因检测事件	基因检测	http://news.sina.com.cn/s/2011-08-02/150722920783.shtml	武汉中南医院体检中心推出标价为 8980 元的网瘾基因检测套餐。检测人员称，该套餐包含 8 大类 46 种基因检测，只要从口腔黏膜提取 DNA 做基因解码分析，就可以检测网瘾、心脑血管、呼吸系统、孤独症、肥胖等疾病基因，准确率高达 99.99%。对此，中南医院体检中心主任邹世清接受新华社记者采访时说，"网瘾基因"这一说法在医学上是说不通的。网瘾的形成涉及心理学、社会学、行为学等多个学科领域，不是仅靠基因检测就能断定，但是通过基因分析，可以看出一个孩子是否具有执著、好动或者自闭等先天特质，以此作为判断是否染网瘾的辅助手段。宣传人员承认此借商业宣传。

续表

事件发生时间	事件名称	涉及的生物科技类别	网址（新闻报道或裁判文书）	事件信息
2013年	乙肝疫苗死亡事件	疫苗质量	http://scitech.people.com.cn/n/2013/1223/c1007-23915422.html	湖南、深圳、四川多地出现婴儿注射乙肝疫苗后死亡情况。深圳康泰公司称，此事件为"疑似偶合死亡事件"，系不良反应，与疫苗无关。对此，国家食药监总局、国家卫计委于12月20日下发通知，要求暂停使用深圳康泰公司的全部批次重组乙肝疫苗。
2014年	上海市脐血库"虚假宣传"事件	脐带血移植	http://sh.sina.com.cn/news/b/2014-04-17/090090874.html	上海市一婴儿因患白血病，需要进行脐带血移植，却被告知其储存的脐带血不能用于该病的移植，引发争议。上海脐血库表示，用户存储脐带血时，已经签订"自存脐带血不能完全保证100%符合医生要求"的合同条款，并不存在虚假宣传。多位血液专家表示，首目扩大或者全盘否认脐带血的作用都不科学。
2016年	山东疫苗案	疫苗质量	http://www.chinanews.com/gn/2018/03-28/8477844.shtml	2013年6月起，被告从国内多地购进冻干人用狂犬病疫苗、b型流感嗜血杆菌结合疫苗、乙型脑炎减毒活疫苗、口服轮状病毒活疫苗及乙型肝炎人免疫球蛋白等多种药品，存放在不符合疫苗等药品冷藏要求的仓库内，向本省及国内多地买家销售，并以"保健品"等名义通过不符合冷藏要求的运输方式发送疫苗等药品。涉案金额达5.7亿元。涉案18个省份共有91起与"山东疫苗案"关联案刑事判决。其中，有64名国家公职（工作）人员，以滥用职权罪被判刑。其他涉案人员，多被以非法经营罪判刑。

续表

事件发生时间	事件名称	涉及的生物科技类别	网址（新闻报道或裁判文书）	事 件 信 息
2016 年	魏某西事件	DC-CIK 生物免疫疗法	http：//www.xinhuanet.com/politics/2016-05/03/c _ 128950862.htm	2016 年 4—5 月发生的一起牵涉医疗诈骗广告及网络搜索服务公司未尽企业社会责任的社会事件。受害者魏某西因家人因在百度推荐的武警北京市总队第二医院接受了未经审批且效果未经确认的生物免疫治疗方法，最终于 2016 年 4 月 12 日不治去世。在魏某西事件调查结果发布一个多月后，国家网信办和国家工商总局分别制定的《互联网信息搜索服务管理规定》和《互联网广告管理暂行办法》发布。当中首次明确将搜索引擎的竞价排名定义为互联网广告，并纳入监管范畴，还提出要把付费搜索和自然搜索结果明显区分开，明确付费搜索信息在搜索结果页面中所占的比例上限。
2018 年	无创基因产前检测技术未检测出新生儿唐氏综合征争议	无创基因检测技术	http：//www.xinhuanet.com/legal/2018-08/07/c _ 1123231874.htm	无创基因产前检测技术在多地均未检测出新生儿唐氏综合征，新生儿母亲质疑以华大基因为代表的无创基因技术未能起到筛查作用，引发争议。国家卫健委表示此技术在 340 家医疗机构开展，仍存在假阴性和检测失败病例，且基因检测不等于诊断。同时，无检测资质的医院被叫停。

事件发生时间	事件名称	涉及的生物科技类别	网址（新闻报道或裁判文书）	事 件 信 息
2018年	长春长生疫苗事件	疫苗质量	http://www.cs.com.cn/ssgs/gsxw/201807/t20180718_5843114.html	2018年7月15日，国家药品监督管理局发布公告显示，长春长生公司违法违规生产人用冻干人用狂犬病疫苗。随后，国务院调查组发现，从2014年4月起，长春生物公司在生产狂犬病疫苗过程中严重违反药品生产质量管理规范和国家药品标准的有关规定，出现混入过期原液、不如实填写日期和批号，部分批次向后标示生产日期等行为。且该公司生产的效价不合格百白破疫苗涉及49.98万支。对此，国家药监局和吉林省食药监局分别对长春长生公司及相关责任人作出顶格处罚，国家药监局责令对长春长生公司及相关责任人以涉嫌犯罪被批捕。证监会对长春长生公司及相关责任人以涉嫌犯罪被批捕。相关责任人以涉嫌生产、销售劣药罪被批捕。
2018年	中国首例CAR-T疗法诉讼案（王志慧案）	CAR-T疗法	http://magazine.caijing.com.cn/20180924/4518172.shtml	2018年2月，一患者在江苏徐州加入CAR-T临床试验，先后输入抗CD19和CD20的双靶点细胞治疗。3月，患者去世。家属对临床试验合法性问题有争议，并提起诉讼。家属方认为，应按照药品临床试验管理，而医院表示，CAR-T只是一种新的治疗手段，这是一项科学研究性质的临床试验。就CAR-T临床试验是否属于药品临床试验有记者向国家药监局求证，未得到回复。

续表

事件发生时间	事件名称	涉及的生物科技类别	网址（新闻报道或裁判文书）	事件信息
2019年	南京干细胞免疫疗法特大诈骗案	干细胞免疫细胞疗法	https://m.k.sohu.com/d/501671036?channelId=206&page=2	2018年4月起，诈骗者借用干细胞、免疫细胞具有治疗功效的概念，向老年人推销免疫细胞回输产品。法院认定，上述概念仍处于科学研究和医学实验阶段，在客观上并不具备其宣传的功效。且免疫细胞回输用产品来源自未开展免疫细胞的研究和试验工作。因此，诈骗者宣传、推销的产品是在任何科学实验数据支证情况下的骗局。
2019年	中国农科院兰州兽研所布鲁氏菌抗体阳性事件	实验室感染	https://news.163.com/20/0915/20/FMJGNTUU0001890.html	自2019年11月起，有部分中国农业科学院兰州兽医研究所所学生检测出布鲁氏菌血清呈阳性，后来感染通报人数不断增加。调查结果称，致病原因系兰州中牧兰州生物药厂在兽用布鲁氏菌疫苗生产过程中使用过期消毒剂，致使生产发酵罐废气排放灭菌不彻底。
2019年	贺某奎"基因编辑婴儿"案	人类胚胎基因编辑技术	http://www.xinhuanet.com/2019-12/30/c_1125403802.htm	中国南方科技大学生物系副教授贺某奎及其团队于2018年通过基因编辑技术，对一对双胞胎细胞的CCR5基因进行改造，尝试使婴儿获得对部分艾滋病具备免疫能力。该实验经新闻报道后，所涉及的伦理等问题立刻引发质疑，100多名中国科学家在此消息公布后立刻发表联合签署的声明表示强烈谴责，中国监管部门和国际医学专家也密切关注此事件。最终，贺某奎、张某礼、覃某洲3名被告人因共同非法实施以生殖为目的的人类胚胎基因编辑和生殖医疗活动，构成非法行医罪，分别被依法追究刑事责任。

境、处理和使用过程中的生物安全问题。① 同时,《卡塔赫纳议定书》要求缔约国对可能造成的潜在不利影响以及对人类健康构成的风险进行分析和立法信息共享。②

国内法层面,除了可以适用传统的行政法、民法和刑法的相关规定来应对生物科技潜在的生物安全风险以外,不少国家也相继颁布了专门针对生物安全的相关立法。例如,我国于 2020 年颁布了《生物安全法》。该法旨在"维护国家安全,防范和应对生物安全风险,保障人民生命健康,保护生物资源和生态环境,促进生物技术健康发展,推动构建人类命运共同体,实现人与自然和谐共生"。③除《生物安全法》外,我国有关生物安全的规定还散见于环境保护法规、实验室生物安全管理条例以及国家部委制定的相关行政法规。例如,针对基因研究的生物安全规范管理,科技部于 2017 年发布了《生物技术研究开发安全管理办法》,对从事生物研究开发的研究人员和机构提出了必须关注生物安全问题的要求,并由国务院科技主管部门负责全国生物技术研究的安全指导,对生物技术研究开发实行分级安全管理。④

三、规范与监管的挑战

尽管生物科技领域的立法在不断地被修改和完善,但生物科技发展迅猛,法律监管机制很难跟上科技日新月异的变化。例如,当各国还在探究如何更有效与合理地规范农业转基因技术应用时,基因编辑技术,即 CRISPR-Cas9（Clustered Regularly Interspaced Short Palindromic Repeats, CRISPR; Associated Protein 9, Cas 9）闪亮登场。其以革命性的方式改变了整个传统的基因修饰方式,实现更精准、

---

① 《生物多样性公约》缔约方大会：《〈生物多样性公约〉的卡塔赫纳生物安全议定书》,载联合国公约与宣言检索系统：https：//www.un.org/zh/documents/treaty/files/cartagenaprotocol.shtml, 2021 年 2 月 23 日最后访问。

② Tenth Meeting of the Conference of the Parties to the Convention on Biological Diversity, "Text of the Cartagena Protocol on Biosafety", http：//bch.cbd.int/protocol/text/, February 23, 2021.

③ 全国人民代表大会：《中华人民共和国生物安全法》,载中国人大网：http：//www.npc.gov.cn/npc/c30834/202010/bb3bee5122854893a69acf4005a66059.shtml, 2021 年 2 月 23 日最后访问。

④ 中华人民共和国科学技术部：《科技部关于印发〈生物技术研究开发安全管理办法〉的通知》,载中华人民共和国科学技术部官网：http：//www.most.gov.cn/xxgk/xinxifenlei/fdzdgknr/fgzc/gfxwj/gfxwj2017/201707/t20170725_134231.html, 2021 年 2 月 23 日最后访问。

廉价、高效的基因修改操作。随着 CRISPR-Cas9 的问世，其迅速在农业生产和人类疾病治疗的研究中被运用。很多产品和疗法已经研发出来了。例如，通过基因编辑技术剔除导致氧化的基因后，切开之后不会变黄的苹果变成现实;① 通过基因编辑技术，科学家们认为可以通过修改遗传性疾病的致病基因，从而彻底根除遗传病的发生。这样的临床试验已经开展。② 然而，这些技术的具体应用均对现有的规范框架产生了冲击。以基因编辑食品的商业化为例，其面临的第一个问题即是：通过基因编辑技术改造的食品是否可以被视为传统的转基因食品，从而适用传统的转基因相关立法规定？如果确定适用传统的转基因食品法，当传统的转基因法对相关产品的入市审批非常严格时，那么适用该严格的法律来规范基因编辑食品的入市审批在科学上是否合理？再者，如何进行规范？何时立法介入？采用什么方式对新的生物科技进行监管也是极富挑战的问题。许多创新生物科技的研发需要得到法律的支持，否则相关的技术应用无法获得合法的商业化发展机会。因此，如何规范新兴生物科技的研发，哪个阶段颁布新的专门立法或政策，以及采取什么方式进行监管对生物技术的基础研究和应用都起到至关重要的作用。一方面，如果采用严格的禁止方式，例如，严格禁止在人类生殖细胞系上开展基因编辑研究。那么意味着所有类型的生殖细胞基因编辑实验都是违法的，这必将使以治疗严重遗传疾病为目的的相关研究受到法律限制。加拿大 2004 年颁布的《人类辅助生殖法》（*Assisted Human Reproductive on Act*，AHRA）就是法律对相关生物科技研究发展造成阻碍的一个例子。AHRA 严令禁止在人体细胞或者体外人类胚胎细胞上开展任何形式基因编辑的研究。根据 AHRA，任何违反该法规定的行为都将构成刑事犯罪，直接责任人将被处以 50 万加拿大元（约 255 万元人民币）以下罚款或 10 年以下有期徒刑。③ 该条法律的规定导致加拿大在细胞基因编辑和体外生殖细胞编辑方面的研究停滞发展至今，相关方面的研发能力

---

① Amy Maxmen, "Genetically Modified Apple Reaches US Stores, But Will Consumers Bite?", https：//www. nature. com/news/genetically-modified-apple-reaches-us-stores-but-will-consumers-bite-1. 22969, February 23, 2021.

② 央视财经：《医学重大突破：基因可以改写 家族遗传病从此终结?》，载新华网：http：//www. xinhuanet. com/fortune/2018-01/22/c_1122293273. htm, 2021 年 2 月 23 日最后访问。

③ Government of Canada, "Assisted Human Reproduction Act", https：//laws-lois. justice. gc. ca/eng/acts/A-13. 4/, February 23, 2021.

与实力大大落后于其他发达国家。不少加拿大生物科技法律学者，例如，麦吉尔大学的芭莎·诺普斯教授（Bartha Maria Knoppers）呼吁应将这项禁令仅仅限于生殖临床医疗方面的应用，而对于基础和临床前研究，应该允许基因编辑相关科研的开展。①

而且，如果对前沿生物科技的研发和应用的法律、伦理及社会问题不予密切关注，相关立法滞后或者不合理，也会阻碍生物科技的研发进展。首先，如果新技术的商业化因缺乏明确的法律规范而面临诸多法律不确定性，持续的研发资金投入会受到影响。同时，相关法律法规的缺位会导致新的生物科技的商业化进程缺乏有效的法律监管。而在商业利益的追逐下，很多不成熟或者没有经过科学验证有效的生物技术提前进入消费市场和临床应用。这对患者、患者家属、卫生系统、相关生物科技和生物医学领域的研究及公众信任会产生一系列负面影响。②因此，必须管制和遏制不成熟或者没有科学验证的生物科技的过早商业化或进行大规模临床应用。

借鉴发达国家在生物科技法律、伦理与社会研究方面的经验，笔者认为对于生物科技法律监管的讨论，必须以具体的生物技术为讨论对象。尽管所有生物技术都面临某些共同的法律与伦理风险，但因其各自有不同领域的应用而面临不同的法律与伦理问题。因此，笼统的讨论往往不能产生深入且具针对性的研究。此外，并不是所有的生物科技的研发都面临亟待讨论的法律与伦理问题。需要重点关注的是那些已经开展商业化或临床应用的，或者极具商业应用潜力、已经接近商业化成熟度的生物科技。对这些技术应用监管的讨论具有实践与前瞻性的价值。同时，在有关生物科技法律与政策的研究中，除传统的法律研究方法外，也经常采用跨学科研究和实证分析研究。比如，为了清楚地了解某项生物技术的商业化内容，就需要调查该产品或服务提供的途径以及服务的具体内容；又如新闻媒体是大众获取生物科技相关信息的主要途径，因此对新闻媒体就某一生物科技的报道内容分析可以了解与评估大众对该生物技术的认知和态度。这些研究为生物科技相关法律政策的制定提供了循证支持。

---

①　Bartha Maria Knoppers, Rosario Isasi, Timothy Caulfield et al. , "Human Gene Editing: Revisiting Canadian Policy", https://www. nature. com/articles/s41536-017-0007-2, February 23, 2021.

②　Marc-Denis Weitze, Alfred Pühler, "Improving Biotechnology Communication", *Biotechnology Journal* 8, 2013, pp. 970-972.

四、机遇与挑战：本书的内容介绍

本书以过去几年笔者主持或参与的课题研究成果为基础，以前沿生物科技应用所引发的监管挑战为主题展开讨论。本书考察的生物技术包括：干细胞疗法、合成生物科技、基因检测及基因咨询服务，以及农业转基因技术（表 1-2）。这些技

表 1-2　　　　　**本书讨论的生物科学技术的应用潜力及其风险**

	概念	应用潜力	风　险
干细胞	干细胞属于细胞的一种。与其他种类细胞不同，干细胞有构建人体内的每一个组织的能力，其在组织再生和修复方面被认为有巨大的治疗潜能。① 干细胞包括许多不同的细胞类型。过去通常会将干细胞分为胚胎干细胞和成人干细胞，用以区分干细胞来自人体发育的不同阶段和具备的不同潜能。但随着新的研究，可将完全分化的成人细胞转化回胚胎干细胞，反过来又转化成成人干细胞。② 因此，目前很多学者根据其生物学特性将干细胞分为两类：多能干细胞（可以分化成各种类型细胞，可以无限次数复制）和多潜能干细胞（仅可有限次数的复制）	• 治疗恶性肿瘤 • 治疗心脏病、中风、脊柱损伤、糖尿病、神经退行性疾病、类风湿性关节炎等 • 器官修补更新 • 人造器官与组织 • 新药开发 • 基因治疗工具③	• 未经验证的干细胞疗法会给患者带来伤害甚至生命威胁 • 患者接受未经验证的干细胞疗法会给公共医疗系统增添负担 • 公众对干细胞研究与疗法的负面印象

---

① Jesse K. Biehl, Brenda Russell, "Introduction to Stem Cell Therapy", *The Journal of Cardiovascular Nursing* 24, 2009, pp. 98-105.

② 张章：《再生医学迎来新势力》，载《中国科学报》2016 年 7 月 20 日，第 3 版。

③ Fiona M. Watt, Ryan R. Driskell, "The Therapeutic Potential of Stem Cells", *Philosophical Transactions of the Royal Society B*：*Biological Sciences*, 2010, pp. 155-163.

	概念	应用潜力	风　险
合成生物科技	合成生物学是一门新兴的交叉学科，涉及工程学原理在生物学中的应用。它旨在（重新）设计和制造自然界中尚不存在的生物成分和系统，使其具有新的能力来重新设计生物体以达到有用的目的。合成生物学将 DNA 的化学合成与基因组学的知识相结合，使研究人员能够快速制造出编目的 DNA 序列，并将它们组装成新的基因组。①	• 新的生物燃料 • 新的药品生产 • 新的农业生产 • 更精准的临床治疗 • 组织工程 • 再生医学应用②	• 生物安全与生物安保的风险 • 对生物多样性的破坏 • 人造生命或人为控制生命的伦理争议
基因检测	基于基因测序技术和遗传学，通过寻找 DNA 中的基因突变或变异来确定遗传疾病和其他疾病的风险。	• 更准确地发现并治疗疾病 • 直接面向消费者的基因检测	• 个人基因隐私泄露 • 家庭成员基因隐私泄露 • 没有科学依据的基因检测解读给受试者带来心理负担 • 基因检测结果的泄露给受试者带来基因歧视等社会压力
转基因技术	转基因技术是指对某些遗传物质以非自然发生的方式进行修饰，并导入目标生物体基因组中。通过引入来自不同生物体的基因，改变生物体原有的遗传特性。	• 提高植物对病虫害的抵抗性 • 提高对除草剂的耐受性 • 提高作物产量和可靠性，从而降低食品价格	• 转基因食品的过敏性 • 转基因食品的新毒性 • 转基因作物与抗生素耐受性 • 转基因作物外源基因漂移风险

---

① Biotechnology Innovation Organization，"Synthetic Biology Explained"，https：//archive. bio. org/articles/synthetic-biology-explained，February 23, 2021.

② George M. Church, Michael B. Elowitz, and Christina D. Smolke et. al，"Realizing the Potential of Synthetic Biology"，*Nature Reviews Molecular Cell Biology* 15, 2014, pp. 289-294.

术都是关乎动物与人类健康、生态与环境状况，并对人类社会产生巨大影响的生物科技。它们一方面为人类在疾病治疗、农业生产和环境保护方面的难题提供全新的解决方案，同时也带来了规范与监管方面的挑战。例如，干细胞因其具有自我更新能力，并能根据干细胞的来源和生物可塑性发育成特定的细胞类型，被认为具有替代受损的细胞，或者创造一个细胞再生的环境来治疗一些现有医疗技术无法治愈的疾病的能力，包括骨关节炎、糖尿病、黄斑变性和帕金森病。① 又如合成生物科技，其将 DNA 的化学合成与基因组学、生物工程学的知识相结合，使研究人员能够快速制造出设定的 DNA 序列，并将它们组装成新的基因组。② 因 DNA 合成速度的提高和成本的降低，科学家能够根据需求设计和合成出新的生物燃料、生物制品、生物特殊化学品等，为生物医药、食品生产等领域带来革命性的进步。

诚然，本书讨论的技术中多数还仅是停留在实验室或临床试验阶段，未获得足够的科学证据证明其是安全有效的。此外，创新的生物技术应用还需要足够的时间去观察其长期的影响。比如，在基因水平上对生物进行科学的操纵仍然是生物技术的一个相对较新的领域，这种操纵的长期影响仍然不确定。然而，尽管没有证据支持它们的使用，相关技术却已经进入临床应用，有些甚至催生了新的产业，例如，干细胞旅游、基因检测产业等。这些治疗或者服务的提供者常在监管不足的领域开展业务，或是游走于监管的灰色地带提供非法生物疗法与服务。这些监管的缺失会导致许多公共卫生及公共安全的问题产生。例如，患者可能受到未经证实的细胞生物疗法的伤害；又或因错误消息（misinformation）的报道和传播引发民众对某类生物产品的恐慌等。③ 尽管患者或者消费者有权选择或拒绝可能带来重大风险的药物治疗或者其他生物科技产品，但这些选择的有效性取决于向他们提供的相关信息以及他们作出知情选择的能力。而这些都将给生物科技应

---

① 朱迅：《干细胞技术：全球医疗的下一个重大突破口》，载《药学进展》2019 年第 6 期。

② Biotechnology Innovation Organization, "Synthetic Biology Explained", https：//archive. bio. org/articles/synthetic-biology-explained, February 23, 2021.

③ Guoyan Wang, Lingfei Wang, Jiafei Shen, "Food to Politics：Representations of Genetically Modified Organisms in Cartoons on the Internet in China", https：//journals. sagepub. com/doi/full/ 10. 1177/0963662520983564, February 23, 2021.

用的有效法律监管提出极具挑战的研究议题。

　　本书总结了前沿生物科技监管面临的六大挑战：（1）生物技术自身特性；（2）新兴生物技术研发和商业化；（3）新的网络销售模式；（4）医疗旅游的流行；（5）新闻媒体对创新生物科技的炒作；（6）社交媒体和名人对生物科技相关信息的传播与讨论对生物科技法律监管的挑战。通过探讨监管与规范生物技术应用的现实困境，揭示生物科技相关法律与政策问题的复杂性与挑战性。同时，也基于对这些困境的分析，本书提出可以采取的应对措施，以期促进在新兴生物科技领域建立更完善和有效的监管制度，使生物科技研发在完备的规范框架下健康发展。

挑战一：生物技术自身特性及监管的困境与法律对策

生物技术本身的特性会给监管带来难题。下文将以干细胞制剂为例探讨生物技术本身的特性给监管带来的挑战，以及应对的法律策略。

实例研究：干细胞研究与治疗

一、干细胞疗法与干细胞产品

干细胞是一类具有自我更新潜力的细胞。在生命早期和成长过程中，它们可以在体内发育成许多不同类型的细胞。科学家们目前已经发现不同种类的干细胞，其中主要的类型有：多能干细胞（胚胎干细胞和诱导多能干细胞）和体细胞干细胞（通常称为"成体"干细胞）。多能干细胞具有分化为成人身体所有器官与组织的能力，而成体干细胞存在于一个组织或器官中，可以分化产生该组织或器官的细胞以实现修复与再生功能。[1] 在临床治疗中，干细胞治疗可通过三种不同方式实现：直接给药、分化干细胞后代移植和组织工程。[2] 直接给药是临床上最常用的干细胞治疗方式。其是将经过处理的干细胞制剂直接注射到患者病灶局部或系统地引入患者体内，然后细胞迁移到预定的位置，在那里分化成预期的细

---

① 柯敏霞、纪猛、王皓等：《干细胞模型研究进展及商业化应用的现状》，载《中国组织工程研究》2018 年第 5 期。

② 王佃亮：《干细胞治疗现状、策略与前景展望》，载《转化医学杂志》2018 年第 6 期。

胞类型。① 分化干细胞后代移植是指将干细胞首先在体外培养并分化成所需组织类型，然后再移植到人体的治疗方式。② 组织工程与干细胞技术结合为现代再生医学提供新的治疗模式。组织工程是将干细胞植入支架或基质上，然后将干细胞分化形成所需的组织移植回体内。③ 最近，在这一领域的研究表明干细胞在组织工程中有巨大的应用潜力。

虽然干细胞具有强大的治愈疾病的潜能，但目前绝大多数干细胞疗法或产品仍缺乏足够临床试验证明其有效且安全。④ 尽管有不少临床机构声称，其向患者回输从患者自体提取的干细胞相对同种异体干细胞更安全，潜在的健康风险更少，但不少科学文献报道显示，自体干细胞疗法仍会导致严重的医疗不良后果。例如，有病例报道显示，一位系统性红斑狼疮所致肾功能衰竭的患者，在其接受自体造血干细胞疗法注射后 6 个月，其左肾发现 4 厘米肿块。患者最终在接受干细胞疗法 11 个月后行左侧肾脏切除术。⑤ 在另一个报道的病例中，取自脂肪组织的自体干细胞注射到黄斑变性患者的眼睛玻璃体腔中，有 3 人视力下降，其中 2 人失明。⑥ 在实践中，如何实现有效监管干细胞疗法以及如何让危急病人尽早获得创新治疗方案成为规范干细胞及其相关产品的挑战。

规范干细胞治疗面临的挑战主要源于干细胞本身的多样性。首先，临床上开

---

① 王立宾、祝贺、郝捷等：《干细胞与再生医学研究进展》，载《生物工程学报》2015年第 6 期。

② John A. Snowden et al. , "Benchmarking of Survival Outcomes Following Haematopoietic Stem Cell Transplantation: A Review of Existing Processes and the Introduction of An International System from the European Society for Blood and Marrow Transplantation (EBMT) and the Joint Accreditation Committee of ISCT and EBMT (JACIE) ", *Bone Marrow Transplant* 55, 2020, pp. 681-694.

③ Giri K Tapan et al. , "Current Status of Stem Cell Therapies in Tissue Repair and Regeneration", *Current Stem Cell Research and Therapy* 14, 2019, pp. 117-126.

④ Laure Fourrier, Sylvain Perruche, Mathieu Guerriaud, "The Diversity of Drug Statutes Regarding Scientific Advances: How to Categorise a Culture Supernatant for Health Security Reasons", *European Pharmaceutical Law Review* 3, 2019, pp. 107-115.

⑤ Duangpen Thirabanjasak, Kavirach Tantiwongse and Paul Scott Thorner, "Angiomyeloproliferative Lesions Following Autologous Stem Cell Therapy", *Journal of the American Society of Nephrology* 21, 2010, pp. 1218-1222.

⑥ Peter W. Marks, Celia M. Witten, Robert M. Califf, "Clarifying Stem-Cell Therapy's Benefits and Risks", https://www.aadlab.org/wp-content/uploads/2019/04/ClarifyingStem-CellTherapy%E2%80%99sBenefitsandRisks. pdf, February 26, 2021.

展的干细胞治疗既可以被视为临床治疗的一种方式和手段，也可被认定为一种治疗产品，例如药物、生物制品和医疗器械。在我国，对这两种应用方式的规范与监管由不同的行政部门进行。通过检阅欧美国家的实践，各国在干细胞治疗的临床应用是否需要审批才可进行，以及干细胞产品如何进行入市前审查的相关规定上都存在差异。此外，这种尖端细胞技术在临床应用中常伴随的健康和不确定性风险主要是由于人类对生命科学认知的局限所致。因此，如何有效监管干细胞临床治疗给监管部门带来极大挑战。下文，笔者首先梳理中国、欧盟、美国和加拿大在干细胞疗法方面的监管机制，探讨对现行监管机制的相关争议，提出应对争议和监管不足的相关法律规范意见。

二、干细胞疗法的现行监管机制[①]

（一）中国的监管机制

近 20 年来，我国卫生、食品和药品监管部门已经制定了多项专门针对干细胞疗法及其相关产品的政策与法规。然而，在具体的入市审批和临床监管过程中，由于各行政主管部门对干细胞治疗的定义不一致，导致不同规范模式出现监管漏洞。此外，由于干细胞研究领域长期缺乏全面且具有可操作性的道德准则指南，很多涉及伦理审查的规章制度在实施时面临挑战。

2003 年，包括造血干细胞在内的人体细胞相关产品被认定为药物，并接受原国家食品药品监督管理总局（于 2018 年撤销，相关职能由国家市场监督管理总局负责）的监管。[②] 随后，2009 年，我国原卫生部（于 2013 年撤销）颁布了《医疗技术临床应用管理办法》，将干细胞治疗技术确定为"第三类医疗技术"。[③] 依

---

① 本研究的原文请参见：Vera Lúcia Raposo and Li Du, "Stem Cell Based Products in Europe and In China: Where Are We and Where Should We Go?", *European Pharmaceutical Law Review* 4 (3), 2020, pp. 161-171.

② 国家食品和药品监督管理总局：《人体细胞治疗研究和制剂质量控制技术指导原则》，载国家药品监督管理局网站：http://www.sda.gov.cn/WS01/CL0237/15709.html，2021 年 2 月 26 日最后访问。

③ 中华人民共和国中央人民政府：《卫生部关于印发〈医疗技术临床应用管理办法〉的通知》，载中国政府网：http://www.gov.cn/gongbao/content/2009/content.1388686.htm，2021 年 2 月 26 日最后访问。

据该管理办法，干细胞治疗技术的临床治疗可以被看做一种医疗技术。然而，由于缺乏相关的配套规则，导致干细胞疗法的研究和临床应用缺乏明确的行业指南或评价标准。在缺乏有效监管的情形下，大量未经科学验证和批准的干细胞疗法被广泛用于临床治疗。① 为了解决这一问题，2011 年，原卫生部和原国家食品药品监督管理总局（于 2018 年撤销，相关职能由国家市场监督管理总局负责）联合下发通知，要求全国各级各类从事干细胞临床研究和应用的医疗机构及相关研制单位应当对其正在进行的临床干细胞研究和应用项目进行自我检查和自我纠正审查。该通知还规定，干细胞产品的临床试验必须按照药物临床试验注册的要求进行。②

然而，在 2015 年，我国国家卫生和计划生育委员会（原卫生部与国家人口和计划生育委员会于 2013 年进行职能合并，组建成国家卫生和计划生育委员会，于 2018 年撤裁改制为国家卫生健康委员会，以下简称国家卫计委）根据国务院《关于取消非行政许可审批事项的决定》，发布《关于取消第三类医疗技术临床应用准入审批有关工作的通知公告》。据此，通过第三类医疗技术批准干细胞治疗临床应用的程序被取消。③ 如此一来，干细胞疗法将被认定为药物类别进行规范管理，即干细胞疗法申请进入市场的审批程序与新型药物一致，只有按规定完成新药申请的临床试验后才能进入市场。同年，国家卫计委和原国家食品药品监督管理总局联合发布了《干细胞临床研究管理办法（试行）》（以下简称 2015 年干细胞管理办法）。这一新的管理办法亦证实，干细胞疗法将不再被认定为第三类医疗技术（第 55 条）。④ 2015 年干细胞管理办法还进一步规定，拟开展相关研究的科研和医疗机构在开展临床干细胞研究之前，应当对项目进行科学和伦

① 王廷梅：《生物疗法监管问题及路径探索——以"魏则西事件"为视角》，载《南京医科大学学报（社会科学版）》2017 年第 1 期。

② 卫生部：《关于开展干细胞临床研究和应用自查自纠工作的通知》，载原卫生部网站：http：//www.nhc.gov.cn/zwgkzt/pkjjy1/201201/53890.shtml，2021 年 2 月 26 日最后访问。

③ 国家卫生和计划生育委员会：《关于取消第三类医疗技术临床应用准入审批有关工作的通知公告》，载中国政府网：http：//www.nhc.gov.cn/yzygj/s3585/201507/c529dd6bb8084e09883ae417256b3c49.shtml，2021 年 2 月 26 日最后访问。

④ 国家卫生和计划生育委员会、国家食品药品监督管理总局：《关于印发干细胞临床研究管理办法（试行）的通知》，载国家药品监督管理局网站：https：//www.nmpa.gov.cn/xxgk/fgwj/bmgzh/20150720120001607.html，2021 年 2 月 26 日最后访问。

理的审查。机构内审查材料应提交至省级卫生和食品药品监督管理部门进行审核，并交由国家卫计委与原国家食品药品监督管理总局备案（第15条）。①

2016年，国家卫计委与原国家食品药品监督管理总局共同成立了国家干细胞临床研究管理工作领导小组和国家干细胞临床研究专家委员会，为我国干细胞临床研究的规范化管理提供技术支持。② 在伦理审查方面，由国家卫计委成立的国家医学伦理专家委员会，负责监督全国干细胞临床研究的伦理审查，并制定相关指南。③ 然而，到目前为止，在我国国家层面还没有制定专门的干细胞临床研究或临床实验操作伦理准则指南。

2017年12月，原国家食品药品监督管理总局发布了《细胞治疗产品研究与评价技术指导原则（试行）》（以下简称2017年细胞治疗技术指导原则）。④ 该指导原则针对细胞治疗产品提供了详细的技术标准，以指导细胞治疗产品的开发和评估。与干细胞疗法相关的生物制剂产品亦在此列。

作为药品管理的干细胞产品必须通过药物临床试验后才能用于临床治疗。根据2015年干细胞管理办法，干细胞临床研究完成后，如果研究机构选择申请药物注册临床试验，前期临床研究结果可以作为技术申请材料提交，并用于药物评价（第53条）。2017年细胞治疗技术指导原则为在药物和临床研究中开展干细胞治疗产品的研究和评价提供了适用的原则和标准。具体而言，该指导原则强调临床试验应根据不同类型的干细胞治疗产品采用量身定制的风险控制方法。为应对干细胞治疗给受试者所带来的不确定风险，2017年细胞治疗技术指导原则还制定了保护临床试验参与者的措施和原则。例如，临床试验中注册的干细胞的来

---

① 国家卫生和计划生育委员会、国家食品药品监督管理总局：《关于印发干细胞临床研究管理办法（试行）的通知》，载国家药品监督管理局网站：https：//www.nmpa.gov.cn/xxgk/fgwj/bmgzh/20150720120001607.html，2021年2月26日最后访问。

② 国家卫生和计划生育委员会、国家食品药品监督管理总局：《关于成立国家干细胞临床研究专家委员会的通知》，载中国政府网：http：//www.nhc.gov.cn/qjjys/s3581/201604/070c4da62d924388bb46032800f2e62a.shtml，2021年2月26日最后访问。

③ 国家卫生和计划生育委员会、国家食品药品监督管理总局：《关于成立国家干细胞临床研究专家委员会的通知》，载中国政府网：http：//www.nhc.gov.cn/qjjys/s3581/201604/070c4da62d924388bb46032800f2e62a.shtml，2021年2月26日最后访问。

④ 国家食品药品监督管理总局药品审评中心：《〈细胞治疗产品研究与评价技术指导原则（试行）〉相关问题解读》，载国家药品监督管理局网站：https：//www.nmpa.gov.cn/directory/web/nmpa/xxgk/zhcjd/zhcjdyp/20171222145901282.html，2021年2月26日最后访问。

源和用途应符合现有的伦理要求。在选择临床试验的参与者时，应充分考虑患者疾病的严重程度、疾病的分期和可用的治疗方案。只有不可治愈和危及生命的疾病患者才应被选为临床试验的参与者。研究人员应告知参与者使用干细胞产品的所有风险，并在开始临床试验前获得他们的同意。干细胞治疗产品的临床试验必须在网上注册，并在注册医院进行。临床试验报告应定期提交，即在每一阶段试验结束后，试验必须在得到肯定评价后才能进入下一阶段。

然而，2017年细胞治疗技术指导原则主要针对细胞治疗产品临床试验性能的相关技术标准，并没有为新的细胞治疗产品应用的伦理审查提供详细的指导规则，也没有提供关于获得临床试验受试者知情同意过程的步骤。在明确的指导方针缺位的情形下，伦理审查的透明度和干细胞产品临床试验中知情同意程序的有效执行仍然不确定。尤其是，干细胞临床研究的伦理审查一直缺乏严格统一的执行标准。华中科技大学哲学学院教授雷瑞鹏博士认为，现行伦理审查模式存在的主要问题与国家各地区经济技术发展的差异有关。换言之，伦理审查委员会的建立和监督在全国范围内并不均衡。① 此外，中立性是一个重要问题，因为现有的伦理审查委员会隶属于各种医疗机构。国家卫计委还成立了医学伦理专家委员会，为干细胞临床研究的伦理审查提供全国性支持。然而，这一监测机制的效力仍不清楚。

诚然，不断变更的规范模式以及对未经批准的干细胞疗法缺乏有效的监管，导致我国干细胞临床研究转化的发展受到极大阻碍，并给我国的干细胞研究的国际声誉造成了极其负面的影响。② 在2010年前后，有关中国非法干细胞治疗的专门报道接连不断地被报道在具有国际重要影响力的期刊上。评论者批判中国政府对非法干细胞治疗的监管失职。例如，《经济学人》（*The Economist*）杂志于2010年1月14日发表的《干细胞在中国，野蛮东方还是科学盛宴？》（*Stem Cells in China，Wild East or Scientific Feast？*）一文中指出，在干细胞领域，中国正在展示其可以进行世界级科学研究的能力。但与此同时，欺诈性非法干细胞医疗行为

---

① 赵汉斌：《面对"科学狂人"，法律应提前归位》，载科学网：http：//news. sciencenet. cn/htmlnews/2018/11/420472. shtm，2021年2月26日最后访问。

② Yijia Li et al. , "Regulations on Cell Therapy Products in China：A Brief History and Current Status"，*Regenerative Medicine* 14，2019，pp. 791-803.

在不断发生，而中国官方却视而不见。①《自然》（Nature）杂志在 2010 年 10 月 6 日发文，指出中国政府对干细胞治疗的规定原则上令人钦佩，但需要更严厉的执法措施来保护患者。相关数据显示，在 2009 年至 2015 年的 6 年期间，我国卫生行政部门没有接受任何有关开展干细胞临床研究的审查申请。根据《自然》杂志 2010 年的报道，2009 年中国有 100 多家实验室提供干细胞治疗，其中多数是未经证实临床有效及安全的。② 2018 年 6 月，国家药品监督管理局药品评价中心开始受理干细胞制剂临床试验申请。在随后的 2018 年 6 月至 2019 年 7 月，6 种新型干细胞药物接受临床试验启动。③ 到目前为止，还没有一种干细胞疗法被批准用于临床应用，也没有一种干细胞产品通过临床试验。

（二）欧盟对干细胞疗法的监管机制

在欧洲，基于干细胞治疗技术的产品通常被认为是一种"先进的治疗医药品"（Advanced Therapy Medicinal Products，以下简称 ATMPs）或是"特定类型"的药物（Drugs）。④ 与所有其他药物一样，ATMPs 受到欧洲议会和理事会发布的

① The Economist, "Stem Cells in China, Wild East or Scientific Feast？", https：//www. economist. com/science-and-technology/2010/01/14/wild-east-or-scientific-feast, February 26, 2021.

② Nature, "Stem-Cell Laws in China Fall Short", https：//www. nature. com/articles/467633a, February 26, 2021.

③ Mo Tu, Mengyao He, "Open New Measures-From Shanghai New Policies to Review China's Stem Cell Industry Development and Relevant Supervision", http：//www. zhonglun. com/Content/2019/08-20/1505205203. html, February 26, 2021.

④ 然而，一些不能商品化或大规模生产的干细胞产品被排除在分类之外，并受到其他专门法律规范的监管，例如移植、血液制品等。相关的法律规范包括：欧洲议会和理事会第 2002/98/EC 号指令（Directive 2002/98/EC of the European Parliament and of the Council of 27 January 2003 on setting standards of quality and safety for the collection, testing, processing, storage and distribution of human blood and blood components and amending Directive 2001/83/EC）；欧洲议会和理事会第 2004/23/EC 号指令（Directive 2004/23/EC of the European Parliament and of the Council of 31 March 2004 on setting standards of quality and safety for the donation, procurement, testing, processing, preservation, storage and distribution of human tissues and cells）；欧洲议会和理事会第 2010/45/EU 号指令（Directive 2010/45/EU of the European Parliament and of the Council of 7 July 2010 on standards of quality and safety of human organs intended for transplantation）；Carolina Iglesias-Lopez et al., "Regulatory Framework for Advanced Therapy Medicinal Products in Europe and United States", *Frontiers in Pharmacology* 10, 2019, p. 921.

第 2001/83/EC 号指令（Directive 2001/83/EC of the European Parliament and of the Council of 6 November 2001 on the Community Code relating to Medicinal Products for Human Use）的监管。① ATMPs 的种类繁多，具体可分为四类，包括体细胞治疗药品（Somaticcell Therapy Medicinal Products，SCTMP）、组织工程药品（Tissue Engineered Products，TEP）、基因治疗药品（Gene Therapy Medicinal Products，GTMP）和综合先进治疗医药品（Combined Advanced Therapy Medicinal Products，CATMPs）。② 其中，CATMPs 被认定为一种医疗设备，其依据批准医疗仪器的程序而进入市场。基于干细胞治疗技术的产品不属于 CATMPs 的范畴，综合来看，其会受到监管 ATMPs 的法律框架管辖。③

根据欧盟现有的法律，几乎所有的干细胞产品都被归类为药品，受到欧洲药品管理局（European Medicines Agency，EMA）的程序规则管理。所有干细胞药品进入市场前都需要预先获得批准。④ 欧盟各个成员国的国家药品监管行政部门

———

① European Parliament, Council of the European Union, "Directive 2001/83/EC of the European Parliament and of the Council of 6 November 2001 on the Community Code Relating to Medicinal Products for Human Use", https：//eur-lex. europa. eu/legal-content/en/ALL/？ uri＝CELEX%3A32001L0083, February 26, 2021. 此外，还有一些更具体的规范用以规制 ATMPs。例如，欧洲议会和理事会 2007 年 11 月 13 日关于先进治疗药品的法规（Regulation（EC）No. 1394/2007 of the European Parliament and of the Council of 13 November 2007 on Advanced Therapy Medicinal Products and Amending Directive 2001/83/EC and Regulation（EC）No. 726/2004）。这一法规基于欧洲议会和理事会第 2001/83/EC 号指令和欧洲议会和理事会第 726/2004 号法规产生。此后，欧盟委员会发布第 2009/120/EC 号指令，修订了欧洲议会和理事会第 2001/83/EC 号指令。

② 参见欧洲议会和理事会发布的第 2001/83/EC 号指令中附件一第四部分（Part IV of Annex I, Analytical, pharmacotoxicological and clinical standards and protocols in respect of the testing of medicinal products）

③ 医疗设备部分还受欧洲议会和理事会第 2017/745 号关于医疗器械的法规（Regulation（EU）2017/745 of the European Parliament and of the Council of 5 April 2017 on Medical Devices, amending Directive 2001/83/EC, Regulation（EC）No. 178/2002 and Regulation（EC）No. 1223/2009 and repealing Council Directives 90/385/EEC and 93/42/EEC），以及欧洲议会和理事会第 2017/746 号关于体外诊断医疗器械的法规（Regulation（EU）2017/746 of the European Parliament and of the Council of 5 April 2017 on in Vitro Diagnostic Medical Devices and Repealing Directive 98/79/EC and Commission Decision 2010/227/EU）监管。注：＂医疗器械＂的定义见第 2017/745 号关于医疗器械的法规，第 2（1）条。

④ 关于欧洲药品批准程序，参见 Maria Isabel Manley and Marina Vickers, *Navigating European Pharmaceutical Law*：*An Expert's Guide*（1st Edition），Oxford：Oxford University Press, 2015.

均无权参与这些产品的批准程序。因此，EMA 是欧盟层面唯一能够批准干细胞药物的权威机构，并通过发布销售许可（Marketing Authorisation，MA），确保该类药品在欧盟层面进行统一的入市评估。① EMA 下设一个专门负责管理 ATMPs 的机构，即先进疗法委员会（Committee for Advanced Therapies，CAT）。该机构负责发布关于审核 ATMPs 的质量、效率和安全性的报告。这些报告随后交由人类使用医药品委员会（Committee for Medicinal Products for Human Use，CHMP）进行评估。EMA 将为通过 CHMP 审批的产品发放入市销售许可（MA）。② 简言之，诸如 EMA、CAT 和 CHMP 等部门都是评定干细胞产品入市资格的相关主体。③ 然而，关于批准的最终决定还是取决于欧洲委员会（European Commission）。④

有关 ATMPs 的批准过程也引发了不同争议。例如，不少评论认为这一入市批准制度对制药企业来说过于严格，相关法律规范模糊且审批流程繁重;⑤ 但一些学者指出，若针对干细胞药品进入市场的批准过程出现漏洞，则可能会导致未

---

① ATMPs 由 EMA 批准，CATMPs 则根据医疗器械程序和相应国家主管部门（即通知机构）批准（见欧洲议会和理事会发布的第 2017/745 号关于医疗器械的法规中序言部分和第四章内容）。

② European Medicines Agency，"Advanced Therapy Medicinal Products：Overview"，https：//www. ema. europa. eu/en/human-regulatory/overview/advanced-therapy-medicinalproducts-overview#advanced-therapies-in-the-product-lifecycle-section，February 26，2021.

＊注：针对有关 CATMPs 的申请案例，负责评估医疗设备的国家通报机构也将参与。

③ European Medicines Agency，"Procedural Advice on the Provision of Scientific Recommendation on Classification of Advanced Therapy Medicinal Products in Accordance with Article 17 of Regulation（EC）No. 1394/2007"，https：//www. ema. europa. eu/en/documents/regulatory-procedural-guideline/procedural-advice-provision-scientific-recommendation-classification-advanced-therapy-medicinal/2007_en. pdf，February 26，2021；European Parliament，Council of the European Union，"Regulation（EC）No. 1394/2007 of the European Parliament and of the Council of 13 November 2007 on advanced therapy medicinal products and amending Directive 2001/83/EC and Regulation（EC）No. 726/2004"，https：//eur-lex. europa. eu/legal-content/EN/ALL/？uri = celex%3A32007R1394，February 26，2021.

④ Tatjana Ivaskiene，Mykolas Mauricas and Justinas Ivaska，"Hospital Exemption for Advanced Therapy Medicinal Products：Issue in Application in the European Union Member States"，*Current Stem Cell Research and Therapy* 12，2017，pp. 45-51.

⑤ Seppo Ylä-Herttuala，"The Need for Increased Clarity and Transparency in the Regulatory Pathway for Gene Medicines in the European Union"，*Molecular Therapy* 20，2012，pp. 471-472.

经科学证明的产品过早或过度用于患者治疗。① 但根据批准入市的产品数量看，欧洲对相关干细胞产品入市批准是积极的。根据再生医学联盟（The Alliance for Regenerative Medicine）的数据，在 2019 年，EMA 为干细胞相关产品入市所授予的销售许可数量远多于世界上任何其他行政部门。②

根据欧洲法律，干细胞临床试验的开展由各国自行管辖。③ 基于欧盟条例（第 536/2014 号条例），成员国可遵循自己的标准来确定临床试验的审批。因此，尽管 ATMPs 的 MA 是由 EMA 通过集中程序发布的，但临床试验的批准必须由临床试验所在地国（即成员国）的相关机构审批。虽然欧盟层面有关临床试验法规和其他相关标准是统一的，但各成员国因不同国情和文化差异而导致成员国国内法中的相关规范无法形成统一化标准。（例如，记录问题，包括患者信息表的语言、知情同意的要求等）④ 此外，临床试验的批准还取决于各国现有的基础设施，而这一要求往往超出了欧盟成员国中欠发达国家的承受能力。因此，如上因素导致成员国之间在干细胞临床试验审批机制上存在差异。

此外，批准临床试验所需的时间也较长。对于 ATMPs，从申请临床试验到随后批准的时间可能长达 110 天（比其他药物所需的时间更长），如果要求提供更

---

① Gerhard Bauer, Magdi Elsallab and Mohamed Abou-El-Enein, "Concise Review: A Comprehensive Analysis of Reported Adverse Events in Patients Receiving Unproven Stem Cell-Based Interventions", *Stem Cells Translational Medicine* 7, 2018, pp. 676-685.

② Alliance for Regenerative Medicine, "Clinical Trials in Europe: Recent Trends in ATMP Development", https://alliancerm.org/wp-content/uploads/2019/10/Trends-in-Clinical-Trials-2019-Final_Digital.pdf, February 26, 2021.

*注：2009 年，第一个 ATMP 产品被批准在欧洲市场推出。该组织工程产品名为"ChondroCelect®"，用于治疗软骨缺损。然而，在 2017 年，在其持有人 TiGenix NV 的要求下，其 MA 被撤销。（European Medicines Agency, "ChondroCelect", https://www.ema.europa.eu/en/medicines/human/EPAR/chondrocelect, February 26, 2021.）

③ European Parliament, Council of the European Union, "Regulation (EU) 536/2014 of the European Parliament and of the Council of 16 April 2014 on Clinical Trials on Medicinal Products for Human Use, and Repealing Directive 2001/20/EU", https://eur-lex.europa.eu/legal-content/EN/TXT/? uri=CELEX%3A32014R0536；关于该法规的更多信息请参见：Theodora Chortara et al., "An EU Comparative Analysis of the Regulation of Clinical Trials Supervisory Bodies in the Aftermath of Regulation 536/2014", *European Public Law* 26, 2020, pp. 307-330.

④ Christine Hauskeller, "Can Harmonized Regulation Overcome Intra-European Differences? Insights from a European Phase III Stem Cell Trial", *Regenerative Medicine* 12, 2017, pp. 599-604.

多信息，审批时间会进一步延长（最长为 141 天）。因此，不统一标准的临床试验审批制度和审批延误阻碍了欧盟 ATMPs 临床试验的进展。

（三）美国和加拿大对干细胞疗法的监管机制

1. 美国

在美国，干细胞产品由联邦食品及药物管理局（Food and Drug Administration, FDA）负责监管。依据美国现有法律规定，干细胞相关产品应按照新药的入市审批程序获得 FDA 认证后才能进入临床使用。另外，如果一项干细胞药物经过 FDA 批准进入实验新药注册程序（Investigational New Drug, IND），则患者可以通过选择加入该新药临床试验获得相关干细胞治疗的机会。FDA 提供多种在线查询功能，方便患者和有需求者查询在美国获批上市的干细胞药品和注册的干细药物临床试验。目前，美国 FDA 批准在美国使用的干细胞产品只有从脐带血中提取的造血干细胞（也称为造血祖细胞）。这些干细胞疗法只能用于造血系统疾病患者，而不能用于治疗其他疾病。①

对于拟开展的干细胞临床治疗，医疗机构应根据《美国联邦法规汇编》第 21 卷第 1271 条（以下简称 21 CFR 1271）的规定，判定其是否需要经过 FDA 实验新药程序（IND）批准后才可通过临床试验开展。依据 21 CFR 1271 条的规定，只有在满足特定条件时，自体细胞才可视为无须 FDA 批准就能在临床直接应用的药物、设备或生物制剂。这一特定条件包括如下三个标准：

首先，该人体细胞、组织、细胞和组织产品（Human Cells, Tissues, and Cellular and Tissue-Based Products, HCT/P）必须被最低限度的操作（Minimally Manipulated）。"最低限度的操作"依据 21 CFR 1271 第 3（f）条规定是指：（1）对于结构组织而言，处理过程不会改变与组织重建、修复或替换有关的组织的原始相关特征；以及（2）对于细胞或非结构组织，不会改变细胞或组织的相关生物学特性的加工过程。其次，HCT/P 必须仅用于同源用途。21 CFR 1271 将"同

① Food and Drug Administration（FDA），"Consumer Alert on Regenerative Medicine Products Including Stem Cells and Exosomes"，https：//www. fda. gov/vaccines-blood-biologics/consumers-biologics/consumer-alert-regenerative-medicine-products-including-stem-cells-and-exosomes#：～：text = Currently%2C%20the%20only%20stem%20cell，derived%20from%20umbilical%20cord%20blood，February 26, 2021.

源用途"定义为"修理、重建、更换，或对受者的细胞或组织补充 HCT/P，该 HCT/P 在受者体内具有与供体相同的基本功能"。根据这一标准，以"非同源"方式使用的 HCT/P 将被视为药物、生物制剂或医疗器械，其需要经过 FDA 批准才能用于临床治疗。最后，自体 HCT/P 的制造不得涉及细胞或组织与其他物质的结合，但与水、晶体或杀菌、保存或储存剂结合，且添加水、晶体或消毒剂，不引起临床安全问题的情形除外。

基于如上三个标准，许多医疗机构声称的干细胞疗法并不满足这些例外条件，其必须提交 FDA 审批，经过其认证后才能在临床开展实验性治疗。例如"骨髓吸引物浓度（Bone Marrow Aspirate Concentrate，BMAC）注射"、"基质血管分数（Stromal Vascular Fraction，SVF）"，或"脂肪源性干细胞"等，都是常见的医疗机构提供用以治疗疼痛或骨关节炎等疾病的干细胞治疗方法。这些疗法均是从病人身上取出一些细胞，在体外操作及处理这些细胞后将其重新导入病人体内。医疗机构往往声称这类细胞治疗是使用病人自己的细胞，因此安全无风险，无须经过 FDA 实验新药（IND）入市前认证。然而，这些干细胞疗法并没有被证明是安全或有效的，并且这些干细胞制剂的制备过程都超出了上述免于 FDA 实验新药（IND）审批的要求。例如，诊所使用的脂肪源性 SVF 富含血小板血浆（Platelet-Rich Plasma，PRP）或浓缩骨髓吸出物等，仍存有潜在临床安全风险，需要进一步的临床验证。[1] 因此，大量打着"不用 FDA 认证"旗号的自体干细胞治疗医疗中心在美国提供非法的干细胞疗法，给 FDA 有效监管带来巨大挑战。[2] 已经有不少实证研究对这些开展非法干细胞治疗的美国诊所展开了调查。

2. 加拿大

加拿大和美国的监管机制类似。加拿大联邦监管机构，加拿大卫生部（Health Canada）负责监督干细胞医疗产品入市审批工作。在加拿大，所有的细胞疗法都被认为是《食品和药物法》（*Food and Drugs Act*）监管下的药物。干细胞药物必须得到加拿大卫生部的授权，以确保它们是安全有效的，然后才能进入

---

① Sahar Mehranfar et al. , "The Use of Stromal Vascular Fraction (SVF), Platelet-Rich Plasma (PRP) and Stem Cells in the Treatment of Osteoarthritis: An Overview of Clinical Trials", *Artificial Cells*, *Nanomedicine*, *and Biotechnology* 47, 2019, pp. 882-890.

② Hermes Taylor-Weine, Joshua Graff Zivin, "Medicine's Wild West—Unlicensed Stem-Cell Clinics in the United States", *The New England Journal of Medicine* 373, 2015, pp. 985-987.

临床使用。① 迄今为止，加拿大卫生部只批准了三种干细胞药品，包括用于治疗移植物抗宿主病（Graft-versus-Host Disease，GvHD）的干细胞治疗前体疗法，以及用于治疗 B 细胞急性淋巴细胞病的药物（Kymriah）和非霍奇金淋巴瘤的药物（Yescarta）。② 目前，包括干细胞治疗在内的大多数细胞疗法仍然是实验性的。对于实验性的干细胞治疗，只有在加拿大卫生部批准授权后才能进行，患者可以通过参加这些批准的干细胞临床试验获得相关治疗。

和美国规定类似，若拟开展的细胞疗法，其使用的细胞是经最低限度的操纵且用于同源用途，医疗机构无须获得加拿大卫生部发出的上市前授权就可以进行相关的临床试验性治疗。然而，哪种自体干细胞产品属于最小操作范围，现行加拿大法规并没有明确和准确地界定。③ 同样，加拿大联邦法规也没有明确规定从脂肪组织、骨髓和外周血中获得的自体干细胞的同源用途。所以，在实践中，在加拿大境内已经有不少诊所开始开展这类干细胞治疗。这为加拿大卫生部的日常监管带来挑战。

三、干细胞疗法监管机制的争议

（一）视为药品监管的反对

对于干细胞疗法的规范与监管机制，主要的争议是不应将干细胞产品视为药品来进行监管。有不少批评的声音反对将药物的注册模式套用到干细胞产品上的管理上。他们认为，与普通药物不同，干细胞治疗具有鲜明的个性化特征：很多治疗方案和手段都是根据患者的具体情况而制定，而且使用的是从患者自身提取的自体细胞。因此，干细胞临床治疗不应该套用管理普通药物的模式来进行评估

① Anthony Ridgway et al. , "Regulatory Oversight of Cell and Gene Therapy Products in Canada", *Advances in Experimental Medicine and Biology* 871, 2015, pp. 49-71.

② Health Canada, "Health Canada Is Advising Canadians About the Potential Health Risks Associated with Unauthorized Cell Therapy Treatments Such as Stem Cell Therapy", https://healthycanadians. gc. ca/recall-alert-rappel-avis/hc-sc/2019/69974a-eng. php, February 26, 2021.

③ Timothy Caulfield, Blake Murdoch, "Regulatory and Policy Tools to Address Unproven Stem Cell Interventions in Canada：The Need to Action", *BMC Medical Ethics* 20, 2019, p. 51.

和监管。①

此外，漫长的新药入市审批过程是另一个反对将干细胞治疗视为药物进行监管的重要理由。不少学者指出，新药的上市审批和监管机制极大推迟了干细胞研究的临床转化，严重阻碍了一种可能具有革命性的药物形式的获取。② 同时，如果要求干细胞疗法按照新药审批标准来审查，例如，采用双盲对照组实验认定治疗效果，其时间和经济成本对很多研究机构或初创公司来说都无法承受，只有少数大型的医药企业才有足够的财力与人力支撑这一药品的研发过程。此外，对于患者而言，由于注册新药审批过程往往持续数年或者数十年，这意味着，那些患有危及生命疾病或罕见疾病的患者，他们将无法及时地获得具有治愈潜能的创新性干细胞治疗。③

（二）实验性干细胞治疗的滥用

从上文对美国和加拿大的监管制度的检阅可知，两国都对符合一定条件的细胞疗法免于新药申报的要求，使其可直接应用于临床治疗。但这些豁免的情形往往被很多私人诊所滥用。在美国和加拿大已经出现了大量的提供非法干细胞治疗的医疗机构。这一方面是诊所以非法牟利为目的的故意滥用。例如，美国大量的干细胞诊所声称自己提供的干细胞临床治疗取用患者自己的细胞，安全有效且无须获得 FDA 实验新药（IND）临床试验的批准。另一方面，法律对免于监管的细胞疗法规范不明确，导致实验性干细胞治疗落入监管的灰色地带。比如，加拿大现有的法律都没有准确地定义哪种自体干细胞产品属于最小操作范围，哪些自体干细胞在使用时属于同源用途。所以，也出现不少诊所利用法律的不明确规定开展这些未经证实有效和安全的干细胞疗法。

必须明确的是，这些干细胞疗法不是相关法律规定能豁免新药申报批准程序

---

① 陈海丹：《干细胞临床研究政策回顾和展望》，载《自然辩证法通讯》2018 年第 3 期。

② Douglas Sipp, Leigh Turner, "U. S. Regulation of Stem Cells as Medical Products", *Science* 338, 2012, pp. 1296-1297.

③ 王昌林、韩祺：《着力推进生物产业供给侧结构性改革》，载《中国生物工程杂志》2017 年第 7 期。

的药品。它们都必须获得美国 FDA 和加拿大卫生部新药注册审批后才能开展临床试验性治疗。这些提供非法干细胞治疗的诊所对干细胞疗法的不实宣传和疗效的虚假报道，严重误导了患者或消费者对干细胞疗法的科学理解，尤其是相关健康风险的认知。此外，隐蔽和经常更换的诊所位置也为监管带来困难。监管部门往往只能通过举报或者主动追击调查才能发现并彻查这些诊所。

四、法律应对策略

（一）坚持采用规范的药物注册审批上市程序

尽管干细胞疗法被认为是解决困扰人类的许多疾病的"奇迹"方案，但我们必须意识到这些治疗并没有足够的科学证据证明有效。并且，不少科学报道亦显示使用某些未经证明的干细胞疗法会给患者健康带来严重的损害结果甚至导致患者死亡。所以，在设立相关的规范监管制度时，应把患者的医疗安全放在首位，坚持采用具有第三方客观评价的新药注册制度规范干细胞产品。对于干细胞疗法，应通过精心设计的临床试验找到安全性和关键性疗效的证据后才可批准上市。具体而言，需要对干细胞疗法进行对照、随机临床试验，以评估毒性、确定安全性和剂量，并确定给定的干细胞疗法在治疗特定疾病方面是否有效。[1] 此外，出于科学和伦理的原因，有关干细胞疗法的安全性和有效性都需要在注册的对照试验中进行研究，数据必须在干细胞治疗措施进入市场之前提交给主管监管机构并进行审查。[2]

2019 年，国家卫生健康委员会（以下简称国家卫健委）公布了一份新的生物医学技术临床应用管理建议。[3] 这项拟订条例已提交公众意见，尚未通过实

---

[1] Amy Zarzeczny, Harold Atkins and Judy Illes, "The Stem Cell Market and Policy Options: A Call for Clarity", *Journal of Law and the Biosciences* 5, 2018, pp. 743-758.

[2] Douglas Sipp, Leigh Turner, "U. S. Regulation of Stem Cells as Medical Products", *Science* 338, 2012, pp. 1296-1297.

[3] 国家卫生健康委员会：《关于生物医学新技术临床应用管理条例（征求意见稿）公开征求意见的公告》，载国家卫生健康委员会网站：http://www.nhc.gov.cn/wjw/yjzj/201902/0f24ddc242c24212abc42aa8b539584d.shtml，2021 年 2 月 26 日最后访问。

施。值得关注的是，这份新的监管程序对现有干细胞治疗产品监管模式做了重大修改。依据 2015 年干细胞管理办法，在已完成的临床研究中，即便是有积极疗效的干细胞产品也不能直接进入临床应用。然而，新的意见稿规定，经临床研究证明安全有效，且通过伦理审查的新生物医学技术，包括干细胞技术，可以直接在其他符合条件的医院开展治疗（第 5 条）。根据新的意见稿，一项实验性干细胞治疗一旦通过临床研究证明其安全、有效、符合伦理原则，承担研究项目的医疗机构可以向所在地省卫健委申请生物医药技术转化（第 38 条）。省卫健委必须在收到申请后 60 天内完成初步审查，然后提交国家卫健委审查。国家卫健委在收到申请后 60 天内，必须完成该干细胞疗法临床转化和应用的审查，并通知省卫健委。如果临床应用得到国家卫健委的批准，其他符合条件的医疗机构（即 3A 级医院）将可实施相同的干细胞治疗（第 42 条）。

这项新的规定将为干细胞疗法研究团队提供一个新的选择，即通过寻求国家卫健委批准，将一项通过临床试验证明有效的干细胞疗法直接应用到临床治疗。从患者的角度来看，这个过程加快了他们获得新治疗的速度。然而，由于治疗评估主要由开展临床试验的医疗机构的科学和伦理委员会进行，因此尚不确定这一新程序是否能够保证新疗法的有效性和安全性。因为，所有一手的实验数据均由医疗机构掌握，医疗机构可自行认证实验性干细胞疗法的安全性和有效性而无须任何第三方审查或通过注册新药临床试验对该干细胞疗法有效性进行科学认证。因此，应该非常慎重地考虑是否可以通过生物医学技术临床转化的方式授权干细胞治疗的临床应用。

（二）制定针对细胞治疗的知情同意规范

由于细胞疗法的专业性强，风险不确定性高，在对患者实施细胞疗法前要注重对患者进行告知程序，获得患者的知情同意。有关细胞治疗的告知内容不仅要描述治疗的预期效果，更应着重说明治疗潜在的风险与不确定性。临床医生需要给病人提供有效的疗效数据，比较基于干细胞的干预措施与替代疗法的治疗效果区别，提示治疗风险，帮助患者作出明智的决定。由于多数寻求干细胞治疗的患者是严重疾病或者罕见病患者，所以他们对于干细胞治疗抱有更大的希望。即使干细胞治疗被描述为"实验性的"，他们也愿意选择尝试，选择相信他们可以从接受干细胞治疗中获得理想的治愈效果。这些对干细胞治疗抱有最后希望的患者往往更看重潜在益处的可能性和程度，而主动忽略其潜在危害的可能性和程度。在这种情况下，医生就更需帮助患者作出理性的选择。

（三）建立"同情用药"机制

为应对新药注册审批时间长等问题，我国可采取"同情用药"机制，以便于让有需要的患者能够快速获得新型干细胞药物的治疗。① 与欧盟和美国相比，中国尚未建立完善的"同情用药"制度。根据《中华人民共和国药品管理法》（以下简称《药品管理法》），② 在特殊情况下，正处于临床试验阶段的药物可"同情"扩展适用到未在临床试验中注册的患者（第 23 条）。然而，《药品管理法》中并没有提供关于"同情用药"申请主体和资格的明确标准。2017 年，原国家食品药品监督管理总局办公厅印发《拓展性同情使用临床试验用药物管理办法（征求意见稿）》，以征求社会意见。③ 根据该征求意见稿的内容，在没有有效的治疗方法时，患有危及生命的疾病或生活质量受到疾病严重影响的患者可以申请使用尚未完成临床试验审批的药物（第 3 条）。但该征求意见稿的最终版本至今尚未发布。

因此，在引入同情用药机制之前，必须解决几个关键问题。首先，需要制定详细的伦理指南来指导人道用药的实施和使用。因为《药品管理法》和 2017 年《拓展性同情使用临床试验用药物管理办法（征求意见稿）》中都没有提及关于临床试验中人道用药的伦理审查程序。因此，需要建立详细可操作性的伦理指南予以补足。其次，应当为病人同情用药支付责任建立明确的准则。尽管在 2017

---

① 张田勘：《击败病魔的新思路 干细胞疗法》，载中国新闻网：http：//www.chinanews.com/gn/2020/03-18/9129119.shtml，2021 年 2 月 26 日最后访问。

② 全国人民代表大会：《中华人民共和国药品管理法》，载国家市场监督管理总局网站：http：//gkml.samr.gov.cn/nsjg/fgs/201909/t20190917_306828.html，2021 年 2 月 26 日最后访问。

③ 国家食品药品监督管理总局药品审评中心：《拓展性同情使用临床试验用药物管理办法（征求意见稿）》，载国家药品监督管理局网站：https：//www.nmpa.gov.cn/directory/web/nmpa/xxgk/zhqyj/zhqyjyp/20171220170101778.html，2021 年 2 月 26 日最后访问。

年《拓展性同情使用临床试验用药物管理办法（征求意见稿）》中规定，在拓展性临床试验期间，原则上不允许对临床试验用药物收取费用（第 13 条）。但"原则上"就意味着很多意外情况的存在。就该问题，应当明确临床试验用药收费标准。

挑战二：生物技术商业化监管的
困境与法律对策

在生物科技领域，基础研究与具备应用潜能的技术研发日新月异。新兴生物技术的不断涌现为人类、动物疾病的治疗及自然环境的改善与重建提供创新的解决方案。与此同时，迅猛发展的生物技术也给传统的治理方式带来重大挑战。其主要表现为法律无法跟上生物技术的迅速发展速度。加之技术本身所具有的不确定性，通过立法来规范新兴生物科技的商业化面临重重困难。

下文以合成生物科技食品商业化的法律规范问题为例，展示生物技术的发展与相关立法的滞后之间的矛盾，分析可行的应对策略，以期缓和法律滞后所带来的规范困境。

实例研究：合成生物科技食品①

一、合成生物科技食品的概念

合成生物学作为一项新兴生物科技，最早被应用于制造人工类生物体，模拟生命的过程。② 自 1953 年，DNA 双螺旋结构的发现使生命科学研究进入第一次技术革命开始，传统的生物技术，如制备抗生素、氨基酸、维生素等药品、食品，已经实现工业化生产。随后，基因修饰、转移等操作技术给生物制品补充了新的附加值，为生物技术应用提供了产业背景和技术基础。2010 年，美国克雷

---

① 原文参见杜立、王萌：《合成生物学技术制造食品的商业化法律规范》，载《合成生物学》2020 年第 5 期。

② 张先恩：《中国合成生物学发展回顾与展望》，载《中国科学：生命科学》2019 年第 12 期。

格·文特尔（J. Craig Venter）实验室宣布世界首个具有人造 DNA 的活细胞诞生，合成生物学从此进入大众视野。① 此后，合成生物学逐渐发展成为一项通过 DNA 重组和数据调控等技术，设计、合成各种复杂生物系统的新兴汇聚科学领域。

合成生物学的产业化最早出现在生物能源方面。2004 年，在麻省理工学院（Massachusetts Institute of Technology）举办的"合成生物学 1.0"大会（Synthetic Biology 1.0）上，许多风险投资机构关注到合成生物新能源产业。但在当时，该领域的研究成果并不具有显著的经济效益。在规模化生产方面，不能达到与传统化石能源同样的经济目标。因此，相关的初创公司取得后续融资困难，商业化发展受阻。② 但随着人们对合成生物技术的认识更加深入，合成生物学的应用已经从早期的生物能源扩展到医药工业、公共卫生、农业增产、环境修复以及生物工程平台开发等诸多领域，亦有研究机构开始将其科研成果与产业接轨，进行融资和上市，一定程度上加快了合成生物学的产业化进程。③ 在食品领域，合成生物科技，例如控制基因表达和细胞过程的合成工具，也开始被用来改造农作物以提升作物产量和提升营养价值。利用合成生物学技术制造食品的市场优势已经逐步展现，相关研究成果被加速转化为产业投资项目，如合成香草食用香料、酿酒酵母项目以及人造"细胞肉""植物肉"等合成生物科技食品已经投入规模化生产。

二、合成生物科技食品的商业化和现有法律规范框架

（一）合成生物科技食品的商业化进程

利用合成生物学技术制造的食品（以下简称合成生物食品）的商业化主要指将合成生物学技术运用到制造或加工食品的研发中，并将其投入实际应用，生产

---

① 孙明伟、李寅、高福：《从人类基因组到人造生命：克雷格·文特尔领路生命科学》，载《生物工程学报》2010 年第 6 期。

② D. Ewen Cameron, Caleb J. Bashor and James J. Collins, "A Brief History of Synthetic Biology", *Nature Reviews Microbiology* 12, 2014, pp. 381-390.

③ 鄢梦洁：《合成生物学的研究及其对社会经济发展的影响》，载《当代经济》2018 年第 4 期。

出产品推向市场的过程。这一过程既涉及相关技术的研究与开发，例如合成酵母技术的研发，[1] 同时更侧重产品的入市销售以及入市后的扩大发展。目前，通过微生物发酵、生物催化等方式生产天然香兰素等合成香料，以及利用植物蛋白制造合成乳制品、肉类代替品等产品已经进入市场并迅速铺开。如"不可能肉"（Impossible Meat）、"超越肉类"（Beyond Meat）等人造肉项目已获融资、投产，并进入欧美销售市场。在我国，合成生物食品的相关研究项目已经启动。例如，我国国家合成生物技术创新中心已专门成立"未来食品"项目组，在其合成蛋白质、仿真人造肉等关键性技术研发的基础上，构建食品车间制造的新模式，为合成生物食品进入市场提供工业化示范模型。[2] 顺应国际市场对合成生物食品的关注，我国境内许多社会资本正在密切与国内外的合成生物食品项目接触，包括李嘉诚先生创立的维港投资（Horizons Ventures）在内的诸多投资公司已对进入销售市场的合成生物食品予以资金支持。[3] 基于大众不断提高的对食品种类和营养的个性化需求，加之我国政府近年发布的一系列支持合成生物学科研成果商业转化的科技发展战略文件，[4] 合成生物食品的商业化前景在我国十分广阔。

1. 欧美国家合成生物食品领域的投融资状况

欧美国家目前正积极运用公立和私立资金投入、企业投资等多重方式加速推进合成生物食品的商业化进程。[5] 根据 SynBioBeta 平台 2019 年 7 月发布的行业报告统计，截至 2019 年上半年，全球 65 家不同类别的合成生物学技术相关公司共

---

① Davide Castelvecchi, "The Science Events to Watch for in 2020", https：//www. nature. com/articles/d41586-019-03910-9, February 26, 2021.

② 中国科学院天津工业生物技术研究所：《国家合成生物技术创新中心/中科院天津工业生物所"未来食品"项目组招聘启事》，载中国科学院天津工业生物技术研究所网站：http：//www. tib. cas. cn/tzxx/rczp/202009/t20200924_5704571. html，2021 年 2 月 26 日最后访问。

③ 宋星：《肉类替代品公司 Impossible Foods 完成 3 亿美元融资》，载新浪财经网：http：//finance. sina. com. cn/roll/2019-05-15/doc-ihvhiews2008105. shtml，2021 年 2 月 26 日最后访问。

④ 崔金明、张炳照、马迎飞等：《合成生物学研究的工程化平台》，载《中国科学院院刊》2018 年第 11 期。

⑤ Matti Häyry, "Synthetic Biology and Ethics：Past, Present, and Future", *Cambridge Quarterly of Healthcare Ethics* 26, 2017, pp. 186-205.

筹集到 19 亿美元的资金。① 其中，"不可能食品"（Impossible Foods）公司以"不可能肉"（Impossible Meat）项目为依托，仅在 2019 年第二季度就获得高达 3 亿美元的投资，成为 2019 年度商业融资最高的合成生物食品类科技公司。这亦为"不可能肉"在国际市场的销售提供了更好的产业平台。同年，人造肉领域的首家上市公司"超越肉类"（Beyond Meat）登陆纳斯达克，随后得到更多风险投资机构和名流投资人的支持。顺应替代蛋白质在销售市场受欢迎的发展趋势，合成生物学商业化的早期领导者 Ginkgo Bioworks 公司亦和其衍生公司 Motif Ingredients 共同筹集 9000 万美元的 A 轮融资，探索开发合成植物性汉堡或奶酪的可能。此外，Motif Ingredients 公司于 2020 年年初宣布与马萨诸塞大学阿姆赫斯特分校（University of Massachusetts Amherst）食品科学系的顶尖学者合作，专门面向国际消费者市场，研发与肉类蛋白口感和风味一致的合成植物蛋白质。② 各类社会基金组织亦对合成生物食品的研究和成果转化进行资助，如总部设于美国的非营利组织——优良食品协会（Good Food Institute，GFI）于 2018 年启动竞争性研究资助计划。截至 2019 年 10 月，其预计至少投入 450 万美元以持续支持有前景的合成生物食品研究，特别是合成植物肉项目。③ 与此同时，欧美国家的生物科技公司亦开始联合高校和学术机构，建立一系列专门面向消费者市场的合成生物食品研究项目，使合成生物食品从"研究"到"销售"的进程快速缩短。

2. 中国合成生物食品领域的投融资状况

我国国家政策对于合成生物产品的研发整体上持支持态度。针对合成生物食品的国家资金支持主要体现为基础研发方面的投入。据统计，2010—2019 年，我

① Calvin Schmidt, Kevin Costa, "These 37 Synthetic Biology Companies Raised ＄1.2B this Quarter", https: //synbiobeta. com/these-37-synthetic-biology-companies-raised-1-2b-this-quarter/, February 26, 2021.

② Synbiobeta Website, "Motif Food Works Partners with the University of Massachusetts Amherst to Optimize Formulation Processes for Plant-based Food Proteins", https: //synbiobeta. com/motif-foodworks-partners-with-the-university-of-massachusetts-amherst-to-optimize-formulation-processes-for-plant-based-food-proteins/, February 26, 2021.

③ Synbiobeta Website, "The Good Food Institute Awards ＄4.5M to Fill Gaps in Plant-based and Cultivated Meat Science in 2019", https: //synbiobeta. com/the-good-food-institute-awards-4-5m-to-fill-gaps-in-plant-based-and-cultivated-meat-science-in-2019/, February 26, 2021.

国国家自然科学基金针对合成生物食品的研究资助项目共计 23 个。① 且根据中国科学技术部《国家重点研发计划"合成生物学"等重点专项 2019 年度项目申报指南》的数据，2019 年，我国拟投入国拨经费 6 亿元以支持合成生物学技术在食品、医药和能源等领域的研究创新。② 同时，我国亦鼓励建立合成生物产业创新中心，辅以国家投资、政策支持培育孵化具有核心竞争力的合成生物科技企业。③

除国家科研经费资助外，合成生物食品领域也逐渐受到我国社会资本的热捧。例如，我国第一家食品科技风投集团——食芯资本公司已经投资包括"未来肉类"（Future Meat Technologies）在内的多个合成生物食品项目。此外，据美国联合通讯社（The Associated Press）2020 年 9 月发布的消息，"不可能食品"公司（Impossible Foods）已经向我国监管部门申请入市，目前正在等待审批结果。而"超越肉类"公司（Beyond Meat）也拟在中国建立"人造肉"生产基地。④

尽管不少行业分析报告已经提示合成生物食品在我国具有广阔的市场前景，但目前尚未有合成生物食品大规模进入我国的餐饮和零售渠道。然而，根据合成生物食品在欧美市场入市的经验以及消费者的积极反馈，合成生物食品在我国的商业化进程指日可待。

（二）现有法律规范框架

针对合成生物食品商业化的相关法律规范，欧美国家目前选择适用现有的评估普通食品、转基因、微生物和生物技术等法律框架对合成生物食品商业化可能

① 杜全生、洪伟、祖岩：《2010—2019 年国家自然科学基金资助合成生物学领域情况》，载《合成生物学》2020 年第 3 期。

② 中华人民共和国科学技术部：《国家重点研发计划"合成生物学"等重点专项 2019 年度项目申报指南》，载中华人民共和国科学技术部网站：http：//www. most. gov. cn/mostinfo/xinxifenlei/fgzc/gfxwj/gfxwj2019/201906/W020190614372907815983. pdf，2021 年 2 月 26 日最后访问。

③ 中华人民共和国科学技术部：《关于支持建设国家合成生物技术创新中心的函》，载中华人民共和国科学技术部网站：http：//www. most. gov. cn/xxgk/xinxifenlei/fdzdgknr/qtwj/qtwj2019/201911/t20191111_149871. html，2021 年 2 月 26 日最后访问。

④ Zen Soo, "China Becoming Battleground for Plant-based Meat Makers", https：//apnews. com/article/beijing-virus-outbreak-china-archive-hong-kong-95ce6d9875c255ee6ab8ea3e0a4a 3823, February 26, 2021.

引发的生物安全、食品安全及伦理争议等风险进行监管。欧盟科学委员会（European Scientific Committee）在其 2014 年发布的《适用于合成生物学的评价方法是否存在风险》（*Synthetic Biology II Risk Assessment Methodologies and Safety Aspects*）草案意见书中也明确表示，目前用于生物和遗传修饰物质的已有法规可以应用于合成生物科技产品。① 此外，由于各国合成生物科技产业的全球化布局也使得利用合成生物学技术制造食品的潜在风险不再限于一国之内。而合成生物学技术本身会引发的生物安全、食品安全及伦理争议等风险，亦会对公众健康与自然环境等方面造成影响，需要各国和国际社会共同关注并进行相应的法律治理。

1. 对合成生物食品生物安全的法律监管

生物安全是现代生物技术开发和应用过程中需要关注的重要风险，亦是公众食品安全的先决条件。② 自 20 世纪 80 年代中期，联合国环境署（United Nations Environment Programme）、世界卫生组织（World Health Organization）、联合国工业发展组织（United Nations Industrial Development Organization）和联合国粮食及农业组织（Food and Agriculture Organization of the United Nations）共同组成"关于生物技术安全的特设工作小组"，生物安全相关立法工作逐渐在国际社会引起重视。包括国际风险管理理事会（International Risk Governance Council, IRGC）在内的许多国际组织和机构亦开始呼吁开展合成生物研究和产业投入的国家应注重生物安全及保护措施的制定，加强对生物安保风险的监管。③ 联合国生物多样性会议暨《生物多样性公约》第十四次缔约方大会也提出，为了 2011—2020 年《生物多样性战略计划》（*Strategic Plan for Biodiversity 2011—2020*）的实现，各国需要注重合成生物学领域的风险评估模式、国际合作和法律考量，以减小合成生物产品商业化带来的生物安全风险。④

---

① Michelle M Epstein, Theo Vermeire, "Scientific Opinion on Risk Assessment of Synthetic Biology", *Trends in Biotechnology* 34, 2016, pp. 601-603.

② 李真真、董永亮、高旖蔚：《设计生命：合成生物学的安全风险与伦理挑战》，载《中国科学院院刊》2018 年第 11 期。

③ Jennifer Kuzma, Todd Tanji, "Unpackaging Synthetic Biology: Identification of Policy Problems and Options", *Regulation and Governance* 4, 2010, pp. 92-112.

④ The Secretariat of the Convention on Biological Diversity, "Strategic Plan for Biodiversity 2011-2020", https://www.cbd.int/business/meetings-events/2018/, February 26, 2021.

作为前沿生物技术应用之一，合成生物食品系颠覆传统的食品加工方式，重新构建"食品内部细胞工厂"制造而成。在技术研发和生产制备合成生物食品的过程中，可能会出现因新型技术失误，或是合成生物本身的性质而导致的生物泄漏现象。[1] 与化学物质的污染不同，合成生物不是自然界中原有的物质，所以可能会和其他生物相互影响，进而对公众健康和自然环境产生不确定的风险。[2] 例如，由于合成生物具有自我复制能力，一旦进入自然界，其可能造成自然资源基因库污染，危害生物多样性，进而影响生态系统平衡。[3]

在国际法层面，合成生物食品研究、制备过程中对生物多样性的影响受1993年生效的《生物多样性公约》（*Convention on Biological Diversity*）约束。缔约国在开展合成生物食品研究和应用时，应遵循公约的要求，承担保护自然生物资源和可持续发展的条约义务。作为《生物多样性公约》的补充协议，《卡塔赫纳生物安全议定书》（*Cartagena Protocol on Biosafety*）亦可扩大适用于利用合成生物学技术制造食品商业化所引发的生物安全问题。[4] 例如，缔约国需要考虑所有"改性活生物体"的越境转移、过境、处理和使用过程中的生物安全问题（第6条）；同时，缔约国可以建立信息交流与生物安全资料交换所，对可能造成的潜在不利影响以及合成生物食品对人类健康构成的风险进行分析和立法信息共享（第20条）。[5] 除《生物多样性公约》框架外，合成生物学国际协会（International Association Synthetic Biology，IASB）等国际组织也召开了一系列有关生物安全的会议，要求合成生物学技术相关公司必须采取诸如配备专业的安检

---

[1] Chun You et al. , "An In Vitro Synthetic Biology Platform for the Industrial Biomanufacturing of Myo-inositol from Starch", *Biotechnology and Bioengineering* 114, 2017, pp. 1855-1864.

[2] Katherine E. French, "Harnessing Synthetic Biology for Sustainable Development", *Nature Sustainability* 2, 2019, pp. 250-252.

[3] Michele Garfinkle, Lori Knowles, "Synthetic Biology, Biosecurity, and Biosafety", in Sandler R. L. , eds. , *Ethics and Emerging Technologies*, London, Palgrave MacMillan, 2014, pp. 533-547.

[4] Markus Vordermayer, "The Extraterritorial Application of Multilateral Environmental Agreements", *Harvard International Law Journal* 59, 2018, pp. 59-124.

[5] The Secretariat of the Convention on Biological Diversity, "Text of the Cartagena Protocol on Biosafety", http：//bch. cbd. int/protocol/text/, February 26, 2021.

员对客户的基因信息进行筛查等必要措施，以减少生物安全隐患。①

区域法层面，欧盟于 1990 年颁布的《关于封闭使用转基因微生物的第 90/219 号指令》（Council Directive 90/219/EEC）是欧盟各成员国对于转基因微生物进行生物安全立法的基础。该指令指出，应当根据转基因微生物对人类健康及环境可能造成的风险程度将其利用方式划分为四类，并对其进行不同标准的生物安全监管。② 另外，2001 年通过的《转基因生物环境释放指令》（Directive 2001/18/EC）在前述指令的基础上提出，经营者必须关注转基因微生物的安全问题，对于转基因微生物体的释放、运输或作为产品投放市场而导致对环境的损害负有相当的赔偿责任。③ 具体适用到利用合成生物学技术制造食品领域，经营者也必须考虑到合成生物食品投产可能会对环境造成的影响。其后，在欧盟转基因产品投放市场的过程中，前述两部指令经过多次修订，不断补充和更新生物安全风险评估的具体技术方法，逐渐形成针对转基因产品的较为完备的生物安全监管框架。④ 这亦可能成为合成生物食品进入欧盟市场需要遵循的法律框架之一。

国内法层面，以美国为例，其《公共卫生安全和生物恐怖主义准备和应对法》（The Public Health Security and Bioterrorism Preparedness and Response Act of 2002）明确授权美国国家卫生与公共服务部（United States Department of Health and Human Services, HHS，以下简称美国卫生部或 HHS）监管可能对公共健康和

---

① 欧亚昆、雷瑞鹏：《合成生物学自我管治的伦理探析》，载《伦理学研究》2018 年第 2 期。

② The Publications Office of the European Union, "Council Directive 90/219/EEC of 23 April 1990 on the Contained Use of Genetically Modified Micro-organisms", https：//eur-lex. europa. eu/legal-content/EN/TXT/? qid＝1585230579860&uri＝CELEX：31990L0219, February 26, 2021.

③ The Publications Office of the European Union, "Directive 2001/18/EC of the European Parliament and of the Council of 12 March 2001 on the Deliberate Release into the Environment of Genetically Modified Organisms and Repealing Council Directive 90/220/EEC", https：//eur-lex. europa. eu/legal-content/EN/TXT/? qid＝1585900727555&uri＝CELEX：32001L0018, February 26, 2021.

④ The Publications Office of the European Union, "Consolidated Text：Directive 2001/18/EC of the European Parliament and of the Council of 12 March 2001 on the Deliberate Release into the Environment of Genetically Modified Organisms and Repealing Council Directive 90/220/EEC", https：//eur-lex. europa. eu/legal-content/EN/TXT/? uri ＝ CELEX% 3A02001L0018-20190726, February 26, 2021.

安全构成严重威胁的生物技术改造产品的所有、使用和转移。HHS针对微生物和生物实验室也出版了专门的规范指南。指南全面而细致地编撰了有关实验室微生物存储的物理隔离、操作实践、性能和验证测试的法律规范和标准，并分别对P1~P4级别实验室进行了具体而详细的操作规范要求。此外，美国《公共卫生服务法》（*Public Health Service Act*, PHSA）第351条规定，生物产品在注册登记前，就应当考虑到对公共卫生的风险，其研究和投产必须取得相应的审核批准。在生物产品的安全标准和监管程序方面，美国《联邦法典》关于食品与药品的规定（Code of Federal Regulations, Title 21 Food and Drug）中明确规定新型生物产品的研发和投入市场需要向生物产品评价与研究中心（Center for Biologics Evaluation and Research）进行申报，以保证生物产品的安全性和有效性。这在合成生物食品的研究、制备和销售的全过程中，都起到了严格的规范作用。此外，美国国家科学院（The National Academies of Sciences, Engineering, and Medicine）发布的《合成生物学时代的生物防御报告》（*Biodefense in the Age of Synthetic Biology*）指出利用合成生物学技术制造的产品可能为恐怖主义分子利用，发动生物恐怖主义袭击。[①] 故此，应当对合成生物食品的商业化进行安全性审查，警惕该类技术被用于制造合成病原体武器的可能。[②]

我国对于生物安全问题亦高度重视。《中华人民共和国生物安全法》（以下简称《生物安全法》）已于2020年10月通过审议，于2021年4月15日起施行。[③] 在《生物安全法》建立生物安全风险防控体制的框架下，利用合成生物学技术制造食品商业化过程中的生物安全风险，可以提请生物安全技术咨询专家委员会进行咨询、评估和论证。我国《生物安全法》同时构建生物安全风险审查和评估、生物安全信息发布和共享，以及生物安全事件调查溯源等制度。这些制度亦可适用于审查、监管合成生物食品商业化过程中的生物安全风险问题。

---

① The National Academies of Sciences, Engineering, and Medicine, "Biodefense in the Age of Synthetic Biology", https：//www. nationalacademies. org/ocga/briefings-to-congress/biodefense-in-the-age-of-synthetic-biology, February 26, 2021.

② Marko Ahteensuu, "Synthetic Biology, Genome Editing, and the Risk of Bioterrorism", *Science and Engineering Ethics* 23, 2017, pp. 1541-1561.

③ 全国人民代表大会：《中华人民共和国生物安全法》，载中国人大网：http：//www. npc. gov. cn/npc/c30834/202010/bb3bee5122854893a69acf4005a66059. shtml，2021年2月26日最后访问。

除《生物安全法》以外，我国有关生物安全的现行生效规定主要散见于实验室及病原体微生物安全管理、传染病防控、基因工程、食品安全、生物制品、动植物检疫、环境与生物资源保护以及突发安全事件处置等相关行政法规和部门规章之中。① 其中，有关基因工程、生物技术和食品安全的法规内容与合成生物食品的商业化过程高度相关。例如，国家科学技术委员会于 1993 年颁布的《基因工程安全管理办法》提出，涉及基因和遗传工程的产品应当向相关主管部门申报，经过生物学安全检验，进行安全性评价，确定该产品对公众健康和生态环境可能产生的影响后，才能进行研究和后续利用。② 2017 年，科技部发布《生物技术研究开发安全管理办法》第 9 条明确指出，自然人、法人和其他组织在公开、转让、推广或产业化、商业化应用生物技术研究开发成果时，应当进行充分评估，避免造成重大生物安全风险。③

此外《农业转基因生物安全管理条例》《农业转基因生物安全评价管理办法》《农业转基因生物加工审批办法》也规范了转基因产品生物安全问题。可以看到，从基础的研发试验，到生产与加工、经营与销售，再到面向国际市场的进出口贸易，我国有关转基因产品的规章制度已经尽可能地覆盖相关产品入市前、入市后关于生物安全问题审批和监管的全部环节。《农业转基因生物安全管理条例》中对农业转基因生物定义为"利用基因工程技术改变基因组构成，用于农业生产或者农产品加工的动植物、微生物及其产品"（第 3 条）。因此，规范中有关转基因生物的安全分级管理评价、生物安全评价和添加产品标识等制度亦可扩大适用到利用合成生物学技术制造的转基因食品的商业化的审查和监管过程。

2. 对合成生物科技食品食品安全的法律监管

除生物泄漏和对生物多样性造成潜在危害以外，利用合成生物学技术制造食

---

① 中华人民共和国科学技术部：《〈中华人民共和国生物安全相关法律法规规章汇编〉正式出版发行》，载中华人民共和国科学技术部网站：http：//www. most. gov. cn/kjbgz/201908/t20190827_148517. htm，2021 年 2 月 26 日最后访问。

② 中华人民共和国科学技术部：《基因工程安全管理办法》，载中华人民共和国科学技术部网站：https：//www. pkulaw. com/chl/8870. html，2021 年 2 月 26 日最后访问。

③ 中华人民共和国科学技术部：《生物技术研究开发安全管理办法》，载中华人民共和国科学技术部网站：http：//www. most. gov. cn/mostinfo/xinxifenlei/fgzc/gfxwj/gfxwj2017/201707/t20170725_134231. htm，2021 年 2 月 26 日最后访问。

品亦可能引发食品安全危害，对人体健康和生命安全造成危险。对此，部分国家选择参照国际性的食品标准——《食品法典》（*Codex Alimentarius*）的模式，针对与食品相关的危害进行风险评估，确定是否存在危害、营养或其他安全问题。如危害确实存在，则相关部门需要进一步收集危害严重性信息。[1] 如，欧盟 2002 年发布的《食品安全基本法》［*Regulation（EC）No. 178/2002*］中，明确提出应当建立科学的风险评估框架——针对那些对公众生命或健康可能有危害的风险，尽管尚无科学确证，也应当暂停食品流通，最大程度地确保公众健康。另外，该法规要求欧盟建立完整的食品溯源系统，帮助召回问题食品。此外，欧盟在《关于封闭使用转基因微生物的第 90/219 号指令》（*Council Directive 90/219/EEC*）和《转基因生物环境释放指令》（*Directive 2001/18/EC*）的基础上，专门针对转基因食品进入欧洲市场，发布相应的安全评估和技术审查准则［*Regulation（EC）No. 1829/2003*］；[2] 同时建立转基因食品入市后可溯源性和添加标签制度［*Regulation（EC）No. 1830/2003*］，提出标签应具客观性、避免误导消费者的明确要求，以保障公众食品安全。[3]

美国亦在其《食品、药品与化妆品法》（*The Federal Food, Drug, and Cosmetic Act*）中，明确赋予美国食品与药品管理局（Food and Drug Administration，FDA）可以强制召回有危害食品的权利。此外，《联邦肉类检验检疫法案》（*The Federal Meat Inspection Act*，FMIA）和《家禽产品检验法》（*Poultry Products Inspection Act of 1957*）等具体门类的食品法律规范中，明确要求相关的行政部门按照食品类别划分监管职责，以对食品生产企业进行专业且严格的监督和审查。2011 年，美国通过《食品安全现代化法》（*Food Safety Modernization Act*，FSMA）要求食品生

---

① Codex Alimentarius Secretariat, "Biotechnology", http://www.fao.org/fao-who-codexalimentarius/thematic-areas/biotechnology/en/, February 26, 2021.

② The Publications Office of the European Union, "Regulation（EC）No. 1829/2003 of the European Parliament and of the Council of 22 September 2003 on Genetically Modified Food and Feed", https://eur-lex.europa.eu/legal-content/EN/ALL/? uri = CELEX：32003R1829, February 26, 2021.

③ The Publications Office of the European Union, "Regulation（EC）No. 1830/2003 of the European Parliament and of the Council of 22 September 2003 Concerning the Traceability and Labelling of Genetically Modified Organisms and the Traceability of Food and Feed Products Produced from Genetically Modified Organisms and Amending Directive 2001/18/EC", https://eur-lex.europa.eu/legal-content/EN/TXT/? uri=celex%3A32003R1830, February 26, 2021.

产企业在食品入市之前，制订详细的食品安全风险预防计划。

我国通过《食品安全法》和《食品安全法实施条例》对食品安全问题进行规制。国家市场监督管理总局、海关总署等行政部门亦通过《食品安全抽样检验管理办法》《进出口食品安全管理办法》等部门规章，对不同行业和销售环节的食品安全问题进行专门监管。对于未列入食品安全国家标准的新型食品或添加剂品种，则必须根据《食品添加剂新品种管理办法》和《新食品原料安全性审查管理办法》等标准，对其进行安全性审查，确认经过风险评估证明安全可靠，方可投入销售市场。依据前述两则管理办法，在生产经营者提交的申请材料不涉及商业秘密的情况下，收到申请的行政主管部门应当向社会公开征求意见。涉及重大利益关系的，亦可以举行听证会听取意见，作为安全性审查的参考依据。而合成生物食品作为新型食品种类，无疑会受到上述法律法规的规制。

3. 对违反伦理准则的监管

合成生物食品的商业化同其他生物技术成果的商业化一样，会引发一定的伦理风险，主要集中在生命科学本身的科研伦理问题，以及合成生物食品对自然环境和人类社会的伦理影响上。例如，当一类经由人为制造的新生物体出现，这代表着人类的意志已经可以"创造"新的物种，一定程度上冲击了现有的以生物进化的自然法则为基础的生命伦理规则。而且，新的有机体如果扩散到自然界，亦有可能引发其他生物的基因变化，对整个生态系统和人类社会产生环境伦理影响。而当合成生物学的食品类科研成果转化为商业产品时，更是与生命、基因、生态、信息、新材料及食品安全伦理问题息息相关。① 如《天性的改良？基因工程的科学伦理》（*Improving Nature? The Science and Ethics of Genetic Engineering*）一书中就认为把新兴的转基因等前沿生物技术运用到食品上是不合伦理的。而欧洲各国亦成立了国家伦理委员会，关注包括转基因等生物技术制造食品的安全伦理在内的生命伦理学问题，以期建立适当的食品安全伦理规范和法律体系。

国际社会关于生命科学研究中伦理问题的关注，最早见于《纽伦堡法典》

---

① Fahim Farzadfard, Timothy K Lu, "Genomically Encoded Analog Memory with Precise in Vivo DNA Writing in Living Cell Populations", *Science* 346, 2014, p. 825.

（*The Nuremberg Code*）、《赫尔辛基宣言》（*The Declaration of Helsinki*）等一系列为规制生命科学研究、强调生命伦理尊严的国际软法中。1998 年，联合国大会第 53/152 号决议批准通过的《世界人类基因组与人权宣言》（*The Universal Declaration on the Human Genome and Human Rights*）提出，国际社会应当考虑生命科学研究迅速发展所引发的相关伦理问题，并呼吁各国持续关注生命伦理问题的发展。① 2005 年，联合国教育、科学及文化组织（United Nations Educational, Scientific and Cultural Organization，以下简称联合国教科文组织或 UNESCO）在《世界生物伦理和人权宣言》（*The Universal Declaration on Bioethics and Human Rights*）中重申了设立伦理委员会以评估涉及生物的研究是否违背伦理的必要性，也再次强调了生物科学研究必须符合伦理道德的基本准则，提出各国应当尽一切可能利用现有的科学知识来处理可能出现的生物伦理问题。②

对于生命研究伦理问题，欧盟早在 1999 年生效的《欧洲人权与生物医学公约》（*The European Convention on Human Rights and Biomedicine*）中明确规定，禁止违背社会伦理道德的研究和商业利用行为。③ 2009 年生效的《里斯本条约》（*Treaty of Lisbon*）提出，人的尊严是构成基本权利的实际基础，且拥有人的尊严需要负有一定的道德义务，包括负责任的对待其他生命，以及负责任的生命研究需要遵循联合国教科文组织、欧洲理事会以及基本权利宪章、公约和宣言中已经体现的基本伦理原则。④

美国亦在其《联邦法典》关于保护人类受试者的规定（*Code of Federal Regulations*, Title 45 Public Welfare HHS Part 46 Protection of Human Subjects）中要

---

① 联合国教育、科学及文化组织：《世界人类基因组与人权宣言》，载联合国教育、科学及文化组织网站：https：//en. unesco. org/themes/ethics-science-and-technology/human-genome-and-human-rights，2021 年 2 月 26 日最后访问。

② 联合国教育、科学及文化组织：《世界生物伦理和人权宣言》，载联合国教育、科学及文化组织网站：https：//en. unesco. org/themes/ethics-science-and-technology/bioethics-and-human-rights，2021 年 2 月 26 日最后访问。

③ David Townend, "EU Laws on Privacy in Genomic Databases and Biobanking", *Journal of Law*, *Medicine and Ethics* 44, 2016, pp. 128-142.

④ European Union, "Treaty of Lisbon", https：//www. refworld. org/docid/476258d32. html, February 26, 2021.

求，涉及人类和生物医学的研究必须按照合理的伦理原则进行。① 机构审查委员会（Institutional Review Boards，IRBs）将与专业的专家小组一起，对研究机构提报的生命科学研究方案进行审查，尽可能地排除潜在的技术和伦理风险。② 另外，HHS 在其 2005 年发布的《关于科研不端行为的公共卫生服务政策》（*Public Health Service Policies on Research Misconduct*）中也表明，所谓"负责任的科学研究"应当在符合伦理道德准则的情况下进行，否则研究者和研究机构将被追究相应的责任。③

我国于 2008 年实施的《科学技术进步促进法》第 29 条表明，我国也禁止开展危害国家安全、损害社会公共利益、危害人体健康、违反伦理道德的科学技术研究活动。④ 另外，我国也将进一步推动建立健全科技伦理审查规则和风险评估制度，在科技活动过程中强化伦理监管，并细化构建覆盖全面、导向明确、规范有序、协调一致的科技伦理法律治理体系。⑤ 2021 年 4 月正式实施的《生物安全法》亦提到，生物技术相关的研究、开发与应用活动必须在符合伦理原则的框架下进行。

事实上，一些学者认为伦理问题属于道德范畴，不应由法律规范进行治理。加之我国法律对于伦理问题的关注亦更多地集中于涉及人体细胞或遗传资源的医学研究和临床试验过程，或是对涉及实验动物的管理和保护，我国目前在开发生物技术应用方面的法定伦理审查和具体监管条款有所不足。且大多数法规仅规范生物技术研究必须经过伦理审查或禁止违反伦理道德的生物技术研究，并未提到伦理审查的具体流程和原则、标准。

---

① US Government Publishing Office, "Code of Federal Regulations, Title 45 Public Welfare, Part 46 Protection of Human Subjects", https://www.ncbi.nlm.nih.gov/books/NBK19891/, February 26, 2021.

② Peter Lee, "Innovation and the Firm: A New Synthesis", *Stanford Law Review* 70, 2018, pp. 1431-1502.

③ U. S. Department of Health and Human Services（HHS）, "Public Health Service Policies on Research Misconduct", https://ori.hhs.gov/FR_Doc_05-9643, February 26, 2021.

④ 中华人民共和国中央人民政府：《中华人民共和国科学技术进步法》，载中国政府网：http://www.gov.cn/ziliao/flfg/2007-12/29/content_847331.htm，2021 年 2 月 26 日最后访问。

⑤ 《习近平：紧密结合"不忘初心、牢记使命"主题教育 推动改革补短板强弱项激活力抓落实》，载新华网：http://www.xinhuanet.com/politics/2019-07/24/c_1124794652.htm，2021 年 2 月 26 日最后访问。

原美国国家安全顾问、国务卿亨利·基辛格（Henry Kissinger）认为，单单从经济效益的角度来看，应当鼓励和支持科技成果的商业化进程。但是，对一些违背伦理道德的科研成果进行转化，可能会造成对伦理的挑战，进而引发与社会既有价值观的冲突。① 聚焦到利用合成生物学技术制造食品领域，诸如合成生物是否可以被认为是新的生命体，谁拥有"创造"新生命体的权利，人类是否可以干预自然界的进化进程以及生命体是否可以被投入生产制备、合成生物食品是否符合世俗伦理等争议，也逐渐超越了学术界的范畴，引发公众对于伦理道德的争论。②

三、现有法律框架的不足

如上文讨论，在应对利用合成生物学技术制造食品商业化可能造成的风险问题上，国际社会仍未形成统一的管控标准和法律治理框架，各国亦未针对某一具体风险进行单独的专门立法。具体司法实践中，国际社会、欧盟、美国及中国均可适用现有的针对生物技术和转基因食品的相关立法来规范。

然而，这些法律规范中使用的转基因生物或基因改造生物定义与合成生物的概念仍存在差异，后者涵盖的范畴远大于前者。因此，这些现有的转基因生物相关立法和原则仅能在一定程度上控制或降低合成生物食品商业化所带来的风险。专门立法的缺位会导致合成生物食品存在法律审批与监管的空白，从而使得合成生物食品的科技研发及其商业化面临法律不确定性。此外，各国通过路线图和发展战略等政策路径来规划促进合成生物学产业发展，但与此同时，对于利用合成生物学技术制造食品的商业化仍然是通过适用现有的法律来解决。在这种情况下，政策与法律之间可能产生张力，即针对新兴的合成生物学技术发展所制定的积极的发展政策与适用传统转基因生物法律之间不可避免地发生冲突。如果现有的法律制度本身对转基因生物持相对保守的态度，那么，发展政策和传统转基因生物法律之间的矛盾就会更加明显。其结果将阻碍合成生物食品商业化的发展。

综合来看，国际社会在监管利用合成生物学技术制造食品的商业化风险上，

---

① GovLab Digest, "How the Enlightenment Ends", http：//thegovlab. org/how-the-enlightenment-ends/, February 26, 2021.

② 马诗雯、王国豫：《如何应对合成生物学的不确定性——〈合成生物学的监管：生物砖，生物朋克与生物企业〉评介》，载《科学与社会》2019 年第 3 期。

存在两种不同的模式。一是以美国为代表的国家所采用的"实质等同原则"（Substantial Equivalence Principle），即通过将新型食品与经过长期正常使用证明安全的类似传统食品进行毒理学和营养学等方面的比较，评估差异，以确定新型食品的安全性。该原则最早由经济合作与发展组织（Organization for Economic Cooperation and Development，以下简称经合组织或 OECD）于 1993 年确立为一项食品安全政策，其后被诸多国家认定为对转基因食品及其他新型生物食品安全评估的基本方法。另一种处理方式则对风险问题显得尤为谨慎——以欧洲国家为代表的"预防原则"（Precautionary Principle）。事实上，"预防原则"在一定情况下包含"事前警告"的含义，比起审查要求相对宽松的"实质等同原则"，"预防原则"认为，如果一项新型产品可能会对环境或社会造成不利影响，那么就应当暂停其发展，并对其进行严格的审查，确认威胁和风险程度。这一概念最早起源于欧洲的环境法规，并通过 1982 年联合国大会制定的《世界自然宪章》（*World Charter for Nature*）得到国际社会的首次认可。依据判例法，该原则在环境保护领域逐步形成为一项法律原则。基于欧洲农业生产的特点以及欧洲消费者对"有机天然"食品的偏好，欧盟在其有关转基因生物立法中坚持采用"预防原则"。① 其结果导致欧盟对转基因农产品的入市审批程序和条件极其严苛，转基因农产品的商业化种植和相关产品在欧盟市场的占有率均非常低。在"预防原则"的采用以及欧洲消费者对转基因食品所持抵制态度的影响下，多数欧洲国家对于合成生物食品的商业化发展可能仍会持谨慎态度。

四、案例分析："不可能汉堡"的入市前审批和入市后监管

如上文所述，欧美国家目前采用现有的相关法律法规来监管合成生物食品商业化过程，包括对合成生物食品进行入市前的审批以及入市后的监管。② 在食品

---

① Giovanni Tagliabue, "The EU Legislation on 'GMOs' between Nonsense and Protectionism: An Ongoing Schumpeterian Chain Public Choices", *GM Crops and Food* 8, 2016, pp. 57-73.

② The Publications Office of the European Union, "Regulation（EU）No. 1291/2013 of the European Parliament and of the Council of 11 December 2013 Establishing Horizon 2020—the Framework Programme for Research and Innovation（2014-2020）and Repealing Decision No. 1982/2006/EC Text with EEA Relevance", https://eur-lex.europa.eu/legal-content/EN/TXT/? qid=1581672143997&uri=CELEX：32013R1291, February 26, 2021.

生产业，前文提到的"不可能肉"（Impossible Meat）是一个具有代表性的合成生物食品商业化的成功案例。其在美国和欧盟市场的入市状况也因两法域对利用基因技术改造食品的立法不同而存在明显差异。

（一）入市前审批

Impossible Meat 由生物化学家帕特里克·布朗（Patrick Brown）于 2011 年创立的初创公司 Impossible Foods 研发。Impossible Meat 的关键成分——血红素（Haem）是一种富含铁的化合物，由科学家从大豆植物根部提取血红素 DNA 并转入酵母，通过发酵后分离出大豆豆荚血红蛋白（Soy Leghemoglobin，SL），最后以食品添加剂的方式混入大豆、小麦等谷物中，形成血红色的人造肉，并实现肉类口味。Impossible Meat 作为由基因工程酵母发酵技术制作而成的人造肉，在口味、质地和营养价值上都类似普通牛肉泥。① 而利用 Impossible Meat 制作的汉堡——"不可能汉堡"（Impossible Burger）于 2016 年 7 月在美国餐厅首次亮相，现已在全美、新加坡和我国香港、澳门等地区餐厅销售。

"不可能汉堡"迅速进入美国销售市场，得益于以"实质等同原则"为基础的美国转基因食品和食品添加剂立法。根据美国现行的《食品安全现代化法》（*Food Safety Modernization Act*，FSMA）以及《联邦法典》中关于食品添加剂的相关规定［*Code of Federal Regulations*，*Title 21 Food and Drug*，*Part 170 Food Additives*（*includes Threshold of Regulation and Premarket Notifications*）］，从转基因植物品种提炼出来（derived from）的食品或食品添加剂通常不需要进行额外的安全性检测；美国 FDA 也无须对其进行入市前评估。② 在《食品、药品与化妆品法》（*The Federal Food*，*Drug*，*and Cosmetic Act*）第 401 条和第 409 条关于食品添加剂和着色剂的安全评估条款中，也提出"普遍认为是安全的"概念（Generally Recognized as Safe，GRAS），即如果添加剂本身具有长时间的食品安全使用历史，或者被普遍认为没有必要进行安全检测，则食品制造商无须向 FDA 请求对该添

① David Payne，"The Scientists Who Feed Us"，https：//www. nature. com/articles/d41586-018-07672-8，February 26，2021.

② US Government Publishing Office，"Code of Federal Regulations，Title 21 Food and Drug，Parts 170 Food Additives（includes Threshold of Regulation and Premarket Notifications）"，https：//www. accessdata. fda. gov/scripts/cdrh/cfdocs/cfcfr/CFRSearch. cfm，February 26，2021.

加剂进行入市前的审查。①

由于在餐厅销售的 Impossible Meat 添加的血红素是用以改善仿制肉口味，且血红素存在于所有植物和动物中，烹饪加工后的 Impossible Meat 无须经过额外的测试以确认其安全性。因此，"不可能汉堡"进入美国市场，并未受到特别的法律阻碍。2018 年，Impossible Foods 公司计划在超市销售未经烹饪的 Impossible Meat 肉饼。根据美国《公共卫生服务法》（PHSA）赋予 FDA 在食品安全领域广泛的执法、监督权，以及美国《食品安全现代化法》（FSMA）要求食品制造商承担食品生产安全性责任的相关条款，② Impossible Foods 公司向 FDA 提交了批准转基因 SL 新着色剂的申请书，请求 FDA 将血红素列为安全的食品着色剂。FDA 在收到请求书后，认为该红棕色的着色剂对原有食品的外观和适销性作出了改变，特别是 Impossible Meat 在使用 SL 着色后，看起来与绞生牛肉的区别不大。如果要将该类产品直接向消费者进行销售，必须对其进行入市前的批准。故此，FDA 受理了申请，并于 2019 年 7 月作出决定，批准 SL 可以作为着色剂在仿制生牛肉制品中进行使用。③

目前，Impossible Meat 已经进入部分亚洲国家及地区的餐饮渠道，但仍未进入欧盟市场。其原因可能在于欧盟对转基因物的严格立法以及欧盟市场整体对转基因食品的冷淡需求。尽管 Impossible Meat 本身不是转基因食品，也不含有转基因物质，但其用以产生肉味和鲜肉色泽的添加剂 SL 是从转基因植物品种中提炼而来。因此，为进入欧盟市场，Impossible Foods 公司于 2019 年 9 月向欧盟食品安全局（European Food Safety Authority，EFSA）递交了关于合法使用由转基因酵母生产的 SL 申请。依据欧盟针对转基因食品的安全评估和技术审查准则［*Regulation（EC）No. 1829/2003*］及《新型食品条例》［*Regulation（EU）2015/2283*］的规定，如果提交审批从转基因作物中提取但不含有转基因物的食品，且

---

① Food and Drug Administration（FDA），"The Federal Food，Drug，and Cosmetic Act"，https：//uscode. house. gov/view. xhtml？path =/prelim@ title21/chapter9&edition = prelim，February 26，2021.

② Renée Johnson，"The Federal Food Safety System：A Primer"，https：//fas. org/sgp/crs/misc/RS22600. pdf，February 26，2021.

③ Jeff Gelski，"FDA：Impossible Foods' Use of Heme is Safe"，https：//www. meatpoultry. com/articles/22360-fda-impossible-foods-use-of-heme-is-safe，February 26，2021.

该类食品在成分、营养价值、代谢、预期用途和不良物质水平方面与现有食品"实质上等同"，则可以使用简化的入市审批程序。① 然而，由于欧盟一贯对转基因食品的保守态度以及基于"预防原则"而极其严格的入市审批程序，目前对于 Impossible Meat 的审批结果仍不明朗，毕竟该案例是此类新型转基因食品着色剂在欧盟的首次使用，且未来还会应用到其他食品中去。

（二）入市后监管

依据美国《联邦法典》中关于禁止在人类食物中使用的物质（*Code of Federal Regulations, Title 21 Food and Drug, Part 189 Substances Prohibited from Use in Human Food*）的规定，如果食品经营者对新型食品的监管状况存疑，FDA 将为其提供咨询和审查服务。一般而言，大部分的经营者会在其生产和销售新型食品前，向 FDA 寻求核准，以确保该等食品不会因为含有非法的食品添加剂而被禁止销售和召回。但根据 FDA 发布的《关于通常被认为是安全的物质的最终规范》（*Final Rule on Substances Generally Recognized as Safe*），如果经营者自行根据"普遍认为是安全的"（GRAS）原则判断其食品符合安全标准，而没有得到 FDA 的咨询意见或是理论支持，一旦后期 FDA 判断该食品不属于 GRAS 的范围，则其可根据《食品与药品管理法》（*Food and Drug Administration Regulations*）的要求命令经营者停止该类食品的销售，并采取一定的执法行动。②

欧盟对食品入市后安全问题的监督，主要由 2002 年设立的欧盟食品安全局（EFSA）负责。根据前文提到的欧盟《食品安全基本法》［*Regulation（EC）No. 178/2002*］第 18 条和转基因食物入市后可溯源性和添加标签制度［*Regulation（EC）No. 1830/2003*］的规定，在欧盟范围内进行销售的转基因食品

① The Publications Office of the European Union, "Regulation（EU）2015/2283 of the European Parliament and of the Council of 25 November 2015 on Novel Foods, Amending Regulation（EU）No. 1169/2011 of the European Parliament and of the Council and Repealing Regulation（EC）No. 258/97 of the European Parliament and of the Council and Commission Regulation（EC）No. 1852/2001", https：//eur-lex. europa. eu/legal-content/EN/TXT/? qid = 1585327794852&uri = CELEX：32015R2283, February 26, 2021.

② Food and Drug Administration（FDA）, "Generally Recognized as Safe（GRAS）", https：//www. fda. gov/food/food-ingredients-packaging/generally-recognized-safe-gras, February 26, 2021.

需要添加适当的标签或标识，以方便食品溯源。而且，根据《食品安全基本法》[*Regulation（EC）No. 178/2002*] 第 19 条的规定，如果食品在销售过程中出现安全问题，监管机构有权要求其退出市场，并启动召回程序。在这个过程中，食品的经营者应当有效、准确地告知消费者召回的理由。① 另外，经营者必须对其投放市场的食品负责，如果经营者发现其销售的产品可能对人体健康有害时，应当立即通知主管机关，并暂停有关食品在市场上出售或使用。② 欧盟于 2004 年发布的《食品卫生条例》[*Regulation（EC）No. 852/2004*] 亦要求食品经营者定期对其销售的食品，以及生产制备食品的设备进行自我检查，确保符合欧盟的食品标准。③

2018 年，欧盟法院（European Court of Justice）在 Case C-528/16 作出判决，认定通过基因编辑的新型农产品应被视为传统转基因物，受欧盟现有转基因法规范。这意味着，利用基因编辑、合成生物科技等前沿的生物技术所制造的新型食品在欧洲入市前的审批和入市后监管程序将会非常严格，包括 Impossible Meat 在内的合成生物食品亦然。而美国在合成生物食品领域的私人投资数量已经达到欧洲获得投资数量的数倍。④ 可见，欧盟采用的以 "预防原则" 为基础的严苛立法一定程度上导致私人财团对于欧洲生物技术食品制造行业的公司或机构的投资持更加谨慎的态度。

---

① The Publications Office of the European Union，"Regulation（EC）No. 178/2002 of the European Parliament and of the Council of 28 January 2002 Laying Down the General Principles and Requirements of Food Law, Establishing the European Food Safety Authority and Laying Down Procedures in Matters of Food Safety"，https：//eur-lex. europa. eu/legal-content/EN/TXT/？qid = 1585901435872&uri = CELEX：32002R0178, February 26, 2021.

② Katharine Gostek, "Genetically Modified Organisms：How the United States' and the European Union's Regulations Affect the Economy"，*Michigan State International Law Review* 24, 2016, pp. 761-800.

③ The Publications Office of the European Union，"Regulation（EC）No. 852/2004 of the European Parliament and of the Council of 29 April 2004 on the Hygiene of Foodstuffs"，https：//eur-lex. europa. eu/legal-content/EN/TXT/？qid = 1585901506400&uri = CELEX：32004R0852, February 26, 2021.

④ Transparency Market Research, "Synthetic Biology Market"，https：//www. transparen-cymarketresearch. com/synthetic-biology-market. html/，February 26, 2021.

五、完善我国合成生物食品商业化相关问题的法律建议

在我国，尽管近年来粮食生产量实现了连续增长，但粮食增产的潜力正在逐渐减小。① 根据国家统计局的数据，我国 2019 年全年粮食种植面积比上年减少 97 万公顷；全年猪牛羊禽肉产量比上年下降 10.2%。② 从总体上看，我国食品领域的整体产量呈现连年小于消耗量的趋势。加之土地休耕政策的出台，也可能会影响国家粮食作物的稳定供应。此外，根据国家统计局 2020 年 9 月的数据，2020 年 8 月，全国居民食品消费价格同比上涨 11.2%，远超其他类别的消费品。③ 其中，畜肉类价格上涨 42.0%。而同年，国内猪肉产量及同比增速预计将会下降。④ 由此可见，无论是种植类的粮食还是养殖类的畜肉，在目前的食品消费领域，都显示着价格上涨、产量下跌的趋势。因此，利用合成生物学制造食品的技术应用顺应我国食品消费市场需求。其可缓解人口增长背景下粮食需求大与土地资源制约、环境恶化等因素导致粮食产量小之间的矛盾问题；为功能性食品供应和食品营养价值优化提供重要的技术保证。尽管合成生物食品现时尚未大规模进入我国销售市场，但鉴于欧美市场经验，其在我国的商业化发展势在必行。

前述 Impossible Meat 项目在欧美两区域不同的入市状况，亦显示相关的法律规范必须与现有的市场态度及支持产业发展的政策相配套，才能使新型合成生物食品持久获得产业融资，提升合成生物食品技术从实验室到市场的产业转化。故此，下文从如下几个方面提出完善我国合成生物食品商业化监管相关问题的法律建议，支持并规范合成生物食品前沿技术的商业化进程。

① 中国经济网：《中科院预测中心：2020 年中国粮食产量预计将持平或略减》，载中国经济网：http://www.ce.cn/xwzx/gnsz/gdxw/202001/08/t20200108_34073761.shtml，2021 年 2 月 26 日最后访问。

② 国家统计局：《中华人民共和国 2019 年国民经济和社会发展统计公报》，载国家统计局网站：http://www.stats.gov.cn/tjsj/zxfb/202002/t20200228_1728913.html，2021 年 2 月 26 日最后访问。

③ 国家统计局：《2020 年 8 月份居民消费价格同比上涨 2.4%》，载国家统计局网站：http://www.stats.gov.cn/tjsj/zxfb/202009/t20200909_1788414.html，2021 年 2 月 26 日最后访问。

④ 《2019 年中国肉类产量、进出口量及消费量分析》，载中国产业信息网：http://www.chyxx.com/industry/202005/864952.html，2021 年 2 月 26 日最后访问。

1. 合成生物食品个案审查机制

鉴于合成生物食品目前尚属于新型食品，我国也未对其设置具体的法律审批和监管机制，依照欧美国家司法实践的经验和我国相关立法的规定，可扩大适用现有的转基因产品相关法律规范的范围，并由行政主管部门对于拟进入销售市场的少数合成生物食品进行个案分析，建立对合成生物食品的个案入市前审批及入市后监管机制。

在制定入市审批标准时，因合成生物食品本身不容忽视的风险问题，专家评估小组应当重点考虑入市后可能会发生的生物安全、食品安全及伦理争议等问题。可以参照《农业转基因生物安全管理条例》《农业转基因生物安全评价管理办法》《农业转基因生物加工审批办法》的路径，即申请者必须提交包括个案的生产工艺、检验方法、毒理学安全性评价和产品样品等在内的详细申报资料。专家评估小组应当严格审查该个案应用的合成生物学技术原理、原材料和实验室设备等信息，以确认申请者资质。

鉴于合成生物食品的入市将与公众健康息息相关，专家评估小组必须对食品原始来源进行严格的溯源调查，参考其他国家类似食品允许生产或进入市场的资料等措施，尽可能地确认该食品确实安全可靠。此外，尽管知识产权和遗传资源利润分配争议问题在目前的合成生物食品领域尚未显现，但生物科技成果转化难免会涉及专利权归属和利益分配等问题，合成生物食品的商业化过程依然存在潜在的利益争端风险。故此，对所有申请进入市场的合成生物食品，应当在审批评估中纳入对产品知识产权问题和利益分配方案的核查，确保其符合我国知识产权相关法律规范，避免在合成生物食品商业化过程中产生与知识产权相关的经济利益纠纷。同时，在合成生物食品进入市场前，专家评估小组也应对其进行伦理角度的考察，以减少产品入市带来的社会伦理争议。①

在入市前审查完成后，专家评估小组应当出具风险评估报告，标明该个案的生物安全及食品安全等级、投产不违背伦理且不存在利益纠纷。该风险评估报告一方面可以作为合成生物食品个案的入市销售凭证；另一方面，归档记录也可以帮助行政主管部门对其进行入市后的随访跟踪，更好地完成监管目标。

---

① Dan Forbush, "Protecting Intellectual Property in China: A Synbiobeta Panel Set for June in Beijing", https://synbiobeta.com/protecting-intellectual-property-china/, February 26, 2021.

同时，为鼓励和支持合成生物食品的技术创新和商业转化，在以食品安全作为最高标准的前提下，建议引入美国FDA使用的"普遍认为是安全的"的评估标准，结合我国合成生物学技术发展和应用的具体情况，在审批机制中设置"市场准入白名单"。对于成分中含有长时间的安全使用历史，或者含有普遍认为是安全成分的合成生物食品或成分采用简化的审批流程。以适当加速从"实验室"到"市场"的进程。

在食品入市后，相关的行政主管部门应当通过法律监管程序，持续关注合成生物食品的质量和安全问题。对此，可以适用我国《农业转基因生物安全管理条例》中的生物安全分级管理评价制度，将进入市场的合成生物食品按照其对人类健康、公共卫生、生态环境和生物安全的危险程度，分为Ⅰ、Ⅱ、Ⅲ、Ⅳ四个等级进行监管。① 对不同安全等级的食品采取有差别的监管手段，并依照《食品安全抽样检验管理办法》分级定期抽样检验。相关部门也可以委托具备检测条件和能力的技术检测机构对食品进行定期安全检测，以实现对合成生物食品的事后监管。

而生产和经营者除了依据《农业转基因生物标识管理办法》的相关规定对合成生物食品进行标识以便溯源以外，还应当定期反馈合成生物食品的销售情况。如出现影响生态环境、公共健康等问题，相关部门可以根据经营者提供的信息，针对有安全隐患的合成生物食品迅速启动食品召回程序，以减小风险。② 对于不符合安全标准的合成生物食品进入市场后造成的生物安全危机事件，应当严格追究主要负责人法律责任，包括对主要负责人进行行政处罚，对造成严重后果的，应追究刑事责任。

2. 建立合成生物食品风险评估机制

从长远发展看，随着越来越多的合成生物食品进入食品供应链，我国还应建立一套专门适用于合成生物食品风险评估制度。从"不可能肉"食品的技术研发到商业化经验可以得知，利用合成生物学技术制造产品将会改变各个产业原有的

---

① 中华人民共和国农业农村部：《农业转基因生物安全管理条例（2017年10月7日修订版）》，载中华人民共和国农业农村部网站：http：//www.moa.gov.cn/ztzl/zjyqwgz/zcfg/201007/t20100717_1601306.htm，2021年2月26日最后访问。

② Food and Drug Administration（FDA），"Regulatory Procedures Manual：Chapter 7 - Recall Procedures"，https：//www.fda.gov/media/71814/download，February 26, 2021.

生产组织形式，形成新的风险和收益分配模式。① 目前，国际上的风险管理组织和各国风险的评估部门已经迅速响应，根据国际和本国合成生物学整体技术研究成果转化的程度，开始建立相应的风险评估标准化流程。② 我国可以设立专门的合成生物食品监管中心对合成生物食品进行管理。通过立法，授权监管中心作为合成生物食品商业化发展的评估部门，负责合成生物食品入市前评估以及后续监管。具体审批程序可以参照美国 FDA 使用的"普遍认为是安全的"的评估标准。符合清单标准的生物产品可以在登记注册后，经过简化的审核程序获取入市批准。对于清单以外的新型合成生物食品，可以在研究机构或科技公司提出申请、递交完整的项目方案和生产制造流程后，由监管中心组建专家小组进行评估。评估内容除对研究机构和科技公司的相关资质进行审核外，主要对新型生物农产品的特性以及该类农产品商业化种植或上市的潜在影响进行评定。监管中心对符合要求的新型合成生物农产品予以批准上市，并在其后续投产、销售过程中实施定期监管评估。

此外，我国可以将国际上平衡合成生物学风险和收益的基本原则之一——"比例原则"作为制定合成生物食品进入国内市场的风险评估制度的指导性原则。比例原则是平衡合成生物学风险和利益的一种预防和评估方式。欧盟《关于适用辅助性原则和比例原则的议定书》［*Protocol（No. 2）on the Application of the Principles of Subsidiarity and Proportionality*］提到，应在项目前期评估成本效益，按比例分配风险和获益。③ 在合成生物食品研发与制造领域，比例原则的实施有利于推动风险程度适宜的研究和产品商业化。在平衡风险和收益时，应当"按比例"考虑公共利益、对人类、动物和环境的影响。在参与合成生物食品研究成果商业转化的研究机构、生产合成生物食品的企业和公众之间，根据"按比例"的原则均衡划分风险负担，保护受影响者的权益。风险评估标准化流程可以设置为

---

① Mariko Kageyama, "Bio-Property Contracts in New Ecosystem: Genetic Resources Access and Benefit Sharing", *Washington Journal of Law*, *Technology and Arts* 13, pp. 109-140.

② International Risk Governance Council, "Guidelines for the Appropriate Risk Governance of Synthetic Biology", https: //irgc. org/wp-content/uploads/2018/09/irgc_SB_final_07jan_web. pdf, February 26, 2021.

③ Jan H. Jans, "Minimum Harmonisation and the Role of the Principle of Proportionality", https: //papers. ssrn. com/sol3/papers. cfm? abstract_id=1105341, February 26, 2021.

4个步骤进行：评估目标和范围、识别风险威胁、确认是否已经采取安全措施、计算是否可以接受该风险。① 对于超出风险承受能力的合成生物食品转化应进行事先预警和控制。

3. 政策制定和立法环节引入公众参与

随着新兴生物科技风险问题日益突出，公众参与新兴科技成果转化的决策已经成为一种全球趋势。欧美国家在其发布的关于合成生物科技成果转化的路线图中都提到了公众参与的程序。而且根据程序公平原则，公众参与可以为受影响者提供更大的程序正义，保证风险和收益不失衡的同时，也会使科技决策更具有民意基础。② 特别是在利用合成生物学技术制造食品的生产过程中，可能会因为合成生物自身的特性对公共卫生和生态环境造成影响，进而影响人类和动植物健康，对微生物和环境构成危险。新型的合成生物食品进入餐饮和零售市场后，更是直接与公众食品安全问题息息相关。故此，利用合成生物学技术制造的食品的研发和商业化过程应当对公众具有一定的透明度，从而切实保障公众利益。③

我国目前已经建立了许多"互联网+政务服务"平台进行政府信息公开，并帮助在政策和法律制定中融入更多公众意见的考量。我国现行可适用于合成生物食品的《食品添加剂新品种管理办法》及相关新食品原料安全性审查管理办法中，亦有向社会征求意见、举办听证会的条款。④ 对此，我国可以跟随国际上对于公众参与科技决策的支持态度，在我国国家卫生健康委员会现有的"互联网+政务服务"平台中，设立专门的"合成生物食品商业化信息公开和反馈"栏目。在国家卫生健康委员会下属食品安全标准与监测评估司接收合成生物食品申请后，通过平台征求社会意见。此外，平台还可定期向公众发布合成生物食品研发及商业转化情况，相关行政主管部门亦可发布行业发展评估报告，保障公众的知

---

① Synenergene Project, "Adaptive Biosafety Assessment as a Learning Process - Strategy Paper (2017)", https：//www. synenergene. eu/resource/adaptive-biosafety-assessment-learning-process-strategy-paper-2017. html. , February 26, 2021.

② European Scientific Committee, "Opinion on Synthetic Biology I Definition", https：//ec. europa. eu/health/scientific_committees/emerging/docs/scenihr_o_044. pdf, February 26, 2021.

③ Leili Fatehi, Ralph F Hall, "Synthetic Biology in the FDA Realm：Toward Productive Oversight Assessment", *Food and Drug Law Journal* 70, 2015, pp. 339-iv.

④ 《食品添加剂新品种管理办法》，载中国政府网：http：//www. gov. cn/flfg/2010-04/22/content_1589478. htm，2021年2月26日最后访问。

情权。同时，还应当在该栏目中，开设公众参与合成生物食品商业化决策的对话渠道，方便公众及时发表对新型合成生物食品的看法和意见，实现公众对合成生物食品进行评估和监督的权利。此外，在相关的制度保障体系中，也应当强调公众参与合成生物食品商业化决策的必要性，从法律的角度，确保公众意见能够参与到有关于合成生物食品商业化的科技决策中。

4. 推动建立国际风险评估标准化流程与合作机制

我们还应推动建立国际合作机制共享风险评估标准，促进各国进行有效的合成生物食品商业化风险防控，同时补足各国海关对于进出口合成生物食品的审批流程。合成生物食品的利益相关国可以通过合作机制共享风险防控策略，保证合成生物食品风险最小化的同时，减少因风险评估标准不一导致的国际间合成生物食品贸易摩擦。

目前，我国已经与多个国家、地区和国际组织开展如生物安全、生物技术方面的国际合作。在风险评估领域，合成生物学国际协会（IASB）和国际风险管理理事会（IRGC）等国际组织已经开始组织研讨会，讨论包括应在合成生物食品领域建立国际间统一的风险控制评估指南、标准的可能。我国作为合成生物学技术研究和发展较为迅速的国家，应当积极参与或主办国际研讨会，引领和促进国际社会在新兴合成生物食品风险评估领域的合作。积极推动全球的生物学、法学专家和利益相关者共同制定标准化流程，计算并划分风险，让利用合成生物学技术制造食品的商业化在法律框架下有序、迅速地发展。

六、结语

前沿生物科技的研发为未来人类社会在缓解食品供应短缺、医药健康、环境能源及材料制造等问题上提供了新的思路和途径。近年，各类生物科技的产业链业已在全球迅速铺开。在分享生物科技经济带来的红利同时，如何对这类技术可能引发的风险进行有效监管是每个国家和国际社会所需共同关注和研究的议题。对于很多新兴生物技术商业化可能造成的风险问题，生物技术大国仍未形成共识和统一的管控标准和法律治理框架。在具体司法实践中，国际社会、欧盟、美国及中国对新兴生物科技研发和商业化的相关风险均适用现有的针对生物技术和相关领域的立法来规范。然而，这些现有的相关立法和原则无法全面地应对特定生物技术商业化所带来的各类风险；专门立法的缺位也导致相关产品的科技研发及其商业化面临法律不确定性。

　　尽管目前还没有合成食品获批进入我国市场，但已有公司向国家主管部门递交了相关产品的入市审批申请。对于这一新型食品的问世，我国还没有制定专门的立法来规范其入市前审批和入市后监管事项。鉴于欧美国家的相关司法实践，本书认为可扩大适用我国现有的转基因产品相关法律规范，对于拟进入销售市场的合成生物食品进行个案分析。此外，为了能更好地平衡合成生物食品所具备的优势和潜在的风险，在提高我国全球研发竞争力的同时，应加强合成生物食品领域的立法研究，促进合成生物食品产业化在法定的框架下发展。笔者建议，应当扩展网络平台以帮助公众意见融入相关法律制定中，同时保障公众的知情与监督权利；完善合成生物食品商业化风险评估机制，推进合成生物食品风险评估国际标准化流程的研究与制定；加强国际合作，提升我国在全球合成生物学整体领域的国际话语权。

挑战三：新的销售模式对法律
规范与监管的挑战

随着互联网时代的到来，一种新的营销模式随之产生，即在没有医务人员或医疗专业人士的参与下，公司或相关机构直接通过网站向消费者销售生物科技产品和服务。从干细胞治疗到基因检测，再到遗传咨询，我们看到这种直接面向消费者的商业模式被广泛采用。由于许多新兴生物科技的应用本身处在监管的灰色地带，例如，现有法律对于临床试验性治疗或非临床诊断性检测没有明确规范，加上整个销售和服务模式是在传统的医疗服务以外，当这些产业还未形成大的市场规模时，其很容易逃避相关行政主管部门的监管。诚然，这些未成熟的生物科技过早地进入商业化应用，除了给患者或消费者带来潜在的健康风险外，也会产生其他不利影响，例如，高额的费用，对个人隐私以及个人敏感信息带来泄露风险等。本节用直接面向消费者的基因检测和遗传咨询服务为例，探讨相关行业的运营和监管状况与挑战。

实例研究一：直接面向消费者基因检测的法律监管

一、直接面向消费者基因检测及其影响

（一）直接面向消费者基因检测

基因是储存生命信息的独特密码。1953 年，弗朗西斯·克里克（Francis Crick）和詹姆斯·沃森（James D. Watson）发现 DNA 螺旋结构，遗传学研究跨入新的研究时代。2003 年，人类基因组测序计划完成，科学家们开始进一步研

究基因组与疾病的关系问题。与此同时，以基因测序为基础的基因检测服务进入临床与大众视野。通过寻找与疾病相关的基因变异，基因测试的结果可以用来确认或排除可疑的遗传病，或者确定一个人将突变遗传给后代的可能性。① 根据不同应用的目的，基因检测可分为新生儿基因筛查、医疗诊断性基因检测、基因突变携带者检测、产前检测、受精卵植入前检测，以及预测性检测等。② 由于基因测序需要在实验室完成，而检测结果需要经过专业的遗传咨询师解读才能指导临床诊断与治疗，所以，基因检测是实验室研发的检测（Laboratory Developed Test，LDT）的一种。

直接面向消费者的（Direct-to-Consumer，DTC）基因检测，又称消费级基因检测，其与医疗临床基因检测相对应。DTC 基因检测是一种新兴的销售模式，目前还没有关于 DTC 的统一定义。其一般是指基因检测机构通过自己的网站或其他方式直接向消费者宣传和销售基因检测产品。消费者可通过基因检测提供者网站获取相关检测服务内容，在没有医生或遗传咨询师干预的情况下，自己直接在网站选择检测产品和服务，然后下单购买。以美国著名的 DTC 基因检测公司"23andMe"为例，其销售服务流程如下：消费者在"23andMe"网站上根据网站上的产品介绍，选择自己所需的检测项目并付款。商家在确认订单信息后，向消费者寄送样本采集包。消费者自行采集唾液，并将样本寄回商家指定的地址。商家在收到消费者唾液样本后，开始检测相应的基因序列、分析结果并提供报告。消费者可以登录个人账号查看检测报告。DTC 基因检测公司一般声称它们可以进行多种检测服务，包括祖源检测、代谢检测、药理检测、健康风险检测、天赋检测等。

尽管 DTC 基因检测公司提供的检测项目中绝大部分都没有科学证据证明其有效，但 DTC 基因检测服务在全球市场份额不断攀升。根据全球市场洞察力公司（Global Market Insights）预测，到 2028 年，DTC 基因检测市场预计将达到

---

① National Human Genome Research Institute, "Genetic Testing", https：//www. genome. gov/genetics-glossary/Genetic-Testing, March 1, 2021.

② MedlinePlus, "What Are the Types of Genetic Tests?", https：//medlineplus. gov/ genetics/understanding/testing/uses/, March 1, 2021.

340 亿美元（约合 2200 亿元人民币）。① 近年来，中国市场上也不断涌现 DTC 基因检测公司。与美国 Ancestry. com 和 23andMe 等 DTC 基因检测公司提供的检测服务相似，中国的 DTC 基因检测公司提供疾病风险及其他旨在用于指导生活方式的检测服务。② 例如，微基因（WeGene）提供的 DTC 基因检测涵盖祖源分析、个性化运动和减肥建议，并提供个体营养基因组学和基因组医学分析等服务。随着大众对遗传学和基因相关研究的认知不断提高，中国消费者对基因检测的兴趣也将在未来几年大幅增加。③ 根据商业咨询公司"亿欧智库"在 2018 年发布的一份报告显示，未来 5 年，中国 DTC 基因检测消费者的规模将呈指数增长，从 2018 年 152 万人增长到 2022 年 5680 万人。④

（二）DTC 基因检测的影响

如上文提及，DTC 基因检测的许多测试项目缺乏科学依据。研究表明，由于基因之间的复杂相互作用以及环境条件的影响，个体基因的表型后果仍然是不可预测的，并且环境的影响远远大于基因本身的决定作用。⑤ 由于 DTC 基因检测模式往往没有专业遗传咨询师参与和指导，十分容易引起受试者的焦虑或不安。有研究显示，受试者会因过度解读某一项检测的阳性结果或某一疾病高风险的重要性而引发不安或焦虑；也会从检测的阴性结果中获得错误的安全感，从而改变饮食、运动习惯。⑥

---

① Global market Insights, "DTC Genetic Testing Market to Exceed US ＄3.4 Bn by 2028", https：//www. gminsights. com/pressrelease/direct-to-consumer-dtc-genetic-testing-market, March 1, 2021.

② Xinliang Zhao et al. , "Genetic Services and Testing in China", *Journal of Community Genetics* 4, 2013, pp. 379-390.

③ Zhengpeng Luo, Olga Zayts, Hannah Shipman, " 'His Story Is Truly Vivid. . . ' : The Role of Narratives of Vicarious Experience in Commodification and Marketisation of Genetic Testing in Chinese Social Media", *Journal of Pragmatics* 155, 2020, pp. 111-122.

④ 杨文雅：《2018 中国消费级基因检测市场研究报告》，载亿欧智库：https：//www. iyiou. com/research/20181130605，2021 年 3 月 1 日最后访问。

⑤ 刘志艳、杨兵、赵荣生等：《基因导向的个体化治疗》，载《临床药物治疗杂志》2017 年第 1 期。

⑥ Stephany Tandy-Connor et al. , "False-Positive Results Released by Direct-to-Consumer Genetic Tests Highlight the Importance of Clinical Confirmation Testing for Appropriate Patient Care", *Genetics in Medicine* 20, 2018, pp. 1515-1521.

对于因 DTC 基因检测结果而产生焦虑的消费者，他们通常会进一步寻求医生的帮助，要求医生对检测报告进行解读。然而，不具备遗传咨询专业知识的医生可能没有解读遗传预测报告的能力，并且很多预测性检测结果本身也不具有临床诊断的意义。如此，患者的疑虑或不安会进一步引发不必要的医疗服务以及不适当的后续检测，最终导致社会总体医疗成本增加。正因如此，有些国家对 DTC 基因检测采取明确禁止的规定，如德国和法国。有些国家则没有明文禁止，而是通过一定的监管机制来规范 DTC 基因检测，如美国和中国。同时，有不少医疗专业协会呼吁，必须在有专业遗传咨询师指导的前提下才能进行 DTC 基因检测。然而，这些咨询指导服务在现实中的使用率以及开展质量仍存疑问，有待进一步实证研究。① 此外，包括美国医学遗传学学院（American College of Medical Genetics and Genomics，ACMG）和美国医学协会（American Medical Association，AMA）在内的几个专业组织建议，在没有获得许可的医疗保健提供者的参与下，不应该进行基因检测。

DTC 基因检测还为个人健康信息隐私保护带来巨大挑战。已有大量的研究表明，大众普遍将基因信息视为最敏感和最私人的个人信息，而 DTC 基因检测公司提供的隐私条款和服务协议一般很难有效和充足保护受试者的健康信息隐私。尤其当一家消费级基因检测公司的所有权易手或公司倒闭，则消费者的基因信息会因新公司的不同隐私政策而发生重大泄露风险。例如，如果一家基因检测公司被出售，新的公司所有者会认为自己不受以前的隐私协议的约束。如果新的公司所在地位于一个没有严格及全面的隐私保护规则的司法管辖区，那么消费者个人基因信息将很难得到法律保护。若基因检测公司破产或倒闭，这可能会带来更大的个人基因数据风险。我们将在本章实例研究二中，着重对 DTC 基因检测中的隐私问题进行实证调查和讨论。

下文将以美国、中国、英国、欧盟为主要研究对象，对这些国家和地区有关基因检测的法律规范框架，尤其是针对 DTC 基因检测的相关法律规范进行对比研究。通过比较研究，可以看出基因检测市场大国和地区多采取多方共同管制的模式来规范基因检测市场。同时，从 2004 年起，越来越多的国家和地区也开始

---

① Timothy Caulfield, Amy L. McGuire, "Direct-to-Consumer Genetic Testing: Perceptions, Problems, and Policy Responses", *Annual Review of Medicine* 63, 2012, pp. 23-33.

通过其他相关立法，例如，个人数据保护法或反基因歧视法等，补充性地规范日益增长的基因检测服务市场，规避其带来的潜在社会风险。

二、DTC 基因检测的监管机制与不足

（一）共同管制模式

共同管制，即指基因检测的监管规范由多个部门共同实施完成。该模式是目前普遍采用的监管消费级基因检测的方式。例如，在美国，基因检测技术的相关临床应用被视为属于医疗器械和医学检测实验室的范围，由联邦食品药品管理局（Food and Drug Administration，FDA），联邦医疗保险与医疗补助服务中心（Centers for Medicare and Medicaid Services，CMS），以及联邦贸易委员会（Federal Trade Commission，FTC）管理。这其中，起主要监管职能的是 FDA 和 CMS。

在美国《食品、药品、化妆品法》（*The Federal Food*，*Drug*，*and Cosmetic Act*）的授权下，FDA 对用基因检测有着较为广泛的监管权限。基于进入市场方式的不同，基因检测服务分为两类检测：正式批准上市销售的检测试剂盒（toolkit）与实验室研发的检测（LDT）。后者是目前最为普遍的基因检测服务方式。其具体指由单独实验室研发并对送抵该实验室样本进行检测的基因检测服务。

FDA 对基因检测试剂盒进行入市前监管，利用市场准入机制对基因检测试剂盒的安全性、准确性和临床有效性进行评估。具体而言，FDA 首要确保医疗器械具有合理的安全性和有效性。依据用途和不精准结果带来的风险大小，FDA 将医疗器械分为三类：（1）相对低风险产品；（2）中等风险产品；（3）需得最高监视水平产品。到目前为止，已有约 62 种人类基因检测试剂盒及相关仪器获得 FDA 批准。具体检测项目以目录方式显示在其官方网站以便于大众查询。[1] 此外，FDA 目前仍使用自由裁量权对 LDT 进行监督。对于存在科学不确定性的基因检测项目，其通常以警告信的方式，责令检测公司停止该类型的基因检测服

---

[1] U. S. Food and Drug Administration, "Nucleic Acid Based Tests", http：//www. fda. gov/MedicalDevices/ProductsandMedicalProcedures/InVitroDiagnostics/ucm330711. htm, March 1, 2021.

务。例如，FDA 于 2013 年对"23andMe"基因检测公司发布禁令，禁止其提供一切直接针对消费者的基因检测项目。2015 年，FDA 又分别向 DNA4Life 等三家直接面向消费者的基因检测公司发出警告信，要求其停止提供有关药物基因组学的基因检测项目。① 2019 年 4 月 4 日，FDA 对位于弗吉尼亚州福尔斯彻奇（Falls Church，Virginia）的 Inova Genomics Laboratory 公司发出警告信，要求其停止部分没有得到 FDA 认证为安全和有效的基因检测项目，主要包括药物基因组学检测项目。该类测试声称可以根据基因变异预测病人对特定药物的反应，但未经 FDA 安全性和有效性审查。②

在实验室管理方面，CMS 主要依据《临床实验室改进修正案》（*Clinical Laboratory Improvement Amendments of 1988*，CLIA）的相关规定，对开展基因检测的实验室进行规范和监督。其主要职责是确保实验检测数据的精确性和有效性。这种监管通常是上市后才开始，每两年一次。值得注意的是，CMS 不针对临床有效性进行监管。另外，依据 CLIA 的相关规定，基因检测实验室必须及时提供更新的信息给受试者，以确保检测结果的精确性。

同样，欧盟于 1998 年 10 月 27 日发布的《关于体外诊断医疗器械的第 98/79/EC 号指令》（*Directive 98/79/EC of the European Parliament and of the Council of 27 October 1998 on in Vitro Diagnostic Medical Devices*）将基因检测视为体外诊断医疗器械的一种，并依照相关规定对其进行监管。这样，对于基因检测，欧盟国家一般将其分为医疗器械和临床实验室两类，分别进行规范和监管。例如，英国药品和保健产品监管局（Medicines and Healthcare Products Regulatory Agency，MHRA）依据欧盟《关于体外诊断医疗器械的第 98/79/EC 号指令》和英国《人体组织法》（*Human Tissue Act 2004*）对用于基因检测的医疗器械进行审批和市场准入。但是，由于 LDT 没有作为产品进入市场，因此，MHRA 不对其进行监管。

---

① Michael Mezher, "FDA Warns Three Companies Over DTC Genetic Tests", http://www.raps.org/Regulatory-Focus/News/2015/11/09/23563/FDA-Warns-Three-Companies-Over-DTC-Genetic-Tests/, March 1, 2021.

② U. S. Food and Drug Administration, "FDA Issues Warning Letter to Genomics Lab for Illegally Marketing Genetic Test that Claims to Predict Patients' Responses to Specific Medications", https://www.fda.gov/NewsEvents/Newsroom/PressAnnouncements/ucm635283.htm, March 1, 2021.

对于临床实验室的监管，英国主要通过英国基因检测网络（UK Genetic Testing Network）和英国临床病理认证有限公司（Clinical Pathology Accreditation UK Ltd.）两个组织对其进行认证。认证主要从实验室人员和设备资质方面进行评估，但实验结果的临床有效性不在认证范围之内。

此外，2008 年签署的欧洲委员会《人权与生物医学公约关于以健康目的而为之基因检测的附加议定书》（*Additional Protocol to the Convention on Human Rights and Biomedicine concerning Genetic Testing for Health Purposes*，以下简称《人权与生物医学公约附加议定书》）也要求议定书成员国必须保证以健康为目的进行的基因测试必须符合公认的科学有效性和临床有效性标准。

目前，对于 DTC 基因检测服务的监管工作，我国采用和欧美类似的管理办法，即由国家卫生健康委员会（于 2018 年组建，以下简称国家卫健委）和国家市场监督管理总局（于 2018 年组建，部分职能来源于原国家食品药品监督管理总局，以下简称市场监管局）通过联合审批注册的监管模式对基因检测服务入市前进行医疗设备审批，对实施检测的实验室条件进行核准入市。对于市场中出现的基因检测乱象，我国原国家食品药品监督管理总局（以下简称国家食药局）联合原国家卫生和计划生育委员会（以下简称国家卫计委）于 2014 年 2 月发布了《关于加强临床使用基因测序相关产品和技术管理的通知》（以下简称《关于基因测序产品的通知》）。《关于基因测序产品的通知》暂停全国所有基因检测服务。① 根据《关于基因测序产品的通知》内容，临床基因检测相关技术和产品需经国家食药局与国家卫计委批准注册后才能上市。② 2014 年 7 月，国家食药局批准了二代基因测序诊断，可用于胎儿染色体非整倍体疾病的无创产前检查。③ 此后，国家食药局没有批准任何其他类别的基因测序技术。尽管该《关于基因测序产品的通知》在基因检测技术的临床应用管理中发挥了重要作用，但它对 DTC

---

① 国家食品药品监督管理总局、国家卫生和计划生育委员会：《食品药品监管总局办公厅国家卫生计生委办公厅关于加强临床使用基因测序相关产品和技术管理的通知》，载中国政府网：http：//www. nhc. gov. cn/yzygj/s3593/201402/c395a20d3815430d8b1a54313ce23b2b. shtml，2021 年 3 月 1 日最后访问。

② Lenore Manderson, Elizabeth Cartwright, Anita Hardon, *The Routledge Handbook of Medical Anthropology*, Abingdon, Routledge, 2018.

③ Yaqiong Jin et al., Application of Genome Analysis Strategies in the Clinical Testing for Pediatric Diseases, *Pediatric Investigation* 2, 2018, pp. 72-81.

基因检测服务没有专门的规定。

尽管这种双方或多方管制的方式可以在一定程度上规范基因检测市场，但该模式也存在诸多不足。其中，最大的挑战是这种多方监管机制无法满足对基因检测结果临床有效性的监督。其主要有两方面原因：（1）基因检测数据结果没有第三方复审比对，从而无法控制检测结果准确性；（2）由于基因检测技术不断发展的客观性，如何解读基因检测数据、预测患病风险等问题，缺乏确定的科学证据标准。目前这个难题还没有理想的办法解决。不少国家为应对日益普及的基因检测服务，试图通过其他方式来补充现有立法不足，以便更好地保护消费者的权益和利益。

（二）其他立法的补充规范

为了缓解基因检测商业化对大众带来的各种潜在风险，一些国家开始通过其他相关领域立法来间接规范基因检测市场。

1. 知情同意的要求

以英国为例，依据 2004 年《人体组织法》，所有基因检测必须获得受试者的有效同意方可进行，没有获得受试者的同意而开展的基因检测行为属于违法行为。德国联邦卫生部（German Federal Ministry of Health）对基因检测也有类似规定。依据德国《人体基因检测法》（*Human Genetic Examination Act 2009*），合法的基因检测必须由有资质的医生在获得患者知情同意后进行，否则将视为违法。这样，直接针对消费者的基因检测服务在德国被视为违法。然而，对基因检测中的知情同意行使，亦缺乏相关监管机制。基因检测知情同意要求受试者对基因检测产品的特性知情，包括检测的局限性、检测结果可能带来的负面情绪影响等。日常中，无法确保或查证每一位受试者对基因检测的相关情况都能确切地理解，也无法监管受试者选择进行基因检测的决定是否是在真实知情的情形下作出。但从现有的调研看，大量的消费级基因检测公司并没有在其网站上提供知情同意文件。受试者的知情同意权并没有得到有效保护。

2. 数据保护的立法

欧盟于 2016 年 4 月通过、2018 年 5 月开始实施《通用数据保护条例》

（*General Data Protection Regulation*，GDPR）。GDPR 是在欧盟 1995 年《数据保护指令》（*Data Protection Directive*，DPD）基础上完善发展而来。GDPR 与 DPD 均旨在保护个人数据的合理使用。对于基因检测，GDPR 所有一般性规定都适用于基因检测所涉及的个人基本信息和健康信息。同时，GDPR 区分个人敏感资料和普通资料，人体基因信息属于个人敏感资料，受最严格的保护。美国于 1996 年开始实施《健康保险便携性和责任法》（*The Health Insurance Portability and Accountability Act of 1996*，HIPAA）。在 HIPAA 的要求下，美国卫生和公众服务部（The United States Department of Health and Human Services，HHS）制定发布了保护健康信息隐私和安全的法规：HIPAA 隐私规则（HIPAA Privacy Rule）和 HIPAA 安全规则（HIPAA Security Rule）。这两项规则建立了美国国家统一标准，用以保护个人可识别的电子健康信息和个人健康信息的隐私权。根据 HIPAA 隐私规则，"规则覆盖的实体"（Covered Entities）组织必须实施有效措施，保护个人的隐私和电子健康信息的使用。[1]

我国《消费者权益保护法》也要求，经营者在收集和使用消费者个人信息时，应当就个人信息收集和使用的目的及范围告知消费者并征得消费者的同意。因此，消费级基因检测公司必须告知受试者其个人信息搜集和使用的情况及目的，相关从业人员也必须对消费者的个人信息保密，不得非法向他人提供。

3. 反基因歧视的立法保护

欧洲 1999 年生效的《人权和生物医学公约》（*Convention for the Protection of Human Rights and Dignity of the Human Being with Regard to the Application of Biology and Medicine*）以及 2008 年签署的《人权与生物医学公约附加议定书》为保护个人在生物医疗和基因检测中的人格尊严、禁止基因歧视作出专门规定。根据《人权与生物医学公约附加议定书》的规定，祖源基因检测与产前基因检测都视为以健康为目的的基因检测，受到议定书的规范（第 2 条第 1 款）。因此，不得依据祖源基因检测的结果而对消费者个人实施歧视行为。2017 年至 2019 年，加拿大、

---

[1] U. S. Department of Health and Human Services, "Summary of the HIPAA Security Rule", https：//www. hhs. gov/hipaa/for-professionals/security/laws-regulations/index. html, March 1, 2021.

澳大利亚通过多个反基因歧视相关法规或禁令①。这些法律文件一般禁止个人被他人强行要求进行基因检测，或向他人披露基因检测信息。同时，任何个人和组织在没有当事人的同意下，不得搜集、使用或者披露相关的基因检测报告内容。

三、对我国 DTC 基因检测监管建议

根据近期国外市场调查，医疗目的基因检测和 DTC 基因检测基本平分了整个基因检测市场。② 因此，有必要对如何监管 DTC 基因检测市场进行讨论。笔者主张对 DTC 基因检测机构进行入市前审批和入市后监管。

（一）入市前审批

1. 审批主体

目前没有针对 DTC 基因检测的专门立法，直接面向消费者的基因检测服务处于自我规范、靠市场规律运作的状态。建议通过立法，明确负责审批该类基因检测服务的审批注册中心。该中心隶属于国家卫健委和市场监管局，负责 DTC 基因检测机构的入市前审批。

该审批注册中心可以依法负责审核由科技公司或实验室提报的 DTC 基因检测服务申请。可以借鉴美国 FDA 对 DTC 基因检测服务的审批经验，对服务的"准确性和可靠性""是否可以有效地对某项健康状况作出预测""销售者如何描述该服务"等情况进行了解。对于用于非医学目的、普通的健康或者是低风险医学目的的服务，适用简单程序进行审查，无须过多检验。对于有中高度风险医学目的，可能对医疗健康造成重大影响的服务进行严格的审批，确保其进入市场后的可靠性。由审批注册中心向通过审核的服务发放入市许可，并进行备案，以便后续监管。

审批注册中心应当针对疾病相关检测成立不同的专家组专项负责，并建立专

① Jane Tiller et al., "Study Protocol：The Australian Genetics and Life Insurance Moratorium_ Monitoring the Effectiveness and Response（A-GLIMMER）Project", BMC Medical Ethics 22, 2021, p. 63.

② 常启辉：《分子诊断行业深度研究及投资策略：精准医疗，看 PCR 还是 NGS》，载未来智库：https://www.vzkoo.com/doc/17109.html? a=1&keyword=分子诊断行业深度研究及投资策略，2021 年 3 月 1 日最后访问。

档管理。如服务入市后出现争议问题，则可以根据其提报入市申请的相关信息，快速定位存疑环节。对其他非疾病诊断的健康保健检测应采取谨慎态度。对儿童天赋基因等不具备科学依据的检测项目不予审批。此外，审批注册中心还应当建立 DTC 基因检测机构清单，让消费者可以查询具备资质的通过审批的检测机构信息。

2. 审批内容

首先，审批注册中心应当对提报入市申请的科技公司和实验室进行资质审查，包括对技术、人员和实验室安全等问题进行审查，确保该产品的研发过程符合资质要求，从产品和技术研发过程中确认该服务的专业性和准确性。同时，应当关注科技研发过程中的知识产权问题，特别关注基因测序方法、算法模型等所涉及的知识产权问题。

由于直接面向消费者的基因检测服务通常要求消费者自行采集样品，例如，唾液或尿液，然后寄送到基因检测公司进行检测和分析。在审批过程中，应当尤其注意该类产品或服务的可操作性，确保易于消费者使用。

在审批程序中，应当对基因检测公司提供检测服务的网站所提供给消费者的书面服务协议或隐私条款严格审查。要求基因检测公司必须声明不会危害和商业化利用消费者的个人隐私，且会采用最高的技术手段对收集到的消费者个人信息进行保护和处理。由于直接面向消费者的基因检测服务不能替代传统的医疗健康评估和医学诊疗手段，在基因检测公司提报审批的书面服务协议中，必须有描述该类服务不能作为医学诊疗依据的事项。

尽管 DTC 基因检测服务不能替代传统的医疗健康评估和医学诊疗手段，但是提供该类服务的基因检测公司也必须确保其解读基因检测报告的人员具有一定的医疗专业资质，且必须设置伦理委员会，对可能涉及的伦理问题进行内部项目审查。对此，审批注册中心应当在其直接面向消费者的基因检测服务的审批流程中，要求基因检测公司提供参与解读的人员资质证明和伦理委员会的设置安排等具体信息。

（二）入市后监管

1. 监管主体

监管中心可与审批中心为同一主体，负责直接面向消费者的基因检测服务的入市后监管，对产品和服务提供者进行监督和定期审查。

具体而言，该监管中心主要负责监管 DTC 基因检测服务入市后的经营者资质、医学用途检测的临床准确性、是否存在虚假宣传以及是否侵犯消费者隐私等方面。此外，由于目前大部分 DTC 基因检测服务都是通过网络途径进行销售，监管中心应当格外关注提供 DTC 基因检测服务网站的信息，联合网络和法律部门，对于不符合法律和伦理规范的基因检测服务网站进行定期清查和注销。

2. 监管内容

监管中心应当安排专业的技术团队对 DTC 基因检测服务的基因检测技术原理与依据进行定期核实，以监督服务提供者履行严谨性责任。监管中心还可以"准确性和可靠性""是否可以有效的对某项健康状况作出预测""销售者如何描述该服务"为监管内容，监督销售者准确描述其提供的服务，并关注销售者提供给消费者的书面服务协议或隐私条款的内容及更新。同时，监管中心还应当监督服务提供者不会夸大服务、虚假宣传。对于明显夸大服务和提出虚假承诺的服务提供者，监管中心应当责令其修改网站宣传内容，并予以惩罚性赔偿。

在对 DTC 基因检测服务的监管程序中，还应当额外关注伦理问题。对此，可以参照《赫尔辛基宣言》（*Declaration of Helsinki*）等文件的内容，日常监督规范基因检测服务提供流程、确认服务提供者保护受试者的利益和隐私及信息安全，且绝不将研究结果应用于有悖社会伦理道德的范畴。同时，监管中心应当监督服务提供者在服务提供的过程中与消费者签订知情同意书，明确消费者的利益和风险，以及尊重消费者选择退出或参与后续研究的权利。

此外，目前在已经进入市场的 DTC 基因检测服务的价格问题上，仍未形成统一的定价标准和监督规范。因各基因检测服务公司依据各自的技术原理分析基因样本、测序区段和解读标准，其制作成本和使用费用也有所差异。对此，市场监督部门应当对该类服务的价格进行规范的监督管理，保证其市场价格不失衡。

实例研究二：DTC 基因检测中的个人信息保护

除了科学界和监管机构一直对 DTC 基因结果的可靠性和临床有效性存质疑外，许多研究表明，将 DTC 模式用于基因检测服务可能会对消费者隐私和数据保护构成威胁。若没有完善的保护机制，DTC 基因检测将对消费者造成潜在的社会伤害，包括前文提到的基因歧视、个人隐私泄露等。[①]

中国 DTC 基因检测服务公司作为经营者，在收集和使用消费者个人信息时，应遵循《中华人民共和国消费者权益保护法》（以下简称《消费者权益保护法》）的相关规定。根据该法，企业应告知消费者收集和使用个人信息的目的、范围，并征得消费者同意。[②] DTC 基因检测公司及其工作人员必须对消费者的个人信息保密，不得非法向他人提供这些信息。《消费者权益保护法》针对的主要是和消费者消费行为相关的信息，而并未对消费者个人的健康信息和基因数据保护问题，作出明确的确定。

目前，我国还没有制定用以规范 DTC 基因检测服务的特别立法，也没有对个人基因信息的保护进行专门立法。现行可适用的相关立法中，主要关注的焦点在于保护我国人类基因资源，而并未涉及患者或消费者的具体权利。例如，我国于 2019 年 7 月 1 日起开始施行的《中华人民共和国人类遗传资源管理条例》（以下简称《人类遗传资源管理条例》）。[③] 其是在 1998 年发布的、原国家行政法规

---

① Jacqueline A Hall et al., "Transparency of Genetic Testing Services for 'Health, Wellness and Lifestyle': Analysis of Online Prepurchase Information for UK Consumers", *European Journal of Human Genetics* 25, 2017, pp. 908-917; Emilia Niemiec, Louiza Kalokairinou, Heidi Carmen Howard, "Current Ethical and Legal Issues in Health-related Direct-to-consumer Genetic Testing", *Personalized Medicine* 14, 2017, pp. 433-445; James Hazel, Christopher Slobogin, "Who Knows What, and When?: A Survey of the Privacy Policies Proffered by U. S. Direct-to-consumer Genetic Testing Companies", *Cornell Journal of Law and Public Policy* 28, 2018, pp. 35-66.

② 全国人民代表大会：《中华人民共和国消费者权益保护法》，载国家市场监督管理总局网站：http://gkml. samr. gov. cn/nsjg/fgs/201906/t20190625_302783. html，2021 年 3 月 1 日最后访问。

③ 国务院：《人类遗传资源管理条例》，载中国政府网：http://www. gov. cn/zhengce/content/2019-06/10/content_5398829. htm，2021 年 3 月 1 日最后访问。

《人类遗传资源管理暂行办法》① 的基础上制定的。与 1998 年的旧版相比，2019 年的新规更加强调对数据主体隐私权和权利的保护，包括自愿参与和退出数据采集的权利。② 根据新的《人类遗传资源管理条例》，基因检测服务提供商应尊重消费者隐私。比如说，未经消费者知情同意，不得收集和使用消费者的基因数据。③ 由于 2019 年新规定的主要目的是有效保护及合理利用我国的人类遗传资源，因此，其更加注重维护公共卫生、国家安全和社会公共利益，④ 而未对消费者知情同意和个人隐私保护作出详细的规定。

在隐私和个人数据保护方面，中国没有在国家法律层面上针对个人隐私和数据（包括基因数据）的保护进行专门立法。在欧盟 GDPR 于 2018 年 5 月 25 日生效的几个月后，我国全国人民代表大会常务委员会于 2018 年 9 月启动了数据保护法的立法议程。这一举动显示了我国数据保护的立法方向。根据议程，相关的法案内容计划于 2022 年颁布。⑤ 对于 DTC 基因检测服务范围，一些现行的法律和标准可以适用于保护消费者的个人信息（包括基因数据）。例如，全国人民代表大会常务委员会于 2016 年颁布的《中华人民共和国网络安全法》（以下简称《网络安全法》）。依据其规定，DTC 基因检测服务提供商不得窃取或使用其他非法手段获取消费者的个人信息（包括生物信息），也禁止向他人非法出售或提供消费者的个人信息。⑥ 此外，我国全国信息安全标准化技术委员会于 2017 年发布《信息安全技术个人信息安全规范》（以下简称《个人信息安全规范》）。该国家标准涵盖个人信息收集、存储、使用、转让等数据处理的全过程。并且，

---

① 中华人民共和国科学技术部：《人类遗传资源管理暂行办法》，载中华人民共和国科学技术部网站：http：//www. most. gov. cn/fggw/xzfg/200811/t20081106_64877. htm，2021 年 3 月 1 日最后访问。

② 李昕：《立法保护人类遗传资源正当其时》，载求是网：http：//www. qstheory. cn/science/2019-08/22/c_1124905751. htm，2021 年 3 月 1 日最后访问。

③ 国务院：《人类遗传资源管理条例》，载中国政府网：http：//www. gov. cn/zhengce/content/2019-06/10/content_5398829. htm，2021 年 3 月 1 日最后访问。

④ 国务院：《人类遗传资源管理条例》，载中国政府网：http：//www. gov. cn/zhengce/content/2019-06/10/content_5398829. htm，2021 年 3 月 1 日最后访问。

⑤ Yang Feng, "The Future of China's Personal Data Protection Law: Challenges and Prospects", *Asia Pacific Law Review* 27, 2019, pp. 62-82.

⑥ Jeanne Huang, "Chinese Private International Law and Online Data Protection", *Journal of Private International Law* 15, 2019, pp. 186-209.

规范将"个人遗传信息"明确定义为一种生物特征信息，且将其归类为个人敏感信息。[①] 与《网络安全法》侧重网络安全监管，仅提供个人数据保护的一般性原则不同，《个人信息安全规范》专门针对个人信息的保护进行规范及描述，并建立了详细的数据合规指南。[②] 例如，《个人信息安全规范》明确了应该包含在隐私条款中的内容及详细信息，并提供了一个隐私条款模板。在处理消费者基因数据时，基因检测服务提供商可以使用该规范作为指南，以建立其收集、存储、使用和处理个人信息的隐私条款。

此前，针对美国和欧盟的 DTC 基因检测服务机构的相关研究表明，DTC 基因检测提供商在实施知情同意和隐私保护方面一直有所欠缺。例如，斯图亚特·霍格斯（Stuart Hogarth）等学者在 2008 年的一项研究中强调了在进行 DTC 基因检测时，由于对消费者隐私的关注不足，可能会造成歧视的潜在危险。[③] 在 2012 年的一篇评论文章中，学者蒂莫西·考尔菲尔德（Timothy Caulfield）和艾米·麦奎尔（Amy L McGuire）再次探讨 DTC 基因检测中潜在的隐私问题，揭示了 DTC 基因检测公司在处理消费者隐私保护管理方面重大疏忽。[④] 最近，托比·奥弗马特（Toby Overmaat）等学者于 2018 年通过向中国五家领先的 DTC 基因检测服务提供商订购基因检测产品，并比较不同公司之间的不同检测结果等方式，对这五家 DTC 基因检测服务提供商进行调查。[⑤] 他们的研究表明，除了技术上存缺陷外，在告知消费者其基因检测结果方面还存在诸多突出的问题。其中不充分的知情同意是令人尤为关切的问题之一。然而，目前尚不清楚 DTC 基因检测服务提供商会以何渠道将产品出售给考虑购买基因检测产品的消费者。同时，DTC 基

---

① 国家市场监督管理总局、国家标准化管理委员会：《国家标准〈个人信息安全规范〉2020 版正式发布》，载安全内参网：https://www.secrss.com/articles/17713，2021 年 3 月 1 日最后访问。

② Yongxi Chen, Lingqiao Song, "China: Concurring Regulation of Cross-border Genomic Data Sharing for Statist Control and Individual Protection", *Human Genetics* 137, 2018, pp. 605-615.

③ Stuart Hogarth, Gail Javitt, David Melzer, "The Current Landscape for Direct-to-consumer Genetic Testing: Legal, Ethical, and Policy Issues", *Annual Review of Genomics and Human Genetics* 9, 2008, pp. 161-182.

④ Timothy Caulfield, Amy L McGuire, "Direct-to-consumer Genetic Testing: Perceptions, Problems, and Policy Responses", *Annual Review of Medicine* 63, 2012, pp. 23-33.

⑤ Toby Overmaat et al., "Consumer-facing Genetic Testing in China: A Status Report", *Lancet* 392, 2018, p. S50.

因检测服务公司会采取何种措施保护消费者的个人健康信息、如何与第三方共享数据、消费者对自己的个人数据享有哪些权利等问题也尚未有研究专门提及。故此，为了探讨这些重要问题，我们开展了 DTC 基因检测提供商网站的内容分析研究。重点考察网站上所有可用的服务条款、隐私条款和知情同意书如何处理知情同意与用户个人信息使用和保护。

一、研究方法

在 2019 年 1 月 17 日至 2 月 27 日期间，我们利用国内最热门的搜索引擎"百度"，以"基因检测"为关键词进行检索，识别并收集使用 DTC 模式营销基因检测产品及服务的提供商（以下简称基因检测提供商）。基于这一搜索，我们共收集了 90 个 DTC 基因检测提供商。然后，我们访问了这些基因检测提供商的网站，获取并保存了其网站内容，同时下载了所有与服务条款、隐私保护和知情同意相关的可用文件。

在 2019 年 5 月 7 日至 6 月 18 日期间，我们利用编码框架对网站内容和获取的相关文件进行了内容分析，主要包括如下方面：（1）基因检测产品和服务的购买渠道；（2）知情同意；（3）隐私问题；（4）消费者个人健康信息保护策略；（5）与第三方共享数据；（6）消费者的健康知情权；（7）数据泄露责任；（8）具体法律文件或法律保护问题。这 8 个考察主题的设定建立在与 DTC 基因检测和医疗保健大数据时代的个人数据保护相关的法律和伦理问题的研究基础之上。[①] 编码框架共包括 20 个项目，这些项目是基于对 30% 的数据集进行探索性内容分析而开发的。在这一轮的内容分析中，我们发现了 3 个最初被确定为基因检测提供商的网站不再可访问，因此我们将其从数据集中删除。

2019 年 7 月 1 日，国务院颁布的《人类遗传资源管理条例》开始施行。由于我们在新规实施前就已经进行网站信息的收集和消费者相关法律文件的内容分析，我们希望借此机会考察中国 DTC 基因检测提供商对 2019 年新规的合规情

---

① Stuart Hogarth, Gail Javitt, David Melzer, "The Current Landscape for Direct-to-consumer Genetic Testing: Legal, Ethical, and Policy Issues", *Annual Review of Genomics and Human Genetics* 9, 2008, pp. 161-182; Menno Mostert et al., "Big Data in Medical Research and EU Data Protection Law: Challenges to the Consent or Anonymise Approach", *European Journal of Human Genetics* 24, 2016, pp. 956-960.

况。于是，在 2019 年《人类遗传资源管理条例》生效 3 个月后，我们重新访问了数据集中收集的基因检测提供商的网站，并再次审查了网站的内容及其相关文件，以确定其是否根据 2019 年新规作出了有关改变。在第二轮的收集分析中，我们发现有 9 家网站的原始链接显示已损坏。而在这 9 个有问题的网站中，有 5 个显示改换了新域名，但另外 4 个网站的链接已经完全无效。因此，我们第二轮的数据集共包括 83 个可访问的有效网站。2019 年 9 月 2 日至 2019 年 9 月 20 日期间，我们使用了与第一轮相同的编码框架分析了这 83 个网站，并以这 83 个网站作为本次研究的最终数据集，随后比较了两轮分析的结果。

在两轮的内容分析中，我们都随机选取了 30% 的网站进行编码结果的一致性比对，进而验证结果的可靠性。在获得 30% 的网站信息后，由一位独立编码员再次搜索网站的名称及链接，检查网站内容和可用的隐私条款、知情同意书以及服务条款。我们使用科恩卡帕系数（Cohen's Kappa）评估计算了两种编码之间的一致性，所有编码框架项目的一致性都在 0.85~1.00，这表明结果的一致性和可靠度都较高。[1]

二、研究结果

（一）DTC 基因检测产品的购买途径

我们的调查发现，在 83 家 DTC 基因检测提供商中，有 57 家基因检测机构在其网站上提供在线购买选项。另外，有 26 家机构只接受传统的银行转账支付，并通过电话提供咨询、订购服务。在 57 家提供在线购买的基因检测提供商中，有 21 家机构要求消费者在网上订购其服务和产品前，先在网站上进行注册。另外，还有 5 家基因检测提供商与其他的电子商务平台进行了服务整合（如京东、淘宝等），即允许消费者通过第三方订购其基因检测产品或服务。值得注意的是，我们发现"微信"作为中国使用最广泛的社交媒体平台，已经开始成为 DTC 基因检测提供商推广服务和产品的热门工具。有 32 家基因检测提供商使用微信来介绍它们的产品，为消费者提供后续服务。消费者可以通过基因检测机构的"微

---

① J. Richard Landis, Gary G. Koch, "The Measurement of Observer Agreement for Categorical Data", *Biometrics* 33, 1977, pp. 159-174.

信商店"订购产品并付款，也可以在添加机构的账号为微信好友后进行转账支付。相比之下，已经很少有基因检测提供商（n＝3）使用"QQ"作为推广平台（QQ 曾经是中国使用最广泛的即时通讯工具）。使用 QQ 接触消费者的基因检测提供商数量少，其原因可能是微信的流行与 QQ 淘汰的现实所致。

（二）知情同意书

在我们调查的所有 DTC 基因检测公司（n＝83）中，只有 6%的基因检测提供商（n＝5）在其网站上提供知情同意书。尤其，2019 年新法规的颁布并没有对知情同意表格的可获得性产生很大的影响。2019 年新法规生效后，只有 1 家基因检测机构在其网站上添加了知情同意书。

在这五份知情同意书中，每一份知情同意书都超过 500 字。有两份知情同意书的字数在 1000~2000 字，另外两份则超过 2000 字。在内容方面，所有的知情同意书都提到了保护消费者隐私和信息泄露的风险。1 家提供商则几乎列举了实施基因检测的所有可能风险，包括：（1）消费者或他们的家人可能会因为检测设置的问题或基因数据结果而感到不舒服；（2）因安全漏洞导致的信息泄露；（3）因消费者与他人共享账户和密码而导致的信息泄露；（4）其他目前无法预见的风险。3 家提供商提到，它们的基因检测报告具有预测性，可作为健康咨询的参考，但不能作为临床诊断的依据。

至于其余的网站（n＝78），虽然它们没有提供具体的知情同意表格，但有 13 家提供商在其网站上提到了"知情同意程序"。例如，11 个网站表示，基因检测提供商会在购买基因检测服务和产品期间或之后实施知情同意程序。

（三）隐私问题

在第一轮调查中，我们发现有 38 个网站提供隐私条款的链接。在第二轮收集中，由于网站链接不再可访问，这 38 个网站中的 1 个网站从数据集中被删除。因此，我们总共确定了 37 个提供隐私条款的网站。同时，这意味着超过一半的网站（55.4%）没有为消费者提供隐私条款（n＝46）。有四家提供商提到了消费者隐私问题，但它们没有在自己的网站上提供具体的隐私条款内容。例如，有两个网站在它们的"常见问题"部分声称，它们关注到了隐私问题，但并没有在它们的网站上找到隐私条款的全文或跳转链接。另外，有两个网站在网页底部设有隐私条款标签，但点击这些标签并没有跳转到隐私条款全文或其他有效链接。此外，在我们的第二轮调查中，我们没有发现这些网站在涉及隐私问题的规定上有明显的变更或差异。事实上，除了有 1 家提供商更新了隐私条款——其增加了一句话来处理在违反隐私保护情况下的责任分配问题，其他提供商则没有对其现有的隐私条款作出任何改变。

在内容方面，字数少于 1000 字的隐私条款通常不像是一种与消费者之间的协议或合同，其功能更像是关于隐私问题的声明，即提供商用一些短句来表示其试图保护消费者的隐私的态度（见表 3-1）。相比之下，字数在 1000～2000 字的隐私条款，更像是一种与消费者之间的书面协议格式，通常包括基因检测产品或服务的定义、用户和提供商之间的权利义务以及适用法律的详细说明等。然而，只有 2000 字以上的隐私条款才能满足《个人信息安全规范》对隐私条款内容的要求。

表 3-1 针对 37 家提供隐私条款的 DTC 基因检测公司的隐私条款字数统计及主要内容分析

字数统计	DTC 基因检测公司数量（其隐私条款涵盖《个人信息安全规范》所要求内容的提供商的数量）	主要内容总结
少于 200 字	9（0）	此类服务提供商表示，会保护消费者的基因隐私，但没有提到具体的保护措施。
200～ 500 字	12（0）	此类隐私条款侧重于描述个人数据收集和处理过程中的隐私保护、个人数据的使用和披露，以及隐私安全问题。但并未说明具体内容和措施。
500～ 1000 字	4（0）	此类隐私条款明确了消费者和服务提供商的权利和义务，包括免责条款。
1000～ 2000 字	7（0）	此类隐私条款采用协议的形式。一般来说，它包括：本协议中使用的术语的定义、消费者和服务提供商的权利及义务，以及可适用的法律规范和管辖权问题。

续表

字数统计	DTC 基因检测公司数量（其隐私条款涵盖《个人信息安全规范》所要求内容的提供商的数量）	主要内容总结
超过2000 字	5（5）	此类隐私条款是全面的，并符合《个人信息安全规范》的关于隐私条款的要求。包括收集和使用消费者的个人信息；使用网站信息或其他类似技术；共享、传输和披露消费者的个人信息；用以保护消费者个人信息的措施；消费者的权利；以及处理儿童信息的方式等。

（四）保护客户个人健康信息的策略

有 39 家机构在其网站内容或服务条款、隐私条款或知情同意书中发表声明，宣称它们会采取措施保护消费者基因信息的安全。在这 39 家提供商中，有 3 家在 2019 年新法规发布后的第二轮调查中被确定。值得注意的是，有 29 个网站的隐私条款对消费者的一般个人信息（例如，网站注册账号、身份信息和健康信息等）与遗传信息进行了区分。17 家提供商提出了保护消费者一般个人信息的具体措施（见图 3-1），最常被提及的措施有：采用技术方法对一般个人信息进行保密并定期维护（13 家提供商提到）；将消费者一般个人信息单独存储，使分析基因信息的人员无法识别基因数据所有者的个人身份信息（10 家提供商提到）；建立监督一般个人信息保护的伦理委员会（有 7 家提供商提及）。在消费者的基因数据保护方面，基因检测提供商提及的频率最高的保护方法是将消费者的基因信息存储在实验室，并对其进行加密、备份和定期维护（有 21 家提供商提及）（见图 3-2），但没有 1 家提供商明确表示消费者数据的储存期限，以及数据会何时被清除。

（五）与第三方共享数据

62.7% 的提供商（n＝52）没有在它们的服务条款、隐私条款或知情同意书中提及数据的二次利用、销售或如何共享数据信息的内容。相比较之下，有 28

图 3-1 中各项措施及数据：
- 通过技术手段对个人信息加密储存，并定期维护　15.7%　13
- 在线存储个人信息，并进行多次备份　3.6%　3
- 将个人信息与遗传信息分开存储　12%　10
- 成立伦理委员会，以监督个人信息的保护情况　8.4%　7
- 没有给出具体的措施　14.4%　12

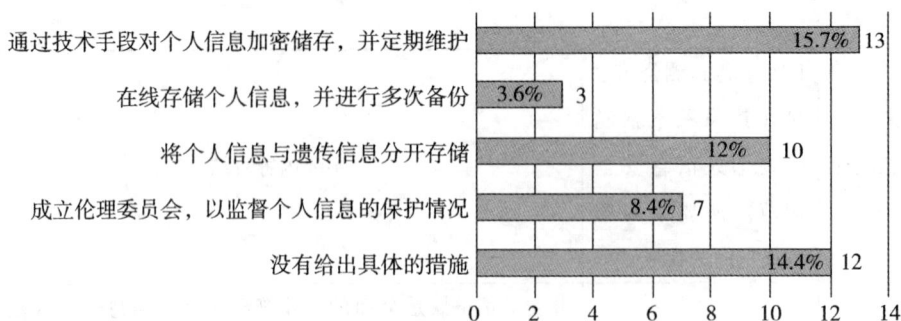

图 3-1　DTC 基因检测服务提供商将采取何种措施保护消费者的一般个人信息

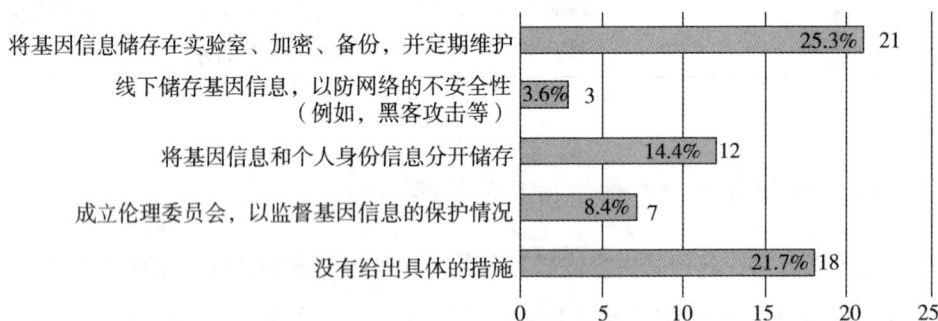

图 3-2 中各项措施及数据：
- 将基因信息储存在实验室、加密、备份，并定期维护　25.3%　21
- 线下储存基因信息，以防网络的不安全性（例如，黑客攻击等）　3.6%　3
- 将基因信息和个人身份信息分开储存　14.4%　12
- 成立伦理委员会，以监督基因信息的保护情况　8.4%　7
- 没有给出具体的措施　21.7%　18

图 3-2　DTC 基因检测服务提供商将采取何种措施保护消费者的基因信息

家 DTC 基因检测提供商表示，在得到消费者的进一步许可后，提供商可以出于非商业目的，对消费者的信息进行二次利用或共享。有 2 家提供商表示，除非获得消费者的额外许可，否则它们不会出售消费者的信息。只有 1 家提供商提到，它会在没有得到消费者进一步许可的情况下，对消费者信息进行非商业目的的二次利用或共享。该公司声明如下：如果第三方同意承担与本公司同样的保护用户隐私的责任，本公司可以不经消费者的进一步许可，将用户注册等信息提供给第三方。此外，在信息披露方面，22 个网站在其隐私条款或知情同意书中提到法律强制披露个人健康信息的环节。但 73.5% 的提供商（n=61）没有在其网站上就强制性披露信息作出任何的声明。

（六）消费者对于其健康信息的权利

23 家 DTC 基因检测提供商明确提及消费者享有对其健康信息的权利，而其他提供商（n=60）在这方面则保持沉默。一般来说，DTC 基因检测提供商向其消费者提供了三种类型的权利。其中，最常被提及的权利是消费者有权决定提供商是否可以使用其基因数据进行后续研究或将其数据提供给第三方机构（21 家提供商提到）。有 9 家 DTC 基因检测提供商声明，消费者有权查看和更改他们的个人数据，或有权从提供商的数据库中删除他们的数据。只有 1 家公司提到消费者有权了解数据的后续使用情况，如：（1）利用用户的基因数据去开发基于基因测序结果的新产品；（2）利用遗传数据对现有的基因研究项目进行最新解读，包括解读最新的科学文献，或对现有基因研究项目进行更准确的重新计算。

（七）对数据泄露的问责和责任

近 70% 的提供商（n=58）没有告知消费者意外信息泄露的风险。仅 30.1% 的 DTC 基因检测提供商（n=25）在其网站上提到了相关风险问题，如黑客攻击、互联网错误及其他不可预见的事故。在这 25 家提供商的网站中，其均表示公司将努力保护消费者的隐私，防止他们的健康信息被任意泄露。然而，在侵犯隐私的责任分配方面，很少有提供商（n=18）明确声明其是否会承担责任。特别是，9 家提供商没有说明在数据泄露事件中谁将承担责任。但其明确表示，如果数据泄露是由于他们无法控制的原因造成的，提供商将免除责任。有 8 家公司只规定了消费者的责任，而没有提及提供商违约的责任。只有 1 家公司在其隐私条款中声明，在数据泄露的情况下，责任将落在泄露数据一方上，即谁泄露数据、谁将承担责任。

（八）涉及的法律文件

有 23 家 DTC 基因检测网站在其知情同意书、服务条款或隐私条款中声明，在基因检测服务期间之后，公司将遵守中国相关法律，收集、存储和使用消费者基因数据。然而，在这 23 个网站中，只有 4 家公司提到具体的法律法规名称，例如，《网络安全法》（2 家公司提及）、《人类遗传资源管理条例》（1 家公司提及），以及《人类遗传资源管理暂行办法》（1 家公司提及）。但是，如前所述，《人类遗传资源管理暂行办法》已经被《人类遗传资源管理条例》所取代。这说明该网站还没有及时更新相关内容。

值得注意的是，有 3 家 DTC 基因检测公司提到了美国的《健康保险便携性和责任法案》（HIPAA）。这是美国保护美国人医疗信息隐私和安全的立法，专门用于处理隐私保护问题。我们发现 HIPAA 在这些中国基因检测提供商的陈述中有不同的适用方式。例如，1 家公司提到，消费者基因数据的存储将严格遵守 HIPAA 的要求；1 家公司表示，对于国际用户，基因检测服务的过程将遵循 HIPAA 标准；1 家公司则使用 HIPAA 作为其存储消费者基因数据的参考。此外，有 1 家公司承诺会遵守《香港个人资料（私隐）条例》，为消费者提供基因检测服务。

三、讨论

我们的研究表明，中国的 DTC 基因检测公司已经注意并采取行动保护消费者的基因组数据隐私。例如，许多基因检测提供商为保护消费者健康信息的安全和隐私制定了具体措施。尤其是一些 DTC 基因检测提供商将消费者的一般健康信息与他们的遗传信息分开，并使用不同的保护措施来处理这两类数据。这说明 DTC 基因检测行业已经日益重视对基因数据这种敏感信息保护的重要性，以及使用特殊措施保护消费者基因数据的必要性。此外，消费者对其健康信息的权利也得到许多 DTC 基因检测公司的认可。例如，消费者有权查阅自己的个人资料，或者从基因检测提供商的记录和数据库中删除自己的信息。尽管如此，我们的研究也发现了几个中国监管机构应该立即解决的法律问题。

首先，我们发现，提供知情同意书并不是中国 DTC 基因检测提供商的普遍做法。这一发现与之前对国际 DTC 基因检测公司的研究结果一致，即 DTC 基因检测过程中知情同意做法不充分，有时甚至具有误导性。[1] 实际上，"知情同意"

---

① Heidi C Howard, Bartha Maria Knoppers, Pascal Borry, "Blurring Lines. The Research Activities of Direct-to-consumer Genetic Testing Companies Raise Questions about Consumers as Research Subjects", *European Molecular Biology Organization Reports* 11, 2010, pp. 579-582; Christina R Lachance et al., "Informational Content, Literacy Demands, and Usability of Websites Offering Health-related Genetic Tests Directly to Consumers", *Genetics in Medicine* 12, 2010, pp. 304-312; Emilia Niemiec et al., "Content Analysis of Informed Consent for Whole Genome Sequencing Offered by Direct-to-consumer Genetic Testing Companies", *Human Mutation* 37, 2016, pp. 1248-1256.

这一环节还没有在中国的普通临床实践中得到彻底实施。① 此前的研究表明，"知情同意"作为一种缓解医生和患者之间紧张关系的有效策略，近年来越来越重要。② 然而，消费者可能还没有意识到在 DTC 基因检测服务中"知情同意"的重要性。例如，许多消费者可能没有意识到，他们需要一个专业辅助过程来充分和正确地理解检测的目的和可能的结果。特别是，当基因检测结果和基因信息会对他们的健康和其他利益产生影响时，就更需要"知情同意"的环节来告知他们可能发生的健康风险以及其他潜在的利益风险。③ 与其他将"知情同意"作为实施基因检测服务法定要求之一的国家不同，④ 中国尚未以法律的形式强制要求在 DTC 基因检测之前设置"知情同意"程序。

此外，我们发现中国许多 DTC 基因检测公司既提供非健康相关检测，也提供健康检测项目。对两种不同目的的基因检测，是否也应适用相同的规则来管理"知情同意"应该慎重考量。国际上，即使对 DTC 基因检测服务的管理措施相对宽松的国家，其对与健康有关的基因检测也通常设置了严格的知情同意要求。例如，在美国，生物伦理问题研究总统委员会（the Presidential Commission for the Study of Bioethical Issues）表示，如果出于临床目的规定进行基因检测，医生必须出于对患者的受托责任向患者提交知情同意书。⑤ 在中国，尽管 2019 年的新规定提出，采集、保藏、利用、对外提供我国人类遗传资源，应当尊重人类遗传资源提供商的隐私权，取得其事先知情同意，并保护其合法权益。但这一监管的目的主要是用于维护国家安全、公共卫生和社会公共利益，而并非关注对参与基因检测的患者或消费者健康权益的保护。正是由于中国目前缺乏对临床和非健康

---

① Yanni Wu, "Reporting of Ethical Considerations in Clinical Trials in Chinese Nursing Journals", *Nursing Ethics* 26, 2019, pp. 973-983.

② B Sonny Bal, Lawrence H Brenner, "Medicolegal Sidebar: Informed Consent in the Information Age", *Clinical Orthopaedics and Related Research* 473, 2015, pp. 2757-2761.

③ Zhaohua Deng, Shan Liu, "Understanding Consumer Health Information-seeking Behavior from the Perspective of the Risk Perception Attitude Framework and Social Support in Mobile Social Media Websites", *International Journal of Medical Informatics* 105, 2017, pp. 98-109.

④ Bartha Maria Knoppers, Ma'n H Zawati, Karine Sénécal, "Return of Genetic Testing Results in the Era of Whole-genome Sequencing", *Nature Reviews Genetics* 16, 2015, pp. 553-559.

⑤ Emilia Niemiec et al., "Content Analysis of Informed Consent for Whole Genome Sequencing Offered by Direct-to-consumer Genetic Testing Companies", *Human Mutation* 37, 2016, pp. 1248-1256.

基因检测的知情同意程序的监管，消费者的健康和信息权利得不到充分保护。

与提供知情同意书的网站数量相比，更多的中国 DTC 基因检测公司已经注意到与消费者隐私保护相关的问题。例如，有 37 个网站提供了有关隐私条款的链接。这一发现与现有研究一致，即国际 DTC 基因检测提供商日益关注隐私问题。① 然而，在中国 DTC 基因检测市场中，就我们分析的网站而言，仍然有一半以上 DTC 基因检测公司没有提供关于消费者隐私保护的法律声明。此外，DTC 基因检测公司提供的隐私条款，大多数都是简短且不完整的，亦没有涵盖《个人信息安全规范》对隐私条款所要求的内容。特别是，在 2019 年的《人类遗传资源管理条例》生效 3 个月后，我们也没有发现 DTC 基因检测行业在改善知情同意和消费者隐私方面有重大变化。只有 1 家基因检测提供商在其网站上更新了知情同意书。该网站提供了知情同意书的链接，并在表格中添加了保护消费者隐私的简短语句。这说明，如果没有一部完善的个人数据保护法律规范，现有的网络安全法规和关于遗传资源管理的监管措施对保障 DTC 基因检测服务中消费者知情同意的实施和隐私保护几乎不能产生有力的监管效果。

虽然，目前有相关法律，如《消费者权益保护法》《网络安全法》《人类遗传资源管理条例》可以适用于调节基因检测市场，但至今仍没有一套可以覆盖整个 DTC 基因检测服务的法律规范与监管制度。例如，如何规范与监督知情同意的执行、隐私保护的措施，以及如何使用消费者基因数据、如何保障基因数据的收集和共享的透明度等重要问题。因此，当前中国的 DTC 基因检测市场仍在采用一种由市场调节和服务提供商自我规范的机制。此外，DTC 基因检测市场也缺乏"软法"（如"最佳实践"和相关行为准则等）的规范。② 华大基因作为中国基因测序市场上最大的参与者，利用其在该领域的影响，与其他基因检测公司组织了一次专门会议以制定基因检测报告的行业标准。经过讨论，《临床单基因遗

---

① Nick Webborn et al. , "Direct-to-consumer Genetic Testing for Predicting Sports Performance and Talent Identification: Consensus Statement", *British Journal of Sports Medicine* 49, 2015, pp. 1486-1491.

② Jason Y Park et al. , "Privacy in Direct-to-consumer Genetic Testing", *Clinical Chemistry* 65, 2019, pp. 612-617.

传病基因检测报告规范》于 2018 年发布，成为基因检测行业第一个实用标准。① 然而，如华大基因在文章中指出，基因检测服务的每一个流程都需要相应的标准，仅凭临床基因检测报告的规范是远远不够的。②

如果没有一个足够有效的 DTC 基因检测服务的监管框架，消费者可能会面临失去对其基因信息的控制权和遭遇隐私侵犯的风险。具体来说，我们发现许多公司未能向消费者提供有关基因数据的安全性，以及这些数据将如何被第三方机构所使用的相关信息。例如，一些 DTC 基因检测公司提出，消费者享有管理数据二次利用和共享的权利，但如果这些提供商不提供全面的知情同意程序，消费者就不可能知道他们的基因数据会出于何种目的被交由第三方处理。③ 另外，如果没有"第三方"的定义，以及基因检测公司如何在数据转移到第三方时保护隐私的细节，也将对消费者的数据管理产生重大影响，消费者数据泄露的风险极高。此外，许多公司也没有明确说明，一旦数据安全遭到破坏，它们将承担什么责任。总体而言，基因检测公司对其在隐私侵犯事件中所承担的责任保持沉默，尽管一些公司明确表示，如果数据泄露事件是由它们无法控制的原因造成的，它们不承担任何责任。④ 考虑到这些问题，消费者在选择基因检测服务和产品时应该谨慎和小心。⑤

我们的研究表明，一些中国 DTC 基因检测提供商提到了美国 HIPAA。这些公司强调它们将通过严格遵守 HIPAA 的法律要求来保护消费者的隐私，并为数据安全提供保障措施。在健康保险领域，基因检测服务衍生的"反基因歧视"的话题也日益得到关注。中国银行保险监督管理委员会宣布于 2019 年 12 月 1 日开始施行《健康保险管理办法》。其在 2006 年《健康保险管理办法》的基础上，

---

① 黄辉等：《临床基因检测报告规范与基因检测行业共识探讨》，载《中华医学遗传学杂志》2018 年第 1 期。

② 黄辉等：《临床基因检测报告规范与基因检测行业共识探讨》，载《中华医学遗传学杂志》2018 年第 1 期。

③ Ashley N Tomlinson, "'Not Tied Up Neatly with a Bow': Professionals' Challenging Cases in Informed Consent for Genomic Sequencing", *Journal of Genetics Counseling* 25, 2016, pp. 62-72.

④ James Hazel, Christopher Slobogin, "Who Knows What, and When?: A Survey of the Privacy Policies Proffered by U. S. Direct-to-consumer Genetic Testing Companies", *Cornell Journal of Law and Public Policy* 28, 2018, pp. 35-66.

⑤ Lauren Badalato, Louiza Kalokairinou, Pascal Borry, "Third Party Interpretation of Raw Genetic Data: An Ethical Exploration", *European Journal of Human Genetics* 25, 2017, pp. 1189-1194.

补充规定了限制使用基因测试结果在健康保险中的应用。① 2019 年版的《健康保险管理办法》第 17 条和第 38 条要求，除家族遗传病史之外，保险公司不得基于被保险人其他遗传信息、基因检测资料进行区别定价。而且，保险公司在销售健康保险产品时，不得非法搜集、获取被保险人除家族遗传病史之外的遗传信息、基因检测资料，也不得要求投保人、被保险人或者受益人提供上述信息。对于 2019 年这项新的管理办法，需要进一步的研究来检查和核实在 DTC 基因检测背景下新法规对保护私人健康信息的影响。

此外，我们的研究表明，社交媒体在促进基因检测产品销售方面发挥着越来越重要的作用。一方面，正如之前的研究所提示，社交媒体可以是一个有用的工具，能用来增加患者对某些类型癌症的基因检测和风险评估的知识。② 最近，梅根·罗伯茨（Megan C Roberts）等学者对美国社交网络服务平台"推特"（Twitter）上公众对政府授权 DTC 基因检测与乳腺癌相关的 BRCA1/2 变异的反应进行了调查，③ 证实了社交媒体在这方面的重大影响。他们的研究揭示社交媒体正逐渐成为传播和交换基因研究和技术信息的主要平台。同时，社交媒体具有成为基因检测提供商向消费者推荐服务的强大媒介潜力。④ 在这方面，社交媒体平台也可以用来提高公众对基因检测提供商在隐私保护措施不足的认识水平。另一方面，大量关于社交媒体在促进新技术发展中的作用的研究表明，通过社交媒体分享的新生物技术信息通常是不平衡和具有误导性的。⑤ 虽然我们没有分析基因

---

① 中国银行保险监督管理委员会：《健康保险管理办法》，载中国政府网：http：//www. gov. cn/xinwen/2019-11/13/content_5451534. htm，2021 年 3 月 1 日最后访问。

② Deanna J Attai et al. , "Twitter Social Media is an Effective Tool for Breast Cancer Patient Education and Support：Patient-Reported Outcomes by Survey", *Journal of Medical Internet Research* 17, 2015, p. e188.

③ Megan C Roberts, Caitlin G Allen, Brittany L Andersen, "The FDA Authorization of Direct-to-consumer Genetic Testing for Three BRCA1/2 Pathogenic Variants：A Twitter Analysis of the Public's Response", *Journal of the American Medical Informatics Association* 2, 2019, pp. 411-415.

④ Megan C Roberts, Caitlin G Allen, Brittany L Andersen, "The FDA Authorization of Direct-to-consumer Genetic Testing for Three BRCA1/2 Pathogenic Variants：A Twitter Analysis of the Public's Response", *Journal of the American Medical Informatics Association* 2, 2019, pp. 411-415.

⑤ Lena Galata, Kostas Karantininis, Sebastian Hess, "Cross-Atlantic Differences in Biotechnology and GMOs：A Media Content Analysis", in New Robust, Reliable and Coherent Modelling Tools, eds. , *Agricultural Cooperative Management and Policy*, Berlin, Springer, 2014, pp. 299-314.

检测提供商在微信平台上推广了哪些具体的基因检测内容，但我们建议监管机构将注意力集中在使用社交媒体推广基因检测服务和产品的法律和伦理问题上。考虑到这些问题，需要进一步研究社交媒体在 DTC 基因检测服务和产品中的作用。

四、结论

我们的研究表明，DTC 基因检测产品及服务在中国已经成为一个新兴市场。83 家中国公司被认定为采用了直接面向消费者推广基因检测产品及服务的销售模式。现行适用基因检测的法规主要侧重于关注人类遗传资源的安全与保护，没有专门的立法来规范 DTC 基因检测产品及服务。在没有建立起法律制度的情况下，有关于消费者数据和隐私进行保护的知情同意表格和隐私条款的设置及内容目前正由 DTC 基因检测公司在其行业内部进行自我监管。此外，该行业还没有为实施 DTC 基因检测服务形成任何最佳实践指南。因此，目前的 DTC 基因检测业务正处于监管真空中，由行业自我监管机制管理。我们的研究表明，这种自我调节模型的局限性是明显的。DTC 基因检测公司通常不会提供知情同意书，且在我们调查的所有提供商网站中只有不到一半的网站提供隐私条款。对于大多数 DTC 基因检测公司来说，消费者购买基因检测的自主权无法得到保证，消费者基因信息的使用和共享也缺乏透明度。他们的基因信息可能被非法使用或未经他们的允许被分享给第三方机构。因此，我们敦促相关监管部门对 DTC 基因检测产品进行充分和有效的监管。特别是，应在所有 DTC 基因检测提供商的网站上提供一份明确和充分的知情同意书和隐私条款。[①] 此外，为了满足日益增加的数据保护和数据共享的要求，应当制定规章，对收集、使用和共享消费者基因数据库采取合法的、系统性的措施及办法。

此外，随着行业的不断发展，与提供 DTC 基因检测相关的一些具有挑战性的问题需要进一步研究。例如，DTC 基因检测公司经常使用社交媒体作为推广基因检测服务。社交媒体的参与可以为公众对 DTC 基因检测潜在隐私风险的认识带来机会。但若缺乏有效监管，社交媒体可能无法传播真实和平衡的基因检测信

---

① Rachele M Hendricks-Sturrup, Christine Y Lu, "Direct-to-consumer Genetic Testing Data Privacy：Key Concerns and Recommendations Based on Consumer Perspectives", *Journal of Personalized Medicine* 9, 2019, p. 25.

息。另外，一些 DTC 基因检测公司将消费者的一般健康信息与基因信息区分开来，并使用不同的方法来保障数据安全。这为未来的研究提出了一个问题：是否应该针对不同的信息，制定不同的信息保护规则，并适用于不同类型的消费者健康数据。考虑到所有这些潜在的挑战和不断增长的行业规模，基因检测法规的发展需要多学科参与研究，并定期检查基因检测服务的监管框架。

实例研究三：DTC 远程遗传咨询服务

遗传学和信息通信技术的进步促进了远程遗传咨询服务（Telegenetics）的发展。所谓远程遗传咨询服务，是一种通过交互式视频和高速互联网连接等先进技术手段，与相隔较远距离的遗传病患者进行实时连接，并为其提供遗传咨询和诊疗服务的远程医疗新形式。相较于线下传统医疗机构提供的遗传咨询服务，远程遗传咨询服务受众更为广泛，也更易为大众所获得。

自 21 世纪初以来，远程遗传咨询服务在英国、美国及其他欧美国家开始广泛实施。来自英国、美国和澳大利亚的研究皆表明，遗传病患者和遗传咨询师对此类远程咨询服务的满意度也在不断提高；许多欧美遗传学研究者认为远程遗传咨询服务可以且应当成为评估和诊断某些遗传疾病的常规咨询服务之一。

在传统的学科分类中，遗传学（Genetics）本身是针对遗传过程及遗传特征的研究。而基因组学（Genomics）则是一个更加新兴的领域，其涉及来自全人类的基因组测序与分析完整遗传信息的全过程。随着基因组研究和精准医疗的进展，基因组数据已经越来越多地融入临床实践中。在提高疾病诊断准确性的同时，亦帮助进行有效的医疗干预。远程遗传咨询服务的服务提供者也顺应基因组学的发展趋势，开始基于基因组学的研究成果，为远距离的遗传病患者提供基因组医学遗传咨询服务。

自 2016 年以来，这种远程基因组学遗传咨询（Telegenomics）的业务已经吸引到了许多来自知名风险投资公司的战略投资，包括总部位于美国的 GE Ventures 公司以及 Illumina Ventures 公司。这无疑从侧面反映了资本市场对远程基因组学遗传咨询服务潜力的期望与信心。从总体上讲，远程基因组学遗传咨询服务有可能将现代医学转变为更加精确和个性化的精准医疗服务，其重要性不言而喻。

目前，在这一重要且有前景的领域，已有许多服务提供者开始采用 DTC 营销模式向消费者推广、宣传并销售远程遗传咨询服务或远程基因组学遗传咨询服务。现有的相关研究已经确定了实现远程遗传咨询服务的可能性及其使用可能存在的监管问题。然而，现有的研究没有关注到运用 DTC 模式销售远程遗传咨询服务所带来的法律与政策上的挑战。为了缩小远程遗传咨询服务的市场需求与传统法律、政策之间的差距，本研究检索了直接面向消费者进行推广、宣传并销售的远程遗传咨询服务（或远程基因组遗传咨询）服务提供者的网站，并特别关注知情同意、消费者隐私及使用未经证实的检测服务的语言表述等问题。

一、研究过程及方法

在具体的研究过程中，为搜集 DTC 远程遗传咨询或远程基因组学遗传咨询的服务提供者网站，我们使用 Google 为搜索引擎，以远程遗传（Telegenetics）和远程基因组（Telegenomics）为关键字进行检索。截至 2018 年 4 月，共计有 10 个网站提供 DTC 远程遗传咨询服务或远程基因组学的相关服务。在数据分析过程中，我们设计了总共 21 个问题的内容分析问卷重点考察以下主题：（1）网站提供的远程遗传咨询服务；（2）网站对远程遗传咨询的描述；（3）网站对远程遗传咨询服务相关的好处和风险的描述；（4）知情同意程序；（5）保护消费者个人健康信息的措施。

需要注明的是，我们的研究重点关注的是以销售、推广远程专业遗传咨询的服务提供者。因此，我们检阅的网站并不包括那些宣传和销售基因检测服务的网站（即使这些服务提供者也会提供相应的附带遗传咨询服务）。然而，此处有一特例情况，即 Invitae 公司，它既是一家知名的基因检测服务公司，也是一家提供遗传相关咨询服务的公司。与其他 DTC 基因检测机构或公司不同，Invitae 公司设置了一个专门关于遗传咨询服务的独立网页。当消费者在搜索远程遗传咨询服务和远程基因组学遗传咨询服务时，Invitae 公司也同样会出现在搜索结果中。故此，我们认为 Invitae 公司可以被看做一个远程遗传咨询服务提供者，其也是我们检阅样本库中唯一同时运营 DTC 基因检测和远程遗传咨询服务的公司。

本研究的数据分析过程由作者之一完成，然后由一位专门从事国际商法研究的研究生对样本库进行重新分析，以验证结果的可靠性。同时，我们使用马修·麦尔斯（Matthew B. Miles）和迈克尔·胡伯曼（A. Michael Huberman）提出的校验方法，以计算两组结果之间的一致度。① 检验所有内容分析编码结果的一致度均在 80% ~ 100%，平均一致度为 93.44%。这意味着分析结果是可靠的。

二、研究结果

（一）一般信息

依据所获取的数据样本和数据分析结果，直接面向消费者的远程遗传咨询服务提供者可以分为两类：商业公司和非商业组织（见表 3-2）。其中，旨在宣传和销售基因咨询和检测产品的商业服务提供公司有 6 家。这些公司的网站内容经过专门的设计，并对其提供的服务进行了全面的描述。其余的 4 家服务提供者则是非商业性的咨询组织。其中，2 家由高校及学术机构运营；另外 2 家中，1 家是私人医疗中心，1 家隶属于政府部门（纽约州卫生部，New York State Department of Health）。属于非商业组织的服务提供者皆没有为其遗传咨询设计独立的网站。其远程遗传咨询服务网页仅位于各组织的官方网站之下，并仅就如何使用这些服务提供相对简单的说明。

表 3-2 　　　　　　　　**DTC 远程遗传咨询服务提供者基本信息**

DTC 远程遗传咨询服务提供者名称	网　　　址	所在地
商业公司：		
Generation Diagnostics	https：//www. geneticstesting. com/telegenetic-counseling/	美国
Genetic Medicine Clinics	https：//geneticmedicineclinic. com	美国
Genome Medical	https：//www. genomemedical. com/	美国

---

① 计算一致度的方式为：总一致度÷（总一致度+意见分歧）。

续表

DTC 远程遗传咨询服务提供者名称	网　　　址	所在地
Informed DNA	https：//informeddna.com/	美国
Invitae	https：//www.invitae.com/en/patients/resources/genetic-counseling/	美国
Telegenomics	https：//telegenomics.com/	西班牙
非商业组织：		
Johns Hopkins Heart&Vascular Institute	https：//www.hopkinsmedicine.org/heart_vascular_institute/clinical_services/centers_excellence/arvd/services/telegenetics.html	美国
New York State Department of Health, Wadsworth Center	https：//www.wadsworth.org/programs/newborn/nymac/professionals/telegenetics	美国
OHSU Telemedicine Network	http：//www.ohsu.edu/xd/health/for-healthcare-professionals/telemedicine-network/medical-services/tele-genetics-consultations.cfm	美国
Penn Medicine Abramson Cancer Center	https：//www.pennmedicine.org/for-patients-and-visitors/find-a-program-or-service/connected-care/virtual-consult/telegenetics	美国

在机构所属地理位置上，除 1 家位于西班牙的公司以外，其他所有的 DTC 远程遗传咨询服务提供者都位于美国境内。从网页描述的内容来看，有 7 家服务提供者在其网页上描述了远程遗传咨询的相关概念。尽管其描述内容不尽相同，但它们都表明，其提供的遗传咨询服务是由专业的遗传咨询顾问以电话或视频会议的方式提供。有 2 家公司没有对如何提供远程遗传咨询服务进行明确描述。有 1 家机构的网站提供了一篇长达 42 页文件的链接。消费者可以通过阅读该文件获取关于远程遗传咨询的解释，也可以了解进行远程遗传咨询可有哪些益处。有 7 家服务提供者表示，其咨询服务还可以提供个性化治疗方案的建议。4 家服务提供者声称，其咨询服务会涉及基因组数据分析。在服务对象方面，有 2 家机构的网站表示其只对遗传病患者提供咨询服务；而另外 8 个网站则表示，其对遗传病患者和医生均可提供专业的遗传咨询。此外，还有 3 个网站提到，机构还可为

企业和保险公司等商业实体提供服务。

（二）提供的服务内容

在具体的服务提供方面，综合这 10 个服务提供者所设置的网站内容来看，直接展现给消费者的咨询服务模式，共计有 12 种类型（见表 3-3）。其中，有 4 个网站提供一般性的遗传咨询；3 个网站会为消费者提供遗传病诊断。事实上，这些服务提供者更倾向于推广针对特定疾病的遗传咨询服务。在特定疾病方面，排名前三的是：癌症遗传（7 个网站对此有专门广告介绍）、生殖健康遗传（5 个网站对此有专门广告介绍）和心脏病遗传咨询（4 个网站对此有专门广告介绍）。此外，有 6 个服务提供者在其网站上使用了"最好"（best）、"最佳"（optimal）和"独特"（unique）这样的词汇来描述它们的服务。有 7 家公司声称，它们将提供咨询服务，并会将基因检测的结果纳入其关于卫生保健干预措施的建议里。比如，Telegenomics 公司在其网站上宣称："我们将安排最满足您需求的基因组测试，并为您解释结果。我们会为您提供最佳的治疗选择，并预防会影响您或您的家人无论是现在还是将来的问题。"（"［w］e manage the genomic test most adequate to your needs, interpret the results and provide counseling for optimal treatment selection and prevention of the problems that may affect you or your family, today or in the future."）

表 3-3　DTC 远程遗传咨询服务提供者网站提供给消费者的咨询服务内容

直接展现给消费者的咨询服务内容	提到的频率
癌症遗传咨询（Cancer Genetic Services）	7
生殖健康遗传咨询（Reproductive Genetics）	5
关于疾病风险的遗传咨询（Genetic Counseling about Risks of Diseases）	4
心脏类基因咨询（Cardiac Genetic Counselor）	4
遗传性疾病诊断（Diagnosis of Genetic Diseases）	3
"治未病"服务（Proactive Health）	3
遗传疾病管理（Management of Genetic Diseases）	2

续表

直接展现给消费者的咨询服务内容	提到的频率
药物基因组学（Pharmacogenomics）	1
其他（Others）	4

在费用方面，样本中有 25%（n = 4）的网站显示了其服务的成本。总体而言，预约一次远程遗传咨询的费用在 179~500 美元。有 1 家公司提供服务套餐。例如，积极基因探索（Proactive Genetic Exploration）每 30 分钟 179 美元，高级基因护理（Advanced Genetic Care）为 250 美元。另有 1 家服务提供者建议，如果遗传病患者参加了商业健康保险，则费用一般在 330 美元左右。

（三）优势与风险

所有服务提供者的网站都提到了远程遗传咨询带来的好处，只有 1 家网站提示了潜在的风险。有关远程遗传咨询的好处，我们一共确定了 10 种积极观点。最高频率被宣称的优点是增加了获得遗传咨询的机会（全部 10 个网站都有提及）。另一个经常被提到的好处则是，在线服务的形式将保障消费者可以及时而灵活地接受咨询服务（8 个网站提及）。另外一些网站在其优势介绍时，提到了医生和健康计划公司两个主体。包括医生可以采用远程服务的方式与患者保持稳定联系（4 个网站提及），以及可以协助健康计划公司制定专门针对遗传病患者的必要的基因测试计划（1 个网站提及）。

但就目前观察到的网站内容来看，与提供远程遗传咨询服务的相关风险并没有被清楚地提及。只有唯一的服务提供者，即约翰霍普金斯心脏病科（John Hopkins Division of Cardiology）在其知情同意书中指出了潜在的风险。该知情同意书提到在远程传送服务过程中可能会存在未经授权访问消费者健康信息的风险。

（四）知情同意

在知情同意书可及性方面，只有 2 个网站以链接的形式向潜在的消费者提供知情同意书模板。在约翰霍普金斯心脏与血管研究所（Johns Hopkins Heart & Vascular Institute）的网站主页上，很容易就能找到知情同意书的链接。该知情同意书要求消费者同意披露他们受保护的健康记录。但是这一文件的文字很少——只有不到一页的内容。在基因医学诊所（Genetic Medicine Clinics）的网站上，知情同意书的链接是隐藏起来的。根据链接跳转结果，该知情同意书提供了一份两页长的文件。其中包括一个单独的段落说明如何公布消费者的个人医疗记录。根据这一段的内容，消费者可以通过签署知情同意书，授权服务提供者向公共卫生机构公布个人医疗记录。

（五）隐私问题

无一例外，在隐私问题上，每个网站都提供了一个跳转到隐私政策页面的链接。其中，6家服务提供者的网站提供了超过3页的文档。有7个网站声称其会制定保护措施以减低未经授权查阅消费者个人资料的风险。在这7个网站中，有3个网站就此提出了具体措施（见表3-4）。在所有提及的措施中，有关于对员工进行培训的计划，以便让他们更加意识到保护隐私的重要性（2个网站有所提及）。也有雇佣隐私官（A Privacy Officer）的措施。隐私官专门负责制定、培训和监督实施和执行保护消费者个人健康信息的政策和程序（1个网站有所提及）。此外，每个网站都附有声明，说明在某些情况下，消费者的个人健康信息可能会根据联邦或州法律而向公共机构披露。

（六）个人健康数据的使用

尽管措辞不同，每个网站都在其知情同意书或隐私政策文本中提及了对于消费者个人健康数据的使用问题。4家网站表示，除非获得消费者的进一步许可，否则其不会出售消费者的任何信息。2家公司表示，它们可以出于非商业目的而重新利用或与其他机构共享消费者的个人信息，无须消费者进一步许可。一些服务提供者在关于"信息"的说明中，区分了可识别信息和去身份识别信息，并对不同类别的信息采取了不同的处理策略。例如，3家公司表示，服务提供者可能会在未经消费者允许的情况下，出于商业或非商业目的进一步重新利用或共享识别健康信息。而另外两家公司表示，它们将不会出于直接营销的目的而出售或使用任何其他公司、组织的身份信息。

表 3-4 **DTC 远程遗传咨询服务提供者针对隐私问题提出的保护措施**

服务提供者类别	是否针对患者隐私问题设置了具体的保护措施	举 例 说 明
商业公司类	6 个网站中有 5 个网站说明了具体措施	"本网站采用了先进的技术（通过 SSL 证书提供加密），旨在保障您关于知情医疗决定的所有互动。"　["This site employs advanced technology（encryption provided through an SSL certificate）which aims to secure all of your interactions with informed medical decisions."] — https：//informeddna. com/terms-conditions/ "为了向我们的客户提供服务，我们将对您的受保护的健康信息（protected health information）设置访问限制。只有需要访问的工作人员可以访问。我们已建立并维持适当的物理、电子和程序保障措施，以保护您受保护的健康信息免遭未经授权的使用或披露。我们培训所有员工保护您受保护的健康信息。我们还有一名隐私官，全面负责制定、培训和监督隐私政策和程序的实施和执行，以保护您受保护的健康信息免遭不适当的访问、使用和披露。"　["We restrict access to your PHI to those workforce members who need access in order to provide services to our clients. We have established and maintain appropriate physical, electronic and procedural safeguards to protect your PHI against unauthorized use or disclosure. We train all workforce members on protecting your PHI. We also have a Privacy Officer, who has overall responsibility for developing, training and overseeing the implementation and enforcement of policies and procedures to safeguard your PHI against inappropriate access, use and disclosure."] — https：//www. genomemedical. com/privacy/

续表

服务 提供者 类别	是否针对患者隐 私问题设置了具 体的保护措施	举 例 说 明
非商业 组织类	4 个网站中有 2 个网站说明了具 体措施	"我们只会在法律允许的情况下使用和披露您的个人健康信息（'PHI'）……我们会培训我们的员工关于隐私保护的内容，并尊重您 PHI 的机密性。" ［"We will only use and disclose your personal health information（"PHI"）as allowed by law…We train our staff and work force to be sensitive about privacy and to respect the confidentiality of your PHI."］ —https：//www. pennmedicine. org/for-patients-and-visitors/patient-information/hipaa -and-privacy/hipaa-notice-of-privacy-practices

三、讨论与分析

我们的研究表明，DTC 远程遗传咨询服务产业仍处于初级阶段。目前，通过 Google 搜索引擎进行检索，只能够确定有 4 家公司明确提供 DTC 远程遗传咨询服务。虽然对于未来使用 DTC 远程遗传咨询服务进行遗传咨询和基因组测序服务的流行程度难以估量，但现有的几个特征皆表明它具有巨大潜力。例如，这些遗传咨询服务符合当前向个性化和定制化医疗的转变，也符合人们关注个人需求、视自己为独特个体的倾向。此外，随着信息通信技术的发展，服务型的线下实体机构逐渐向线上转型。通过线上方式直接开通与遗传学专业相关研究者的沟通渠道也成为可能。这都使这项极为专业的咨询服务不再受地理位置的限制。这亦可能有助于加强健康宣传，提高大众对遗传疾病的认识，并提高对接受 DTC 基因检测消费者的后续专业服务能力。此外，在价格方面，这些服务均价不超过几百美元，容易吸引广泛的消费者群体。

此外，我们的研究确定了监管机构应当紧急解决的几个法律和政策问题。首先，DTC 遗传咨询服务提供者通常将基因检测和相关基因组研究宣传为一种先进的、改良的和革命性的健康管理方法。现有文献表明，DTC 营销模式下，销售者的广告文字往往会对相关技术作出夸大宣传，其可能会使消费者对尖端技术（如干细胞）的临床成熟度造成误解。根据我们的研究发现，关于远程遗传咨询服务的广告也有类似的趋势。除了诊断遗传性疾病以外，远程遗传咨询服务商业公司还会提供常见疾病的风险评估，并且会在其咨询服务中为消费者推荐量身定制的治疗和积极的健康建议。例如，Invitae 公司在其网站上宣称："基因洞见可以改变一切。"（"Genetic insights can change everything."）然而，现有的研究已经表明，目前尚没有足够的科学证据支持使用基因检测信息以评估常见疾病的风险，以及可用于制定预防疾病的个性化健康建议。因此，任何关于远程遗传咨询服务会产生量身定制的健康干预措施和个性化医疗的陈述和评价，都没有充足科学依据，且会误导消费者对基因测试或基因组学研究临床有效性的认识。

尤其，我们的研究发现，服务提供者在其网站上关于远程遗传咨询的描述是不平衡的——相关描述都十分正面、积极。比如，DTC 远程遗传咨询服务的益处都是通过"及时的""灵活的""低价的"等吸引人的术语，以一种绝对的口吻呈现出来。相比之下，只有 1 个网站提及在遗传咨询服务中使用远程医疗的风险和局限性。其指出远程遗传咨询服务可能导致未经授权的第三方无意访问个人健康信息和隐私被侵犯等问题。然而，就目前的情况来看，即使消费者意识到滥用个人健康数据的风险和隐私问题，服务提供者也没有向消费者提供充分保护其个人基因组信息的有效措施。近年来，随着媒体和学者不断呼吁，大众对 DTC 基因检测中用户隐私保护的关注度日益增加。因而，在 DTC 远程遗传咨询服务领域，隐私保护仍是一个急需研究和探讨的问题。

值得一提的是，本研究并没有发现商业和非商业提供者处理隐私的方式有显著差异。研究显示，5 个网站（样本总数的一半）的隐私政策允许服务提供者在不征求消费者同意的情况下，使用并与其他实体（如开源数据库）共享消费者的健康信息。尽管有 2 家服务提供者声明它们不会分享或出售消费者的身份信息，但这并没有消除关于去身份识别信息的隐私泄露潜在风险。毕竟，有血缘关系的亲属会拥有相似的基因组序列，在这种情况下，消费者的去身份识别化的基因信息可以通过一个相对简单的过程被重新识别。最近发生在美国的金州杀手案（Golden State Killer Case）也说明了通过开源基因数据库根据某人亲属的 DNA 样本来确定某人的基因信息的可行性。

另一个相关的风险在于一些消费者会把含有其他人基因信息的生物样本交由

这些公司或机构进行检测，试图获取他人的基因或遗传信息。① 这就要求服务提供者必须保证严格地确认消费者身份。事实上，在线身份认证这一问题与各种线上服务都相关，在线约会网站就是一个例子。目前，已经发展出有不少方式来应对这一挑战。例如，服务提供者可以将消费者提供的个人信息与政府机构提供的记录进行比较，以核对信息；或是要求消费者通过手机短信发送的数字验证码登录网站；网站也可以要求消费者提供身份证或驾驶证等身份证明文件。在条件允许的情况下，服务提供者还可以使用生物识别技术，如指纹、声纹或视网膜扫描等方式来确认消费者身份。

据前所述，大多数 DTC 远程遗传咨询服务供应者（样本中占比十分之九）位于美国，受美国 HIPAA 管理。因此，消费者个人健康信息的合理披露和使用都受到一定程度的法律监管。但是，剔除消费者个人身份识别信息后的非身份识别信息并不受 HHS 制定的《个人识别健康信息隐私标准》（*Standards for Privacy of Individually Identifiable Health Information*）及隐私规则（Privacy Rule）的约束。因此，即使远程遗传咨询服务提供者根据相关的隐私保护规则或法定标准，承诺不出售或分享包括遗传信息在内的可识别的个人健康信息，消费者的健康隐私也可能由于被重新识别的风险而无法得到隐私保护规则或法定标准的充分保障。

此外，我们的研究显示，有几家 DTC 远程遗传咨询服务提供者不仅为遗传病患者和医生提供遗传咨询和基因组服务，而且还为企业、保险公司等商业主体提供服务。这意味着，如果没有有效的监管框架，那么远程遗传咨询服务可能会使一些商业主体能够利用从患者、医生或企业雇主那里收集的数据集，轻松地检索其客户或其亲属的个人健康信息。个人基因信息的泄露可能导致在保险领域发生遗传歧视的风险增加。例如，美国《基因信息非歧视法案》（*Genetic Information Nondiscrimination Act*）的出台，就是为了防止保险公司索取个人的基因信息。但是该法案仅适用于健康保险，并不适用于人寿保险和伤残保险等其他类型的保险，因此，如果没有适当的监管框架，DTC 远程遗传咨询服务的发展可能会影响消费者获得保险的机会，并可能在保险市场引起关于对"合理"

---

① Jennifer Cacchio, "What You Don't Know Can Hurt You: The Legal Risk of Peering into the Gene Pool with Direct-to-consumer Genetic Testing", *University of Missouri-Kansas City Law Review* 87, 2018, p. 219.

和"公平"问题的关注。

由于任何人都可以通过互联网访问远程遗传咨询相关公司的服务，当跨境数据流动和传输发生时，数据隐私和安全面临越来越大的泄露风险。值得注意的是，目前已有一些跨国协议可以用来解决个人数据保护问题。例如，2016 年，美国商务部（the United States Department of Commerce）和欧盟委员会（European Commission）制定了欧盟-美国隐私保护框架（EU-US Privacy Shield）。然而，对于在美国的企业和公司来说，该框架并不具有强制性。且欧洲法院已于 2020 年 7 月宣布该框架无效。① 本研究所收集的所有远程遗传咨询服务提供者亦没有加入该框架。而在国际层面，目前也并没有建立严格的数据隐私保护制度，这使得国际远程遗传咨询服务所面临的隐私保护问题更加严重。

① Court of Justice of the European Union，"The Court of Justice Invalidates Decision 2016/1250 on the Adequacy of the Protection Provide by the Eu-us Data Protection Shield"，https：//Curia. europa. eu/jcms/upload/docs/application/pdf/2020-07/cp20009/en. pdf，Jure 21，2021.

挑战四：医疗旅游对前沿生物技术临床应用监管的挑战

医疗旅游（"健康旅游"）是全球医疗保健商业化的表现。跨国医疗旅行并不是什么新鲜事。过去医疗旅游多是发展中国家的患者前往医疗水平先进的发达国家或地区，寻求在其本国无法开展的临床治疗或是获取没有批准上市的药物。但近年来，一些发展中国家医疗水平发展迅速，且相较于发达国家，它们可以提供效率更高、费用低且同样优质的医疗服务。同时，随着互联网通信技术的迅猛发展，市场上出现越来越多基于互联网的医疗服务公司或中介公司。它们将患者与国际医疗机构联系起来，通过网络的信息交流，帮助患者联系所需的医生或专科专家，预订机票和住宿，帮助患者完成医疗治疗，并顺带安排旅游观光。

实践中，为了吸引患者前往就医，医疗旅游服务机构会着重强调其提供的医疗服务质量。通常，它们会采用发达国家对医疗设施的许可标准和医疗人员专业的培训来展现其国际医疗水准。此外，医疗机构也会争取国际医疗资质认证，例如，以国际联合委员会（Joint Commission International，JCI）的金标认证来规范其医疗服务流程。目前，已经有超过一千家位于亚洲、欧洲、中东、加勒比海和南美洲的医疗机构和组织获得 JCI 的金标认证。近几年，不少医疗中心也与世界知名的医疗机构合作，表现出医疗旅游产业发展的新动向。例如，2016 年，迪拜美国医院（American Hospital Dubai）成为美国梅奥诊所网络（Mayo Clinic Care Network）在中东的第一个合作者。① 印度沃克哈特医疗集团（Wockhardt Hospitals）是印度最著名的医疗保健连锁机构之一，其与美国哈佛国际医疗集团

---

① Mayo Clinic Care Network，"Proud Member of Mayo Clinic Care Network"，https：//www.ahdubai.com/mayo-clinic-care-network，March 6, 2021.

（Partners Harvard Medical International） 保持长期合作，致力于让本国患者获得与哈佛顶尖的医疗水准一样的医疗技术与服务。① 沃克哈特医疗集团在印度的主要竞争对手是阿波罗医院集团 （Apollo Hospitals Enterprise Limited），其与约翰霍普金斯国际医药公司 （Johns Hopkins Medicine） 合作。②

对于发展中国家，推进医疗旅游产业的发展对本国经济会产生一定的积极影响。亚洲国家，例如，马来西亚、泰国，以及上文提到的印度，都制订和实施了吸引外国患者的政策和计划，建成了许多世界级的医疗中心。以泰国为例，泰国医疗旅游业在 2013 年创造了约 6.2 亿美元的收入，较 2010 年 （约 3.4 亿美元） 相比，收入上涨 20%，成为世界上主要的医疗旅游目的地国家。③ 同时，医疗旅游业的发展也引来很多担忧。首先，对于医疗旅游目的国来说，由于其医疗体系本身存在医疗资源分配不均、医疗不公平等不足之处，医疗旅游产业会加剧其公共医疗资源的进一步缺乏与分配失衡。④ 而对于医疗旅游输出国，医疗行为的安全性以及特殊治疗的伦理、法律监管 （例如，与人工辅助生殖有关的治疗等） 等成为主要问题。特别是对于前沿的生物医学临床应用，例如，细胞治疗、基因疗法等，不同国家的法律和监管机制存在差异，导致很多在本国无法开展的相关治疗可以在其他国家或地区进行。这些创新型疗法由于不具备临床有效性和安全性的认证，存在巨大风险。如果贸然使用，会给患者带来身体、精神和金钱上的巨大损失，同时给旅游输出国的医疗体系带来额外经济负担。因此，如何规范与遏制这种跨国的非法医疗行为成为一个全球性难题。下文将以干细胞旅游 （Stem Cell Tourism） 为例，探讨相关的法律监管问题和法律应对策略。

---

① Wockhardt Hospitals, "About Wockhardt", https：//sobo. wockhardthospitals. com/about-wockhardt/, March 6, 2021.

② The Economic Times, "Apollo Group Ties with J Hopkins", https：//economictimes. indiatimes. com/apollo-group-ties-with-j-hopkins/articleshow/1316882. cms？ from = mdr, March 6, 2021.

③ Hamid Beladi et al. , "Does Medical Tourism Promote Economic Growth？ A Cross-Country Analysis", *Journal of Travel Research* 58, 2019, pp. 121-135.

④ Y Y Brandon Chen, Colleen M Flood, "Medical Tourism's Impact on Health Care Equity and Access in Low- and Middle-Income Countries：Making the Case for Regulation", *Journal of Law, Medicine and Ethics* 41, 2013, pp. 286-300.

实例研究：干细胞旅游

前文已经讨论过，干细胞研究的相关临床应用效果常被干细胞医疗机构吹捧得过于乐观，导致患者对干细胞研究的临床应用疗效期望过高。① 的确，干细胞研究已取得了一些重大进展（如，经诱导多能干细胞的问世）②，但在世界各国，目前实际获批可以用于临床治疗的干细胞疗法或制剂极少。③ 对那些已经应用于临床试验的干细胞治疗，其有效性与安全性也需要数年或数十年的时间去评估。④ 然而，尽管没有证据支持它们的使用，但在全球范围内，利用前沿的干细胞研究及其相关的内容进行炒作宣传，打着临床试验的名目，实施未经证实安全有效的干细胞疗法的医疗或保健服务机构数量激增。这些尚未被科学证明的干细胞疗法通常在私人机构开展，以高昂的价格提供给患者，⑤ 并且其会选择在缺乏

① Matthew D Li, Harold Atkins, Tania Bubela, "The Global Landscape of Stem Cell Clinical Trials", *Regenerative Medicine* 9, 2014, pp. 27-39; Stem Cell Network, "Stem Cell Hype and the Dangers of Stem Cell 'Tourism'", http：//www. stemcellnetwork. ca/uploads/File/whitepapers/Stem-Cell-Hype. pdf, March 6, 2021; Karen Martell, Alan Trounson, Elona Baum, "Stem Cell Therapies in Clinical Trials：Workshop on Best Practices and the Beed for Harmonization", *Cell Stem Cell* 7, 2010, pp. 451-454.

② Kazutoshi Takahashi, Shinya Yamanaka, "Induction of Pluripotent Stem Cells from Mouse Embryonic and Adult Fibroblast Cultures by Defined Factors", *Cell* 126, 2006, pp. 663-676.

③ Ubaka Ogbogu, Christen Rachul, Timothy Caulfield, "Reassessing Direct-to-consumer Portrayals of Unproven Stem Cell Therapies：Is It Getting Better? ", *Regenerative Medicine* 8, 2013, pp. 361-369; Matthew D Li, Harold Atkins, Tania Bubela, "The Global Landscape of Stem Cell Clinical Trials", *Regenerative Medicine* 9, 2014, pp. 27-39.

④ Irving Weissman, "Stem Cell Therapies Could Change Medicine… If They Get the Chance", *Cell Stem Cell* 10, 2012, pp. 663-665; Andras Nagy, Susan E Quaggin, "Stem Cell Therapy for the Kidney：A Cautionary Tale", *Journal of the American Society of Nephrology* 21, 2010, pp. 1070-1072; Aaron D Levine, Leslie E Wolf, "The Roles and Responsibilities of Physicians in Patients' Decisions about Unproven Stem Cell Therapies", *Journal of Law, Medicine and Ethics* 40, 2012, pp. 122-134.

⑤ Darren Lau et al. , "Stem Cell Clinics Online：The Direct-to-consumer Portrayal of Stem Cell Medicine", *Cell Stem Cell* 3, 2008, pp. 591-594; Ubaka Ogbogu, Christen Rachul, Timothy Caulfield, "Reassessing Direct-to-consumer Portrayals of Unproven Stem Cell Therapies：Is It Getting Better? ", *Regenerative Medicine* 8, 2013, pp. 361-369; Timothy Caulfield, "Should We Call It Fraud?", *Hastings Center Report* 42, 2014, p. inside-back.

严格监管的司法管辖区开展业务。① 寻求干细胞治疗的患者中的一部分是患有危重疾病或者罕见病，且采用目前医疗手段无法得到有效救治的病人。他们通过干细胞诊所网站的宣传，往往抱以最后的希望，以"赌博"的心态前往接受治疗。当患者所在地没有提供这类干细胞治疗的诊所时，他们会从自己的所在国家或地区去另一个国家或地区接受干细胞治疗，这种现象被称为干细胞旅游（Stem Cell Tourism）。②

干细胞旅游是医疗旅游的一种，但其重要特点在于，旅游目的国提供的干细胞疗法通常是未经证实或在患者本国法律禁止开展的治疗。因此，此类跨国进行的干细胞旅游带来了许多问题。一方面，干细胞旅游可能会为患者增添重大的经济负担，③ 亦可能会对患者身体健康造成不利后果。④ 近年来，已经有不少高额干细胞治疗失败的例子出现在新闻报道中。2016 年，《纽约时报》记者吉娜·科拉塔（Gina Kolata）发表了《干细胞旅游的警示故事》（*A Cautionary Tale of "Stem Cell Tourism"*）的新闻调查。报道中讲述了患者吉姆·加斯（Jim Gass）

---

① Darren Lau et al. , "Stem Cell Clinics Online: The Direct-to-consumer Portrayal of Stem Cell Medicine", *Cell Stem Cell* 3, 2008, pp. 591-594; Ubaka Ogbogu, Christen Rachul, Timothy Caulfield, "Reassessing Direct-to-consumer Portrayals of Unproven Stem Cell Therapies: Is It Getting Better?", *Regenerative Medicine* 8, 2013, pp. 361-369; Doug Sipp, "The Rocky Road to Regulation", https://www.nature.com/articles/stemcells.2009.125#citeas, March 6, 2021.

② Aaron D Levine, Leslie E Wolf, "The Roles and Responsibilities of Physicians in Patients' Decisions about Unproven Stem Cell Therapies", *Journal of Law, Medicine and Ethics* 40, 2012, pp. 122-134; Zubin Master, Ubaka Ogbogu, "Editorials (Stem Cell Tourism in the Era of Personalized Medicine: What We Know, and What We Need to Know)", *Current Pharmacogenomics and Personalized Medicine* 10, 2012, pp. 106-110.

③ Darren Lau et al. , "Stem Cell Clinics Online: The Direct-to-consumer Portrayal of Stem Cell Medicine", *Cell Stem Cell* 3, 2008, pp. 591-594; Zubin Master, Ubaka Ogbogu, "Editorials (Stem Cell Tourism in the Era of Personalized Medicine: What We Know, and What We Need to Know)", *Current Pharmacogenomics and Personalized Medicine* 10, 2012, pp. 106-110.

④ Zubin Master, Ubaka Ogbogu, "Editorials (Stem Cell Tourism in the Era of Personalized Medicine: What We Know, and What We Need to Know)", *Current Pharmacogenomics and Personalized Medicine* 10, 2012, pp. 106-110; Ferris Jabr, "Dangers of Untested Stem Cell Cosmetics", https://www.scientificamerican.com/article/stem-cell-cosmetics/, March 6, 2021; Bruce H Dobkin, Armin Curt, James Guest, "Cellular Transplants in China: Observational Study from the Largest Human Experiment in Chronic Spinal Cord Injury", *Neurorehabilitation and Neural Repair* 20, 2006, pp. 5-13; David Cyranoski, "Korean Deaths Spark Inquiry", *Nature* 468, 2010, p. 485.

的经历。吉姆·加斯由于中风而长期半身瘫痪，为寻求治愈，他先后在位于墨西哥、中国和阿根廷的诊所接受了干细胞治疗，试图从脑卒中后遗症中恢复正常。他付出了高额的治疗费，每次治疗花费都在上万美金，几次治疗的总费用达 30 万美元。然而，他的症状并没有改善，并且后来他的脊椎下方长出了一个巨大肿块。更令人惊奇的是，经过组织活检，医生发现该肿块是来自别人的细胞，而非吉姆·加斯本人。①

另一方面，干细胞旅游行为也可能会对患者所在国的卫生保健系统造成负担。这种负担不仅包括患者所在国卫生保健机构需为患者进行后续治疗的经济负担，还包括对患者所在国有关禁止非法干细胞疗法的态度和立场造成负面影响。② 英国广播公司（British Broadcasting Corporation，BBC）记者朱尔斯·蒙塔古（Jules Montague）2019 年发表的一篇专门关于非法干细胞治疗的调查显示，过去一年中，在美国至少有 17 名患者在接受脐带血注射后住院治疗。患者大多在骨科、整脊（Chiropractic）和疼痛等诊所进行治疗。主要的治疗方式是在脊椎、膝盖和肩部直接局部注射脐带血干细胞制剂。③ 美国疾病控制中心（Centers for Disease Control and Prevention，CDC）证实这些患者是因接受未经批准的干细胞疗法后发生细菌感染而收治入院。因此，从保护患者的健康利益和社会医疗资源的角度考虑，干细胞旅游必须得到规制。然而，由于干细胞旅游是一个涉及跨国的医疗产业，这给相关国家有效监管带来了巨大的挑战。

一、干细胞旅游的法律监管

一般情况下，干细胞疗法的提供者会在缺乏有效监管或缺乏违法执行力度的

---

① Gina Kolata, "A Cautionary Tale of 'Stem Cell Tourism'", https://www.nytimes.com/2016/06/23/health/a-cautionary-tale-of-stem-cell-tourism.html, March 6, 2021.

② Andras Nagy, Susan E Quaggin, "Stem Cell Therapy for the Kidney: A Cautionary Tale", *Journal of the American Society of Nephrology* 21, 2010, pp. 1070-1072; Aaron D Levine, Leslie E Wolf, "The Roles and Responsibilities of Physicians in Patients' Decisions about Unproven Stem Cell Therapies", *Journal of Law, Medicine and Ethics* 40, 2012, pp. 122-134.

③ Jules Montague, "The 'Unwarranted Hype' of Stem Cell Therapies", https://www.bbc.com/future/article/20190819-the-unwarranted-hype-of-stem-cell-therapies-for-autism-ms, March 6, 2021.

司法管辖区开展业务。① 并且，它们主要是依赖网络直接向消费者宣传和推销相关治疗，即采用直接面向消费者（Direct-to-Consumer，DTC）营销模式，导致很难对这些诊所进行常规追踪和检查。而不同司法管辖区之间相关法律制度的差异，致使跨国协同监管障碍重重。②

在国际法层面，目前还没有形成专门规范干细胞旅游的国际条约。由干细胞科学家和法律、伦理学家共同组成的国际非营利性组织：国际干细胞研究学会（International Society of Stem Cell Research，ISSCR）专门致力于推动干细胞研究和临床应用以及相关伦理、社会问题讨论。其宗旨之一是促进达成国际间认同的干细胞研究和相关临床治疗的规范性指导文件。例如，ISSCR 于 2016 年发布、2021 年修订了《干细胞研究和临床转化指南》（*Guidelines for Stem Cell Research and Clinical Translation*）。根据该指南要求，各国政府和监管机构在审批干细胞疗法时，应保持严格的审查途径，以确保基于干细胞的产品符合循证医学的最高标准。对于已经进入获批的常规或商业临床应用的干细胞疗法，监管机关也应密切跟踪其有效性和安全性（第3.5条）。③

然而，ISSCR 发布的指南仅具有建议和参考作用，不具有法律强制力。各国仍是通过专门立法或适用现有法规来规范干细胞治疗。例如，德国、捷克等极少数国家进行了专门的干细胞立法以规范干细胞研究的临床应用。而大部分国家都没有关于干细胞的专门立法。其主要是适用现有相关法律来监管干细胞疗法的临床应用。例如，英国、加拿大、意大利、新西兰、日本等国采用辅助生殖立法来规范干细胞治疗；智利、芬兰、荷兰、澳大利亚适用克隆相关法规来规制干细胞

① Doug Sipp, "The Rocky Road to Regulation", https：//www. nature. com/articles/stemcells. 2009. 125#citeas, March 6, 2021; Sorapop Kiatpongsan, Douglas Sipp, "Monitoring and Regulating Offshore Stem Cell Clinics", *Science* 323, 2009, pp. 1564-1565.

② I. Glenn Cohen, "Protecting Patients with Passports：Medical Tourism and the Patient Protective-Argument", *Iowa Law Review* 95, 2010, pp. 1467-1568; Zubin Master, David B Resnik, "Stem-cell Tourism and Scientific Responsibility", *European Molecular Biology Organization Reports* 12, 2011, pp. 992-995.

③ International Society for Stem Cell Research, "ISSCR Guidelines for Stem Cell Research and Clinical Translation 2021 Update, 3. 5 Unproven Stem Cell-based Intervention and Medical Innovation", https//www. isscr. org/policy/guideline-for-stem-ceu-research-and-clinical-translation/section/part 3/part 35, June 23, 2021.

临床应用；乌克兰、泰国和阿根廷则采用人体器官移植法规来规范干细胞治疗。① 但是，仍然有很多国家没有可适用的法规来监管干细胞临床治疗，例如，位于拉丁美洲和加勒比海沿岸的国家，导致这些国家成为热门的干细胞旅游目的国，每年吸引大量患者前往接受未经验证的干细胞治疗。

二、法律应对策略

为应对干细胞旅游的扩张，各国干细胞学者、卫生法和生命伦理专家都在积极探索可行的方案来遏制这一跨境非法干细胞治疗产业。基于前期研究，下文将重点讨论两个应对方式：一是通过医务人员职业法律规范来限制医务人员提供未经科学验证的干细胞疗法；二是通过真实广告的相关立法遏制有关干细胞疗法的虚假宣传及销售，间接规制非法干细胞旅游的开展。

（一）建立严格的医务人员职业规范法规

医务人员在干细胞旅游中扮演着重要的角色。在疾病诊疗过程中，医务人员可能会建议本国的患者去其他国家或地区接受未经科学验证的干细胞疗法。② 因此，为监管干细胞旅游现象，遏制非法干细胞治疗的跨境服务，应当对这类承担特定义务的医务人员进行规范管理。对医务人员提供未经验证的干细胞疗法的不道德行为予以法律制裁。③ 在一定程度上，建立严格的医务人员职业规范制度，亦会对相关医务人员起到潜在的威慑作用。④

通过分析几个不同司法管辖区对于医疗保健服务提供者的规范制度，可以发现虽然不同的制度框架之间存在差异，但仍有一些共同的特点。这些共同点的存在亦可能有助于在此领域开展国际合作，实现有效的国际监管。而相应的国际合

---

① Nishakanthi Gopalan, Siti Nurani Mohd Nor, Mohd Salim Mohamed, "Global Human Embryonic Stem Cell Laws and Policies and Their Influence on Stem Cell Tourism", *Biotechnology Law Report* 37, 2018, pp. 255-269.

② Amy Zarzeczny et al., "Professional Regulation: A Potentially Valuable Tool in Responding to 'Stem Cell Tourism'", *Stem Cell Reports* 3, 2014, pp. 379-384.

③ Amy Zarzeczny et al., "Professional Regulation: A Potentially Valuable Tool in Responding to 'Stem Cell Tourism'", *Stem Cell Reports* 3, 2014, pp. 379-384.

④ Amy Zarzeczny et al., "Professional Regulation: A Potentially Valuable Tool in Responding to 'Stem Cell Tourism'", *Stem Cell Reports* 3, 2014, pp. 379-384.

作也将有利于就规范医务人员行为的法律和伦理规范形成更强的共识，更好地应对干细胞疗法提供者将其服务转移到监管较弱的司法管辖区的问题。①

1. 不同司法管辖区监管框架

对于医务人员的监管，不同司法管辖区有着不同的规范管理制度。比如，一些国家要求医务人员进行自我监管，而在另一些国家，医务人员的行为则需要在政府实施的监管框架下进行。但无论相关的法规如何规定，这些监管制度通常都会对医务人员必须遵守的各种义务进行规定，包括对各类不当医疗行为进行投诉及指控；对医务人员启动相应的调查程序；以及如果发现医务人员违反医疗义务，其可能面临的制裁类型。下文将考察中国、墨西哥、印度、美国佛罗里达州和加利福尼亚州对医务人员的管理和监督制度，分析如何将这些不同的法律框架应用于监管提供未经证实的干细胞疗法的医务人员。之所以选择这些国家和地区，是因为现有的研究提示中国、墨西哥、印度和美国部分州都存在开展未经证实的干细胞疗法的诊所。② 此外，还有一些国际干细胞疗法服务提供者在美国设有行政办公室，目的是将患者转诊到其他国家接受干细胞治疗。③

（1）中国

在中国，目前由中国国家卫生健康委员会（以下简称国家卫健委，于 2018 年组建）负责管理所有与人类健康和安全有关的问题，包括国家层面的健康教育和服

---

① Robert Mendick, "Stem Cell Clinic that 'Preyed on the Vulnerable'", https://www. telegraph. co. uk/news/health/news/9192157/Stem-cell-clinic-that-preyed-on-the-vulnerable. html, March 6, 2021; Susan Berfield, "CellTex Says It's Moving Its Stem Cell Business to Mexico", https://www. bloomberg. com/news/articles/2013-01-31/celltex-says-its-moving-its-stem-cell-business-to-mexico, March 6, 2021.

② Aaron D Levine, Leslie E Wolf, "The Roles and Responsibilities of Physicians in Patients' Decisions about Unproven Stem Cell Therapies", *Journal of Law, Medicine and Ethics* 40, 2012, pp. 122-134.

③ Aaron D Levine, Leslie E Wolf, "The Roles and Responsibilities of Physicians in Patients' Decisions about Unproven Stem Cell Therapies", *Journal of Law, Medicine and Ethics* 40, 2012, pp. 122-134; Alan C Regenberg et al., "Medicine on the Fringe: Stem Cell-based Interventions in Advance of Evidence", *Stem Cells* 27, 2009, pp. 2312-2319; Darren Lau et al., "Stem Cell Clinics Online: The Direct-to-consumer Portrayal of Stem Cell Medicine", *Cell Stem Cell* 3, 2008, pp. 591-594; Zubin Master, Ubaka Ogbogu, "Editorials (Stem Cell Tourism in the Era of Personalized Medicine: What We Know, and What We Need to Know)", *Current Pharmacogenomics and Personalized Medicine* 10, 2012, pp. 106-110.

务、医疗机构及人员等。国家卫健委，由国家卫生和计划生育委员会（前身为中华人民共和国卫生部、人口和计划生育委员会）改革而来。在国家卫健委的中央管理下，各地方有省级到县级的各级卫健委机构，负责本行政区域内医务人员执业的管理工作。2012 年，黄清华研究员在《科技导报》上发表的一项调查显示，中国医疗机构实施的干细胞治疗大多未获国家卫生行政部门批准，因此许多干细胞疗法被认为是违法开展的。①

根据《中华人民共和国执业医师法》的相关规定（以下简称《执业医师法》），中国医务人员提供未经证实的干细胞疗法将面临相应的法律责任。例如，《执业医师法》第 37 条规定，如医务人员在执业活动中，存在不当行为，则县级以上人民政府卫生行政部门有权对其予以警告或责令其暂停 6 个月以上 1 年以下执业活动；情节严重的，应当吊销其执业证书；如构成犯罪，应当依法追究其刑事责任。具体的不当行为包括：医务人员进行违反卫生行政规章制度或者技术操作规范所禁止的治疗，而造成严重后果；医务人员未尽到职责义务，而造成医疗责任事故；医务人员使用未获批准的药物；医务人员未经患者或其家属同意，而对患者进行实验性临床医疗；发生医疗事故，但未按照规定报告。

此外，依据《医疗纠纷预防与处理条例》第 11 条，医疗机构及其医务人员在医疗活动中，需依据其医疗技能开展相适应的医疗行为，保障医疗安全，降低医疗风险。如果医务人员提供的干细胞治疗不符合卫生主管部门制定的有关医疗技术临床应用的相关管理规定，对患者造成人身伤害的，依据《医疗事故处理条例》，此类伤害将构成医疗事故。卫生行政部门将根据医疗事故等级和情节，对医疗机构施以惩罚，例如，警告、责令限期改正或吊销其营业执照等；对负有责任的医务人员将会依照刑法关于医疗事故罪的规定，依法追究其刑事责任；尚不够刑事处罚的，依法给予行政处分或者纪律处分。

（2）印度

在印度，对医务人员的执业监管由国家和各州政府共同承担。国家层面，具有独立法律地位的自治机构——印度医学委员会（Medical Council of India）为医务人员制定道德、职业行为及礼仪的相关标准［例如，《印度医学委员会法》(*The Indian*

---

① 黄清华：《治理中国"干细胞治疗"乱象》，载《科技导报》2012 年第 25 期。

Medical Council Act，*1956*）第 20A 条，对于职业行为的规范（Professional Conduct）]。① 同时，该机构还负责全国范围内所有持有执照的执业医务人员的电子数据库建立与维护，管理全国医学教育。各州也设立医学委员会，建立州级医疗登记制度，并由州医学委员会负责对州内针对医务人员的投诉进行调查。②

依据《印度医学委员会法》的规定，印度医学委员会（Indian Medical of India）有权制定规范，以管理医务人员的表现与行为。根据印度医学委员会制定的《（职业行为、礼仪和伦理）条例》 ［（*Professional Conduct*，*Etiquette and Ethics*）*Regulations*，*2002*］，医务人员具有一些普遍的义务。③ 比如，医生开展的治疗行为必须有科学基础（第 1.2.1 条）；医生个人的经济利益不得与病人的医疗利益相冲突，其有义务尊重医疗专业的职业操守等（第 1.8 条）。除了个别例外情况，医务人员不得通过自己的影响对患者做广告（第 6.1.1 条）。而且，医务人员不能从转诊服务、手术及其他治疗的过程中获得任何好处（第 6.4.1 条）。此外，进行任何没有医学和外科指征的非法手术将构成不当行为（第 7.9 条）；同时，违反印度医学研究理事会（Indian Council of Medical Research）的指导方针而进行研究的行为也被视为不当行为的范畴（第 7.22 条）。

除了国家级医学委员会的规定外，一些州级医学委员会也制定了适用于辖区内医务人员的道德规范制度。如，泰米尔纳德邦医学委员会的医疗道德规范（Tamil Nadu Medical Council's Code of Medical Ethics）。各州级医学委员会负责发起纪律调查，并有权警告、暂停或从名册上删除有罪医务人员的名字。④ 例如，

---

① Parliament of India, "The Indian Medical Council Act, 1956", https：//www. indiacode. nic. in/handle/123456789/6821？view_type＝browse&sam_handle＝123456789/2492, March 6, 2021.

② Medical Council of India, "Indian Medical Council（Professional Conduct, Etiquette and Ethics）Regulations, 2002, Chapter 8", https：//wbconsumers. gov. in/writereaddata/ACT％20&％20RULES/Relevant％20Act％20&％20Rules/Code％20of％20Medical％20Ethics％20Regulations. pdf, March 6, 2021.

③ Medical Council of India, "Indian Medical Council（Professional Conduct, Etiquette and Ethics）Regulations, 2002, Chapter 1", http：//wbconsumers. gov. in/writereaddata/ACT％20&％20RULES/Relevant％20Act％20&％20Rules/Code％20of％20Medical％20Ethics％20Regulations. pdf, March 6, 2021.

④ Medical Council of India, "Indian Medical Council（Professional Conduct, Etiquette and Ethics）Regulations, 2002, Chapter 8", http：//wbconsumers. gov. in/writereaddata/ACT％20&％20RULES/Relevant％20Act％20&％20Rules/Code％20of％20Medical％20Ethics％20Regulations. pdf, March 6, 2021.

在瓜加拉特州（Guajarat），古吉拉特邦医疗委员会执行委员会（Executive Committee of the Gujarat Medical Council）可以调查投诉，亦可以对州内医务人员不当行为的指控进行听证并发布制裁。① 对医务人员行为进行调查的程序因州而异，而更高级别的印度国家级医学委员会有权作为权威机构，去调查其下各级医学委员会在收到投诉6个月后仍未能对投诉作出决定，且没有任何充分理由拖延的投诉案件。

（3）墨西哥

墨西哥对于医务人员的管理由联邦卫生部（Ministry of Health）和各州政府共同负责，并与有关教育部门进行职能对接和协调。② 根据墨西哥《通用卫生法》（General Health Act）的规定，"卫生主管部门"（Health Authorities），包括总卫生理事会（The General Health Council）、卫生部（Ministry of Health）和各州政府，有权制裁违反该法规及其相关条例的人员。此外，根据《通用卫生法》及《关于提供保健服务的〈通用卫生法〉的规定》（Regulation of the General Health Act Pertaining to the Provision of Health Care Services，以下简称通用卫生法保健规定）之规定，患者有权获得道德上负责任的护理，且护理过程必须按照科学和道德原则进行（《通用卫生法》第51条；通用卫生法保健规定第9条、第48条）。对于实验性的干细胞疗法，医务人员还负有一些具体的义务。例如，涉及人类的临床研究必须遵循科学和伦理原则，只有在合理保证研究对象不会受到不必要伤害的情况下才能进行，而且研究必须在出现严重伤害、残疾或死亡的风险时停止（《通用卫生法》第100条）。如医务人员违反这一规定，应受到包括罚款在内的具体行政处罚（《通用卫生法》第101条、第419条、第421条），以及包括监禁、暂停执业和追加罚款在内的刑事处罚（《通用卫生法》第101条、第466条）。此外，《通用卫生法》还禁止将人体细胞用于商业用途（《通用卫生法》第327条），如有违反，罚款最高可达同行从业人员每日最低工资的16000倍（《通

---

① Gujarat Medical Council, "Gujarat Medical Council Rules, 1969", http：//www.gmcgujarat. org/actnrules. aspx? id=30, March 6, 2021; Government of Gujarat Legislative and Parliamentary Affairs Department, "Gujarat Medical Council Act, 1967", https：//www. indiacode. nic. in/handle/ 123456789/6048? view_type=browse&sam_handle=123456789/2455, March 6, 2021.

② Congress of the State of Mexico, "General Health Act, 1984, Art. 48", http：//www. diputados. gob. mx/LeyesBiblio/ref/lgs. htm, March 6, 2021.

用卫生法》第 421 条）。

卫生主管部门负责制定申诉程序，以便患者就医疗服务的提供或医务人员的不当行为提出申诉（《通用卫生法》第 54 条；通用卫生法保健规定第 51 条）。如果发现相关机构和医务人员在提供医疗保健服务方面存在违规行为，患者及其他相关人士可向卫生部或其他卫生主管部门进行报告（通用卫生法保健规定第 52 条）。卫生部或其他卫生主管部门将对该违规行为启动调查（通用卫生法保健规定第 54 条），并参考同类的违规行为处罚方式对其采取措施通用卫生法保健规定第 55 条）。根据《通用卫生法》，卫生主管部门有权对违反《通用卫生法》之规定的个人和机构进行处罚（第 416 条）。具体的行政处罚包括训诫、警告、罚款、临时或永久关闭机构等（《通用卫生法》第 417 条；通用卫生法保健规定第 240 条）。如违法者被发现违反某些刑事法律法规，他们亦可能会被停职或解雇［《通用卫生法》第 470 条；《联邦刑法》（*Federal Criminal Code, 1931*）第 228 条①］。

(4) 美国佛罗里达州

佛罗里达州立法机构成立了佛罗里达州医学委员会（The Florida Board of Medicine）负责管理与制定医疗有关的法律规范，监督医务人员的医疗行为，并在必要时对违规医务人员进行纪律处分。对于提供未经证实的干细胞疗法的医务人员，根据佛罗里达州相关法律规定其应承担相应法律责任。例如，依据《佛罗里达州法典》（2020 年版）中，标题 45 "侵权" 项下，第 766 章《医疗事故及相关事项》第 102（1）项（The 2020 Florida Statutes, Title XLV Torts, Chapter 766 Medical Malpractice and Related Maters 102（1））关于医疗事故的规定，若患者因医疗从业者提供的治疗是合理、谨慎的同行医疗保健人员认为不可接受和不合理的治疗，并且造成患者身体伤害或死亡，则该医疗行为构成医疗事故，执行该治疗的医生、护士、诊所将承担侵权责任。② 此外，依据《佛罗里达州法典》（2020 年版），标题 32 "专业及职业规例" 项下，第 458 章医疗行为第 331（1）

---

① National Legislative Bodies, "México：Código Penal Federal, 1931, Art. 228", https：//www. refworld. org/docid/4c502b942. html, March 6, 2021.

② The Florida Legislature, "The 2020 Florida Statutes", http：//www. leg. state. fl. us/Statutes/index. cfm? App_mode = Display_Statute&URL = 0700-0799/0766/Sections/0766. 102. html, March 6, 2021.

项（The 2020 Florida Statutes, Title XXXII Regulation of Professions and Occupations, Chapter 458 Medical Practice 331(1)）的规定，医务人员在医疗行为中需要遵守一系列职业义务，包括禁止宣传虚假、欺骗性或误导性的广告（第458.331(1)(d)条）；有义务保留足够的记录，包括证明治疗过程合理且符合程序（第458.331(1)(m)条）；医疗过程中的所有程序都需要获得知情同意（第458.331(1)(j)条）；禁止在患者不知情且没有签署知情同意书的情形下，开出或进行任何根据医疗实践的普遍标准认为是实验性治疗的处方或疗法（第458.331(1)(u)条）；医务人员不得从事任何推广或销售服务（第458.331(1)(o)条）；不能推广任何药品或被认为可对患者施加影响的药品（第458.331(1)(n)条）；也不得执行其知道超出其执业范围的职责（第458.331(1)(p)条）。①

如患者认为佛罗里达州的医务人员违反了其应尽的义务，患者有权就此进行投诉。相应的卫生主管部门会受理此投诉，并为其作出结案建议、发出紧急命令、继续进行专家审查或提出行政申诉等行动。② 被提出行政申诉的医务人员可以选择对指控提出异议，并进行听证、同意协商并达成协议，包括接受惩罚或自愿放弃行医执照。无论是上述哪一种情况，案件都将交由佛罗里达州医学委员会作最后决定。佛罗里达州医学委员会可以对涉案医务人员实施处罚，如罚款、停职、暂缓执业或吊销行医执照。③

在此领域的一个相关案例是佛罗里达州医生赞诺斯·格雷科斯（Zannos Grekos），其因开展未经证实的干细胞治疗而被吊销行医执照。赞诺斯·格雷科斯是一名佛罗里达州研究干细胞疗法的心血管外科专家。他要求每一位接受他干细胞治疗的病人签署知情同意书，确认了解且自愿承担治疗风险，包括死亡风险。2010年，他的一位患者，69岁的多梅妮卡·菲茨杰拉德（Domenica Fitzgerald）接受了未经验证的干细胞治疗。在将未经过滤的骨髓源性干细胞注入

---

① The Florida Legislature, "Regulation of Professions and Occupations, s. 458.331", http：//www. leg. state. fl. us/statutes/index. cfm? App_mode = Display_Statute&URL = 0400-0499/0458/Sections/0458.331.html, March 6, 2021.

② Florida Health, "Prosecution Services", http：//www. floridahealth. gov/licensing-and-regulation/enforcement/admin-complaint-process/psu. html, March 6, 2021.

③ The Department of State's Administrative Code, Register and Laws Section, "Florida Administrative Code, Rule 64B8-8.001", https：//www. flrules. org/gateway/ruleNo. asp? id=64B8-8.001, March 6, 2021.

大脑动脉后，菲茨杰拉德发生中风，脑部严重受损，几天后在移除生命支持系统后死亡。依据该州调查报告显示，这种干细胞注射几乎不可避免地会堵塞大脑的血管，并导致严重的、极有可能致命的中风。两年后，2012 年 3 月，赞诺斯·格雷科斯从理查德·波林（Richard Poling）腹部采集脂肪，并将其送往诊所外实验室加工分离干细胞。当天下午，他指示助手在诊所将分离加工后的混合物注入病人的血液。在这个过程中，波林心脏骤停。患者在被送往当地医院后经救治无效死亡。① 在一系列的调查后，2013 年，佛罗里达州医学委员会经过投票确定撤销格雷科斯的执照。②

（5）美国加利福尼亚州

加利福尼亚州医疗委员会（The Medical Board of California）是加利福尼亚州消费者事务部（California Department of Consumer Affairs）下辖的众多监管机构之一。它通过发牌司（The Division of Licensing）和医疗质量司（The Division of Medical Quality）两个部门以半自治机制运作。该委员会的使命是依照《医疗实践法》（Medical Practice Act）的相关规定保障公众获得安全的医疗行为。根据《加利福尼亚商业和职业守则》（California Code, Business and Professions Code）（以下简称《商业和职业守则》），该委员会负责向医疗保健服务提供者授予行医执照，并对医疗保健从业者进行管理（第 2000 条至第 2000.1 条）。如果医务人员违反其应遵守的职业道德行为，其将受到相应的纪律处分和刑事处罚（第 2000 条至第 2029 条）。依据《商业和职业守则》，重大疏忽（Gross Negligence）、反复疏忽行为（Repeated Negligent Acts）、不称职（Incompetence）均构成职业不当行为。委员会将根据具体情节拒绝、暂停或吊销构成职业不当行为的医务人员的执照资格（第 4955.2 条）。此外，如果医务人员没有保留足够的医疗记录；做虚假或误导的广告；或过度宣传或做不必要服务的广告，亦可能会受到纪律处分。③

---

① Associated Press, " FDA: Florida Stem Cell Clinic Violates Law ", https: // health. wusf. usf. edu/hnf-stories/2016-02-08/fda-florida-stem-cell-clinic-violates-law, March 6, 2021.

② State of Florida Board of Medicine, "Florida Department of Health v. Zannos G. Grekos. DOH-13-0914-FOF-MQA ", https: //mqa-internet. doh. state. fl. us/MQASearchServices/Document/ MTc4OTQyMTU%3D, March 6, 2021.

③ Cornell Law School, Legal Information Institute, " California Code of Regulations, Section 1363", https: //www. law. cornell. edu/regulations/california/16-CCR-Sec-1363, March 6, 2021.

关于医务人员行为的投诉由医疗质量司受理,① 并根据《商业和职业守则》进行调查（第2225条）。如果该投诉被确认是在技术上违反了法律或法规，则被投诉人可能会被行政传唤，处以包括最高5000美元的罚款②或一封公开的申斥信（第2233条）。但是，如果调查证明确实存在严重违反《医疗实践法》的行为，则该份档案会被移交给司法部长办公室卫生质量执法部门（Health Quality Enforcement Section of the Office of the Attorney General），并将对相关医务人员提出正式指控。③ 被指控的医务人员可以选择通过谈判达成和解，或要求进行行政听证，从而对此作出裁决。该指控的最终裁决由加利福尼亚州医疗委员会宣布，其可以通过裁决或对裁决进行部分修改。加利福尼亚州医疗委员会亦可以对此作出其他的决定。在惩罚层面，如果医务人员确实违反职业道德，则会被处以吊销执照、留观察看、公开训诫等惩罚（第2227条）。

2. 国际治理的可能

基于上文对不同司法管辖区有关医务人员职业法规的梳理，不难发现国家之间对医务人员的职业监管模式有所不同：一些司法管辖区通过自治性的职业委员会机构实现自律监管；另一些司法管辖区则是由政府直接管制。但是，大多数规范框架都设有约束或制裁超出法定职责的医务人员的监管机制。例如，限制或禁止医务人员提供未经证实的干细胞疗法。这些职业监管机制在回应患者投诉或制裁方式方面都具有相当大的灵活性，并能够在个案的基础上，处理不当行为指控。无疑，这些职业监管机制将为干细胞旅游业的混乱现状提供有效的监管途径。④

然而，适用这一方法也难免会存在挑战。原因之一是不同司法管辖区对医务人员的监管机制差异很大。虽然，我们讨论的不同的监管模式中皆包含了医务人

---

① Medical Board of California, "Guide to the Laws Governing the Practice of Medicine, 7th ed, 2013", http：//www. mbc. ca. gov/Download/Publications/laws-guide. pdf, March 6, 2021.

② Medical Board of California, "Guide to the Laws Governing the Practice of Medicine, 7th ed, 2013", http：//www. mbc. ca. gov/Download/Publications/laws-guide. pdf, March 6, 2021.

③ Medical Board of California, "Guide to the Laws Governing the Practice of Medicine, 7th ed, 2013", http：//www. mbc. ca. gov/Download/Publications/laws-guide. pdf, March 6, 2021.

④ Amy Zarzeczny et al. , "Professional Regulation：A Potentially Valuable Tool in Responding to 'Stem Cell Tourism' ", *Stem Cell Reports* 3, 2014, pp. 379-384.

员的基本义务，但义务的内容在不同的管辖区有所不同。例如，在涉及提供实验性的干细胞疗法时，存在一个司法管辖区不可接受，但在另一个司法管辖区则可以在满足一定条件下开展。而且，在不同司法管辖区提出申诉或展开调查的方法也有不同之处，采取的制裁也存在差异。① 此外，在跨国申诉的过程中，患者可能难以在一个具有文化、语言差异或存在地理阻碍②的国家通过其监管系统寻求申诉救济。并且，各国执行现有法规的意愿③和经济能力④因素亦会为患者的跨国申诉带来障碍。

尽管目前的确存在这些挑战，但医务人员的职业规范条例可以被应用于制裁从事提供未经证实的干细胞治疗的医务人员的行为。⑤ 此外，此类职业规范条例的应用将为制定针对干细胞旅游的国际规范起到助推作用，亦会对医务人员行为

---

① Amy Zarzeczny et al., "Professional Regulation: A Potentially Valuable Tool in Responding to 'Stem Cell Tourism'", *Stem Cell Reports* 3, 2014, pp. 379-384.

② Amy Zarzeczny et al., "Professional Regulation: A Potentially Valuable Tool in Responding to 'Stem Cell Tourism'", *Stem Cell Reports* 3, 2014, pp. 379-384.

③ Amy Zarzeczny et al., "Professional Regulation: A Potentially Valuable Tool in Responding to 'Stem Cell Tourism'", *Stem Cell Reports* 3, 2014, pp. 379-384; Doug Sipp, "The Rocky Road to Regulation", https://www. nature. com/articles/stemcells. 2009. 125#citeas, March 6, 2021.

④ María de Jesús Medina Arellano, "The Rise of Stem Cell Therapies in Mexico: Inadequate Regulation or Unsuccessful Oversight?", Revista Redbioética/UNESCO 2, 2012, pp. 63-78; Doug Sipp, "The Rocky Road to Regulation", https://www. nature. com/articles/stemcells. 2009. 125# citeas, March 6, 2021.

⑤ General Medical Council, "Re Dr Robert Theodore Henri Kees TROSSEL, Reg. No. 6049460. Fitness to Practise Panel Minutes", https://quackwatch. org/wp-content/uploads/sites/33/quackwatch/casewatch/foreign/trossel/sanction. pdf, March 6, 2021; Medical Board of California, "In the Matter of the Accusation Against Darryl Matthew See, M. D. Division of Medical Quality, File No. 04-2004-161179", https://quackwatch. org/wp-content/uploads/sites/33/quackwatch/casewatch/board/med/see/surrender. pdf, March 6, 2021; Medical Board of Queensland, "Re Dr. Harvey Tarvydas Medical Board of Queensland v. Tarvydas", http://www. austlii. edu. au/cgi-bin/sinodisp/au/cases/qld/QCAT/2010/246. html? stem=0&synonyms=0&query=Tarvydas#fn4, March 6, 2021; Singapore Medical Council Press Release, "Disciplinary Inquiry for Dr. Wong Yoke Meng, Dated November 3, 2010", https://www. healthprofessionals. gov. sg/docs/librariesprovider2/publications-newsroom/press-releases/2010/14-press-release_ dr-wong-yoke-meng _3nov10. pdf, March 6, 2021; Singapore Medical Council Press Release, "Disciplinary Inquiry for Dr. Wong Yoke Meng, Dated November 9, 2010", https://www. healthprofessionals. gov. sg/docs/librariesprovider2/publications-newsroom/press-releases/2010/15-press-release_dr-wong-yoke-meng4_9nov10. pdf, March 6, 2021.

起到潜在的威慑作用。① 而相应的国际合作和协作也将有助于就规范医务人员行为的法律和伦理规范形成更强的共识，并有利于解决干细胞疗法提供者将其服务转移到监管较弱的司法管辖区的问题。② 总而言之，尽管目前在干细胞旅游领域仍存在许多监管方面的挑战，但医务人员职业规范制度仍为遏制提供未经证实的干细胞治疗的行为提供可行的路径。

（二）采用真实广告相关立法来遏制对非经证实的干细胞疗法广告

过往大量研究表明，通过互联网广告直接向患者或消费者推销干细胞疗法（DTC）是近年大多数干细胞治疗诊所采用的手段。通过网站发布广告可以跨越国界，吸引来自世界各地的患者，促使他们前往诊所所在国进行干细胞治疗。虽然许多医疗网站都宣称其提供的干细胞疗法"已证实有效"，可"治愈"传统医疗手段无法治疗的疾病，但事实上，这些疗法并没有得到科学的认可，存在巨大的不确定性风险。大量文献已经清楚地揭露，进行此类干细胞治疗可能对患者造成的伤害，例如，威胁生命的肿瘤以及极大的经济负担。前文也列举过不少接受治疗后发生严重医疗事故的例子。

鉴于网站广告在推广未经验证的干细胞治疗中发挥了重要作用，一个值得探讨的路径是：使用干细胞旅游相关国有关真实广告的相关立法来减少或停止对未经证实的干细胞治疗进行广告，从而间接阻断非法 DTC 干细胞产业的发展。以下笔者选择中国、印度、墨西哥和乌克兰四国有关真实广告法律监管框架进行研究。选择这四个国家是因为，它们是世界上四个最主要的干细胞治疗目的地。对这四个国家进行有关真实广告立法的研究有利于探讨是否可以通过广告法消除虚假宣传，进而遏制非法干细胞旅游的开展。

1. 真实广告法律监管框架

---

① Amy Zarzeczny et al. , "Professional Regulation: A Potentially Valuable Tool in Responding to 'Stem Cell Tourism'", *Stem Cell Reports* 3, 2014, pp. 379-384.

② Robert Mendick, "Stem Cell Clinic that 'Preyed on the Vulnerable'", https://www.telegraph. co. uk/news/health/news/9192157/Stem-cell-clinic-that-preyed-on-the-vulnerable. html,March 6, 2021; Susan Berfield, "CellTex Says It's Moving Its Stem Cell Business to Mexico", https://www.bloomberg. com/news/articles/2013-01-31/celltex-says-its-moving-its-stem-cell-business-to-mexico, March 6, 2021.

（1）中国

我国《中华人民共和国反不正当竞争法》（以下简称《反不正当竞争法》）和《中华人民共和国广告法》（以下简称《广告法》）① 均有关于真实广告和宣传的具体规定。例如，《广告法》第 4 条规定，广告内容必须真实，不得虚假，不得欺骗或引观者误解。我国《反不正当竞争法》第 8 条亦规定，经营者不得对其商品的功能进行虚假或引人误解的宣传，欺骗、误导消费者。依据《广告法》第 28 条关于虚假广告的定义，夸大渲染未经科学验证的干细胞疗法的临床治疗有效性与安全性，属于内容不真实并容易引起患者或消费者误解，是虚假广告。此外，根据我国《广告法》第 37 条的规定，不得对法律、行政法规禁止销售的产品或提供的服务进行广告。依据原卫生部相关干细胞临床治疗的管理规范，自 2009 年起，禁止任何医疗机构开展未经批准的干细胞治疗。因此，继续提供干细胞治疗的广告行为应认定为非法，应被禁止。对于干细胞治疗相关的虚假广告，其由国家及地方市场监督管理局监管，其有权对干细胞医疗网站的虚假宣传和广告加以清查，责令暂停发布涉嫌违法的干细胞治疗广告。

（2）印度

在印度，2019 年新修改的《消费者保护法》（*Consumer Protection Act*）加入禁止误解性广告的相关规定。② 根据该法，中央政府建立中央消费者保护局（Central Consumer Protection Authority）（第 10 条）。中央消费者保护局有权规范和处理有关侵害消费者权益和不公平交易的申诉，以及虚假或对消费者具有误导性的广告。根据《消费者保护法》第 2（28）条规定，令消费者产生误解的广告包括，虚假地描述产品或服务；给消费者提供虚假的承诺从而误导消费者对于服务或产品的性质、质量等正确的认知；故意掩盖重要信息。这样，在印度境内，所有对未经科学证实的干细胞产品和疗法而进行的广告都可能涉嫌违反《消费者保护法》关于误导性广告的规定。例如，夸大宣传干细胞疗法的临床治疗效果属

① 全国人民代表大会常务委员会：《中华人民共和国广告法》，载中国人大网：http://www.npc.gov.cn/zgrdw/npc/xinwen/2018-11/05/content_2065663.htm，2021 年 3 月 6 日最后访问。

② The Minister of Consumer Affairs, Food and Public Distribution, "Consumer Protection Act, 2019", https://www.indiacode.nic.in/bitstream/123456789/15256/1/a2019-35.pdf, March 6, 2021.

于虚假广告，而回避相关治疗的风险等可视为掩盖重要信息。

如收到虚假广告相关申诉，或应中央当局或地区办事处专员应当处理投诉，地区负责人需就侵犯消费者权利、不公平竞争和虚假广告行为进行调查，或并将报告呈交中央当局或地区办事处主任（第 19 条）。中央当局在收到调查报告后，若认可报告的调查内容，则向相关的生产者、广告发行人发出行政指令，停止相关广告或者更改广告内容（第 21（1）条）。对于认为需要进行处罚的，可以对生产者或者负责人处以最高 100 万卢比（Ten lakh rupees，约 88900 元人民币）的罚款（第 21（2）条），也可发出禁止 1~3 年售卖相关产品和服务的指令（第 21（3、4）条）。最后，任何制造商或者服务提供者如果发布虚假广告导致消费者利益受损者，可以处以 2 年以下有期徒刑（第 89 条）。

此外，根据 1954 年《药品和奇迹疗法（客观广告）法》（*The Drugs and Magic Remedies（Objectionable Advertisements）Act*）规定，禁止对药品进行误导性广告。① 该法还制定了一份疾病清单，并禁止对这些清单上列明的疾病所采用的奇迹疗法进行广告（第 5 条）。

（3）墨西哥

墨西哥没有针对广告相关问题的特别立法。但真实广告仍然受到一系列法律法规的约束。其中尤为重要的是墨西哥于 2019 年确立的《联邦消费者保护法》②（*Federal Consumer Protection Law*）。根据《联邦消费者保护法》的规定，任何关于产品和服务的广告都必须真实且不产生误解（第 32 条）。根据《墨西哥通用卫生法》（*General Health Law*）规定，联邦卫生风险保护委员会（Federal Commission for the Protection against Sanitary Risks，COFEPRIS）负责监测和监督新疗法及其广告进入墨西哥市场。

（4）乌克兰

---

① 注：根据《药品与奇迹疗法（客观广告）法》第 2（C）条定义，奇迹疗法（magic remedy）包括护身符（talisman）、咒语（mantra）、护身甲（kavacha）等声称可以对人类或动物的任何疾病进行诊断（diagnosis）、治愈（cure）、缓解（mitigation）、治疗（treatment）或预防（prevention）的奇迹能力，或以任何方式感染或影响人类或动物的身体结构或任何有机功能的魔力治疗（charm）。

② The Congress of the United Mexican States，"Federal Consumer Protection Law"，https：//www. profeco. gob. mx/juridico/pdf/l_lfpc_06062006_ingles. pdf，March 6, 2021.

乌克兰对真实广告的要求主要是根据乌克兰《广告法》（*The Law of Ukraine on Advertising*）规定的，其禁止"不正当广告"（Unfair Advertising）。① 根据《广告法》第1条，对"不正当广告"定义是："因不准确、不真实、含糊、夸张、缄默、违反传播时间、地点、方式等要求，误导或者可能误导广告消费者，给个人、国家、社会造成损害的广告。"然而，乌克兰《广告法》界定的"广告"的范围只涵盖关于人或货物的广告信息，而不包括有关服务的信息。在乌克兰，乌克兰反垄断委员会（Anti-Monopoly Committee of Ukraine）有权对违反真实广告要求的广告主进行处罚。

由上对四国的相关立法梳理，可以看出这四个国家的相关法律规范都要求商品或服务的广告真实性。它们承认广告真实原则是在经济环境下保护消费者权益和维护公平竞争的基本原则。对于每一个国家来说，一个真实广告的监管制度是建立在其国内广告法、反不公平法、消费者保护法等相关部门法的基础上的。无一例外，所有这些框架都要求真实的信息宣传，并对广告主、广告制作者和发布者、商品或服务供应商违反要求的情况作出处罚规定。

2. 使用真实广告相关法规应对未经批准的干细胞治疗的挑战

如上分析，使用真实广告相关法规可以提供一条监管推广未经批准的干细胞疗法的路径，从而间接地起到遏制非法干细胞治疗或干细胞旅游的开展。但是，由于大多数干细胞治疗提供者都是采用 DTC 模式，其广告和宣传均是在其网站直接投放，这为有效监督和监测提出诸多挑战。首先，现有的法律制度可能尚未对广告的形式进行详细规范。DTC 干细胞疗法提供者采用多种形式的宣传，例如患者自述、新闻转载等，其实质上起到了广告的作用，但根据现有法律规定很难将其认定为广告，对其虚假内容难以进行法律监管。其次，在 DTC 营销模式下，发布宣传信息的主体不再局限于广告主、广告经营者、广告发布者、广告代言人等广告法律体系中的传统责任主体。许多干细胞疗法的宣传者是网络平台或消费者代言人等。一旦 DTC 虚假宣传行为发生，根据现有的法律框架难以判定 DTC 虚假宣传的责任主体，亦难以进行后续的追责和定罪量罚。此外，面对无国界的互联网以及不断实时更新的海量信息，监管部门亦难以准确地过滤、筛选、辨

---

① The Verkhovna Rada of Ukraine, "The Law of Ukraine on Advertising", https://www.wipo.int/edocs/lexdocs/laws/en/ua/ua073en.pdf, March 6, 2021.

别、监管和处罚发生在其他司法管辖区的在线虚假广告行为。下文将重点讨论在中国使用真实广告相关法规应对 DTC 干细胞治疗的挑战。

（1）DTC 模式下的广告形式

就现状而言，一部分 DTC 商家和发布广告的网络平台都能严格遵守我国《广告法》和《互联网广告管理暂行办法》等相关规定。在其发布广告时，明确标识广告信息，使消费者容易辨明其为广告。然而，一些新的宣传形式也日益被 DTC 干细胞疗法提供者使用。例如，一些 DTC 商家不对自己提供的疗法直接广告，而是在其网站上转载其他平台发布的文章、新闻或数据等作为其提供的疗法有效性的佐证。同时，一些 DTC 商家还会采用"社交营销"，即邀请患者在社交媒体平台上分享他们的治疗经历和治疗有效性的认同，从而提升疗法的可信度，吸引更多的患者前往治疗。

尽管，依据我国《广告法》和《互联网广告管理暂行办法》中的规定，产品经营者或者服务提供者通过一定媒介，以文字、图片、音频、视频或者其他形式，直接或间接地介绍自己所推销的产品或者服务的活动，属于广告范畴。然而，在 DTC 的营销模式下，一些"类广告"和"隐性广告"的内容虽然可能涉及产品或服务的效果，但从形式上看，其仅属于社交媒体平台上的普通信息发布，难以被认定为广告法规中规定的广告形式。也正是由于现有法律条款中缺少对 DTC 广告宣传形式的认定，许多 DTC 广告发布者，通过发布"类广告"或"隐性广告"的形式，故意避开广告法规中对于广告发布的相关门槛和许可条件，逃避法律对其宣传内容真实性要求的监管。一旦这些"类广告"或"隐性广告"的内容中，出现了虚假宣传的情况，相关的监管部门难以利用现有的规制广告的法律要求来打击此类虚假宣传行为。

此外，由于没有明确的广告形式的定义，互联网服务提供者也很难依据现有法律规范对平台上发布的宣传信息进行有效监管，履行监管义务。因此，需要明确现有广告相关法律规范中关于广告形式的范围，补充规定 DTC 模式下"类广告""隐性广告"等起到实质"推销"作用的宣传性信息亦属于广告范围。这样既有助于打击 DTC 虚假宣传问题，亦有利于保护消费者的合法权益。

在线广告形式同样也挑战其他国家的相关监管制度。例如，墨西哥和乌克兰的法律对广告方法进行了广泛的定义，将通过任何手段或方式宣传商品或服务的信息视为广告。尽管这些定义可以解释适用于在线广告，但由于它们没有对电子商务进行专门立法，导致缺乏具体的适用指导原则，从而限制了依据这些广告法规有效地对网上广告内容进行真实性监管的效果。

（2）DTC 模式下虚假宣传的责任主体认定

在我国现行广告相关法律规范中，法律责任的主体包括广告主、广告经营者、广告发布者和广告代言人四类。同时，相关的法律责任承担和定罪处罚条款亦针对不同的责任主体，进行了不同程度的责任划分。例如，广告主应当对广告中提及产品或服务的功能、作用、用途、质量、成分、价格等广告具体内容的真实性负责。如果出现发布虚假广告的情形，广告主应当承担民事责任，并需在相应范围内消除影响、缴纳相应的罚款。对于情节严重或涉及医疗机构的情形，市场监督管理部门和卫生行政部门可以对其采取吊销营业执照、执业许可，由广告审查机关撤销其广告审查批准文件，不再受理其广告审查申请等处罚。造成损害严重的，则诉诸《刑法》，以"虚假广告罪"论处。关系消费者生命健康的产品或者服务的虚假广告造成消费者损害的，其广告经营者、广告发布者、广告代言人需要与广告主承担连带责任。对于广告代言人来说，处罚措施则包括没收违法所得，并处以罚款等。

但是，在干细胞疗法 DTC 销售模式下，以"直播销售"这一广告宣传新形式为例，商家、网络直播平台、销售主播及其所属公司，无法完全对应广告主、广告经营者、广告发布者和广告代言人四类责任主体。在这样的情况下，广告主、广告经营者、广告发布者和广告代言人，会出现几者合一、界限模糊的情况。发布广告的互联网平台可能同时兼具广告主、广告经营者、广告发布者三种角色，甚至消费者也会成为广告发布者、产品代言人。现有的法律规范中并未对前述复杂情况予以具体规定，也没有对 DTC 模式下虚假宣传的责任主体予以区分，更没有设置与之相应的追责、处罚条款。当虚假宣传行为出现，监管和执法部门难以依据现有法规判断由哪一主体来承担何种程度的法律责任。在具体的司法实践中，亦会造成同案不同判的现象。因此，需要厘清 DTC 模式下出现的新增、重合的责任主体，提出 DTC 模式下虚假广告的制造者、发布者、代言人、发布平台等新型主体概念。同时，根据其是否具有主观欺骗、误导消费者的故意，以及消极影响程度，对其违法行为设置不同的判罚标准，以帮助打击 DTC

虚假宣传。

（3）DTC 模式下虚假宣传问题监管的管辖

目前，网络广告的发布和传播已经超越了时间和空间的限制，管辖 DTC 虚假宣传问题的难度空前增大。首先，由于网络具有一定的隐蔽性，监管部门难以从海量的网络信息中，准确审核、检查以"类广告"或"隐性广告"形式发布的虚假宣传内容。其次，一些 DTC 商家和广告发布者在注册账户时，会使用虚假身份信息。在这种情况下，即使监管部门准确地筛选、定位到 DTC 虚假宣传行为，也难以准确获取广告主或广告发布者的真实信息，出现实际执行困难、监管真空。即便监管部门要求发布广告的网络平台对虚假宣传行为采取删除、断开链接、关停违法账户等措施，该 DTC 商家也可能更换名称、更换平台、重新注册经营。尽管现有相关法律的规制和处罚已经较为完备，但面对这种管辖困难的情况，仍需从技术和法律的角度，补足针对互联网平台、互联网信息的监管措施，从而实现对 DTC 虚假宣传行为的有效控制。

此外，互联网广告的发布与传播行为已经具有全球化的特点。当出现境外的 DTC 广告发布者利用位于境外的网络服务器发布虚假广告，并对我国的消费者造成实际损害的情况时，我国广告相关法规是否具有域外效力这一问题一直存在争议。从《互联网广告管理暂行办法》和行政处罚相关的法律条款上看，我国针对互联网广告违法行为大多适用"属地管辖"的原则，即由广告发布者或广告主、广告经营者所在地工商行政管理部门管辖。同时，根据现有的相关法律条款，我国对于互联网广告发布行为的规制，也都将法定管辖范围限定在我国境内，并未涉及境外的互联网广告发布行为。这对于适用我国规制广告的相关法规，来打击境外 DTC 虚假宣传行为造成法律障碍。

全国人民代表大会常务委员会法制工作委员会编著的《〈中华人民共和国行政处罚法〉释义》指出，"违法行为发生地"包括违法行为着手地、经过地、实施（发生）地和危害结果发生地。因此，如果境外的 DTC 虚假宣传行为违反了我国规制广告的相关法规，尽管该 DTC 商家的"违法行为着手地"或"违法行为实施地"不在我国境内，但由于其"危害结果发生地"涉及我国，所以此类 DTC 虚假宣传行为亦可以受到我国广告法规的规制。诚然，对《行政处罚法》的解读以帮助我国广告相关法规延伸其域外效力，但是在实际监管时，由于现有的法律中缺少专门的域外管辖条款，在适用现有的广告法律要求来打击域外 DTC 虚假宣传行为时，仍存在法律缺位的障碍。这里可以借鉴印度的相关做法。印度的《药品和奇迹疗法（客观广告）法》确认了对真实广告的属人管辖权。根据该法，当治疗某些疾病或关于疾病的神奇疗法的广告被视为虚假或欺骗性广告时，不仅禁止在印度进行广告，而且该法亦禁止其在其他地区进行广告宣传（第 2（d）（ii）条）。①

（4）真实广告的国际合作机制

虽然干细胞旅游已成为一种全球性现象，但对成员国具有法律约束力的多边机制尚未建立。在真实广告方面，《联合国消费者保护准则》（*United Nations Guidelines on Consumer Protection 2015*，UNGCP）将提供准确、无误导的产品和服务信息作为良好商业做法的原则之一。② 经济合作与发展组织（Organisation for Economic Cooperation and Development，OECD）的政策和文书也提到禁止误导性广告。虽然这些准则不具约束力，但其目的是作为促进 OECD 成员国政府采纳 UNGCP 的建议。例如，《电子商务环境下的消费者保护经济合作与发展组织准则》2016 年版（*Consumer Protection in E-commerce OECD Recommendation 2016*）要求，企业不应提供、宣传或推销对消费者健康或安全构成不合理风险的商品或服务（第 23 条）。③ 该准则还鼓励成员国政府和相关利害关系人在国际一级开展合作，交流信息，采取联合行动来为全球电子商务背景下消费者提供有效保护（第 54（i）条）。④ 然而，这些准则对成员国没有约束力。其仅鼓励真实广告行为，只起到建议的作用，但不向成员国规定义务。并且，除墨西哥外，中国、印度和乌克兰均不是 OECD 成员。此外，目前在干细胞研究领域最具影响力的国际

---

① Ministry of Health and Family Welfare, "The Drugs and Magic Remedies（Objectionable Advertisement）Act, 1954", https：//www. indiacode. nic. in/handle/123456789/1412? view_type＝browse&sam_handle＝123456789/1362, March 6, 2021.

② 联合国大会：《联合国消费者保护准则》，载联合国公约与宣言检索系统：https：//www. un. org/zh/documents/treaty/files/A-RES-70-186. shtml，2021 年 3 月 6 日最后访问。

③ Organisation for Economic Co-operation and Development, "Consumer Protection in E-commerce OECD Recommendation 2016", https：//www. oecd. org/sti/consumer/ECommerce-Recommendation-2016. pdf, March 6, 2021.

④ Organisation for Economic Co-operation and Development, "Consumer Protection in E-commerce OECD Recommendation 2016", https：//www. oecd. org/sti/consumer/ECommerce-Recommendation-2016. pdf, March 6, 2021.

组织，即国际干细胞研究学会（ISSCR）尚未发布任何有关干细胞疗法真实广告的指南。因此，我们建议国际干细胞研究学会为干细胞治疗的线上和线下广告制定统一的指导方针。

综上对中国、墨西哥、印度和乌克兰现有规范真实广告的法律法规的考察提示，各国都将真实广告确立为广告法或消费者保护法的基本原则。然而，在应对新兴的 DTC 营销模式以及网络广告的无国界特性时，这些现有的法律法规不能有效地监管关于未经证实的干细胞疗法的不真实或欺诈性的在线广告。在打击 DTC 虚假宣传方面，现行法规存有一定的监管漏洞，影响了利用真实广告法律要求遏制干细胞旅游的作用。对于我国，面对该领域目前缺乏监管的现状，应当完善现有的法律规范，补充说明新兴的 DTC 广告形式、明确区分不同责任主体的法律责任。同时，应推动干细胞旅游相关的多边合作机制，各司法管辖区之间应当通力合作，建立 DTC 互联网虚假宣传的合作渠道，从而有效监管 DTC 虚假宣传。在多边机制下，鼓励各国内当局在制定干细胞疗法规范法律框架时，将规范干细胞治疗的在线广告的国际统一标准纳入其相关立法中。

挑战五：新闻媒体的炒作对新兴生物科技应用监管的挑战

目前，虽然还没有直接的证据可以证明新闻媒体发布的信息一定会对人们的决定和行为表现等产生影响，但从大众传播学的角度，有两个理论框架可以帮助理解大众传播媒介影响大众对科技认知的过程，即"语言框架设置"（Framing）理论和"议程设置"（Agenda-setting）理论。这两个理论框架也可以作为理论基础分析与评估新闻媒体内容如何影响受众，以及新闻媒体如何塑造关于特定议题的公众讨论（Public Discourse）。① "语言框架设置"（Framing），是指新闻媒体在其新闻报道中对特定的话题、事实、争议、行为主体和论断进行选择性呈现的过程。② 根据罗伯特·恩特曼（Robert Entman）的观点，对一个话题进行"语言框架设置"，"就是选择一个人们感知到的现实的某些方面，并使它们在交流文本中更加突出，从而突出一个特定的问题定义、因果解释、道德评价和或处理建议"。（ "To frame is to select some aspects of a perceived reality and make them more salient in a communicating text, in such a way as to promote a particular problem definition, causal interpretation, moral evaluation, and/or treatment recommendation for the item described" ）③ 事实上，新闻媒体经常在新闻报道中使用"语言框架设置"的方式，以唤起人们对现实中某些事项的注意，但这同时会阻碍公众对其他方面的关注。因为"语言框架设置"可以产生持久的影响，一旦新闻报道以特定

① David Gauntlett, "Ten Things Wrong with the 'Effects Model'", in Philip Rayner, Peter Wall, Stephen Kruger, eds, *Media Studies: The Essential Resource*, London, Routledge, 2004, p. 112.

② Robert M. Entman, "Framing: Toward Clarification of A Fractured Paradigm", *Journal of Communication* 43, 1993, pp. 51-58; Dietram A. Scheufele, "Framing as A Theory of Media Effects", *Journal of Communication* 49, 1999, pp. 103-122.

③ Robert M. Entman, "Framing: Toward Clarification of A Fractured Paradigm", *Journal of Communication* 43, 1993, pp. 51-58.

的角度对一个问题进行了框定，公众的看法就会随着时间的推移而保持相对稳定。①

"语言框架设置"理论主要强调把"语言框架设置"作为一种修辞和语言组织结构，去影响人们在共享语境中分析和处理信息，同时影响人们构建语义及意义的过程。而"议程设置"则揭示了新闻媒体如何让人们将注意力集中在某些话题上，从而忽略其他话题的过程。这一理论观点的主要宗旨在于，新闻媒体虽然不能控制人们以何种方式进行思考或作出某种行为，但其仍可以通过突出某些问题或重点、排除其他问题或议题的方式，对人们的思考产生深远的影响。② 故此，大众传媒在舆论形成和政策制定方面发挥了相当大的作用，其极大地影响了某些问题在公共议程上的突出程度。

聚焦到生物技术领域，新闻媒体的报道是大众获取生物技术相关进展和知识的首要信息来源。大众通常是通过新闻记者的文笔了解各种生物技术运用所带来的益处和潜在风险。所以，基于上述"语言框架设置"和"议程设置"理论框架，新闻媒体对于专业知识或技术的解读和报道，很大程度上会影响大众对各种新兴生物技术的认知和接纳程度，左右大众对某项生物技术研发和商业化相关问题的讨论。介于此，对新闻媒体如何报道新兴生物技术的研究已经逐步成为前沿生物技术法律、伦理社会问题研究的重要手段，产出了很多重要的研究成果。

既有研究表明，新闻媒体对新兴生物技术的报道存在诸多偏差。这一方面表现为新闻媒体在对某项技术进行报道时，会出现错误报道，或常忽略相关科学实验的重要内容（例如，实验方法、实验背景信息等）。③ 对这些重要内容的忽略或错误解读，会影响读者对相关生物技术的科学认知。另一方面，新闻媒体往往对某项生物科技的优势和风险没有进行平衡地报道。例如，在人类全基因组测序计划完成之前，新闻媒体对生物技术领域一直报道有关转基因农作物和转基因食品的内容。研究发现，读者很难区分相关新闻报道哪些是事实，哪些是媒体炒作。这种混淆主要是因为新闻媒体没有对转基因技术在农作物和食品生产中运用

---

① Robert M. Entman, "Framing: Toward Clarification of A Fractured Paradigm", *Journal of Communication* 43, 1993, pp. 51-58; Matthew C. Nisbet, Dominique Brossard, and Adrianne Kroepsch, "Framing Science: The Stem Cell Controversy in An Age of Press/Politics", *Harvard International Journal of Press/Politics* 8, 2003, pp. 36-70.

② Maxwell E. McCombs, Donald L. Shaw, "The Agenda-Setting Function of Mass Media", *The Public Opinion Quarterly* 36, 1972, pp. 176-187.

③ Eunice Kua, Michael Reder, and Martha J. Grossel, "Science in the News: A Study of Reporting Genomics", *Public Understanding of Science* 13, 2004, pp. 309-322.

存在的优势和风险进行平衡地报道。很多对转基因食品妖魔化的新闻在世界各国迅速传开（比如，食用转基因食品会破坏人类生殖系统、诱发恶性肿瘤等），导致大众普遍对转基因食品产生情绪化抵制。同样的，在对遗传学和新型基因技术的相关报道中，新闻媒体也很难对相关技术的运用进行平衡地报道，其要么强调遗传学研究进展可能存在的负面影响（例如，保险的风险、就业歧视，以及人类基因改造等）；要么就是过分夸大遗传技术的潜在作用和基因检测的健康益处。①后一种现象被称为"基因炒作"（Genohype）。②

根据"语言框架设置"理论，一旦新闻报道对一项生物技术进行了特定角度的框定，公众对该项技术的看法就会随着时间的推移而保持相对稳定，很难改变。上述的转基因食品是一个很好的例子。对转基因食品错误信息的报道至今仍可在新媒体上看到；大众对转基因食品的负面印象也一直保留。因此，研究新闻媒体如何报道新兴生物技术对更好地规范新兴生物技术研发和商业化有着非常重要的作用。下文将通过列举我过去的两项研究，展现新闻媒体对生物技术的报道及相关影响。

实例研究一：干细胞疗法的中国报纸报道③

中国一度是跨国干细胞旅游背景下游客的主要目的地国。这些干细胞游客（Stem Cell Tourists）通过跨国干细胞旅游的途径，寻求对其所患疾病进行推论有

---

① Gaul Geller, Barbara A. Bernhardt, and Neil A. Holtzman, "The Media and Public Reaction to Genetic Research", *Journal of the American Medical Association* 287, 2002, p. 773; Tania Bubela, Timothy Caulfield, "Do the Print Media 'Hype' Genetic Research? A Comparison of Newspaper Stories and Peer-reviewed Research Papers", *Canadian Medical Association Journal* 170, 2004, pp. 1399-1407; Timothy Caulfield, "Biotechnology and the Popular Press: Hype and the Selling of Science", *Trends in Biotechnology* 22, 2004, pp. 337-339.

② 注："基因炒作"一词是由霍尔茨曼（N A Holtzman）在 1999 年发表于《自然》（*Science*）杂志的《基因测试是否受到充分监管？》（*Are Genetic Tests Adequately Regulated?*）一文中提出的概念。霍尔茨曼用"基因炒作"来描述与 DNA 有关的夸张声明和为绘制人类基因组图而付出努力的夸大论述。

③ 本研究的原文请参见：Ubaka Ogbogu, Li Du, Christen Rachul, Lisa Bélaner, and Tim Caulfield, "Chinese Newspaper Coverage of (Unproven) Stem Cell Therapies and Their Providers", *Stem Cell Reviews and Reports* 9, 2013, pp. 111-118.

效但未经科学证实的干细胞疗法。① 现有的研究表明，中国在干细胞疗法行业的主导地位是由诸多因素所造成的。例如，中国的干细胞疗法提供者数量众多、规模庞大，且组织机构完善;② 其次，中国针对干细胞产品和疗法的定性和监管框架存在模棱两可的局面，这为干细胞疗法提供者营造了可规避法律管控的环境，促使干细胞疗法产业在中国市场的扩张。③ 而且，随着时代的发展，一些颠覆性的商业模式和新型营销手段相继出现。这使得利用"从实验室到临床"这一概念，招募对此项疗法感兴趣的、急需得到治疗的患者成为可能。④ 此外，绝大多

---

① Darren Lau et al. , "Stem Cell Clinics Online: The Direct-to-consumer Portrayal of Stem Cell Medicine", *Cell Stem Cell* 3, 2008, pp. 591-594; Alan C Regenberg et al. , "Medicine on the Fringe: Stem Cell-based Interventions in Advance of Evidence", *Stem Cells* 27, 2009, pp. 2312-2319; Zubin Master, Ubaka Ogbogu, "Stem Cell Tourism in the Era of Personalized Medicine: What We Know, and What We Need to Know", *Current Pharmacogenomics and Personalized Medicine* 10, 2012, pp. 106-110; Amy Zarzeczny et al. , "Stem Cell Clinics in the News", *Nature Biotechnology* 28, 2010, pp. 1243-1246; Aaron D Levine, Leslie E Wolf, "The Roles and Responsibilities of Physicians in Patients' Decisions about Unproven Stem Cell Therapies", *Journal of Law, Medicine and Ethics* 40, 2012, pp. 122-134; Olle Lindvall, Insoo Hyun, "Medical Innovation Versus Stem Cell Tourism", *Science* 324, 2009, pp. 1664-1665; Sorapop Kiatpongsan, Douglas Sipp, "Monitoring and Regulating Offshore Stem Cell Clinics", *Science* 323, 2009, pp. 1564-1565; Kirsten A Ryan et al. , "Tracking the Rise of Stem Cell Tourism", *Regenerative Medicine* 5, 2010, pp. 27-33.

② Dominique S McMahon et al. , "Cultivating Regenerative Medicine Innovation in China", *Regenerative Medicine* 5, 2010, pp. 35-44; Priscilla Song, "The Proliferation of Stem Cell Therapies in Post-Mao China: Problematizing Ethical Regulation", *New Genetics and Society* 30, 2011, pp. 141-153; Haidan Chen, "Stem Cell Governance in China: From Bench to Bedside? ", *New Genetics and Society* 28, 2009, pp. 267-282.

③ Dominique S McMahon et al. , "Cultivating Regenerative Medicine Innovation in China", *Regenerative Medicine* 5, 2010, pp. 35-44; Haidan Chen, "Stem Cell Governance in China: From Bench to Bedside? ", *New Genetics and Society* 28, 2009, pp. 267-282; Doug Sipp, "The Rocky Road to Regulation", Nature Reports Stem Cells, https://www. nature. com/articles/stemcells. 2009, 125, March 10, 2021; Dominique S McMahon, Halla Thorsteinsdóttir, "Lost in Translation: China's Struggle to Develop Appropriate Stem Cell Regulations", *Scripted* 7, 2010, pp. 283-294.

④ Priscilla Song, "The Proliferation of Stem Cell Therapies in Post-Mao China: Problematizing Ethical Regulation", *New Genetics and Society* 30, 2011, pp. 141-153; Haidan Chen, "Stem Cell Governance in China: From Bench to Bedside? ", *New Genetics and Society* 28, 2009, pp. 267-282; Charles E Murdoch, Christopher Thomas Scott, "Stem Cell Tourism and the Power of Hope", *American Journal of Bioethics* 10, 2010, pp. 16-23; Jane Qiu, "Injection of Hope Through China's Stem-cell Therapies", *Lancet Neurology* 7, 2008, pp. 122-123; Jane Qiu, "Trading on Hope", *Nature Biotechnology* 27, 2009, pp. 790-792; Haidan Chen, Herbert Gottweis, "Stem Cell Treatments in China: Rethinking the Patient Role in the Global Bio-economy", *Bioethics* 27, 2013, pp. 194-207.

数医疗机构利用成体干细胞（Adult Stem Cells）研究的临床应用历史和科学理论为其提供的干细胞疗法提供科学依据。[①]

与此同时，中国现已成为再生医学和细胞治疗研究领域的重要参与者。[②] 就现状而言，中国已经拥有越来越多的高水平科学家和世界一流的研究机构。而政府的大力资金支持也推动了相关研究的开展和成果产出，实现在相对较短的时间内即呈现出指数级增长的发展趋势。[③] 这样的增长效果，离不开公立和私人机构对科学发展成果的临床转化及商业化的支持。[④] 但与此同时，在中国现今稳步崛起的背景下，外界对中国基础科学研究及设施管理领域相对薄弱的监管流程和规则普遍存在担忧。[⑤] 例如，提供未经官方证实的干细胞疗法这一产业正在缺失监管框架的环境中广泛兴起。

对此，有学者指出，对干细胞疗法行业缺乏有效监管，给中国在再生医学和

[①] Priscilla Song, "The Proliferation of Stem Cell Therapies in Post-Mao China: Problematizing Ethical Regulation", *New Genetics and Society* 30, 2011, pp. 141-153.

[②] Dominique S McMahon et al., "Cultivating Regenerative Medicine Innovation in China", *Regenerative Medicine* 5, 2010, pp. 35-44; Dominique S McMahon, Halla Thorsteinsdóttir, "Making Stem Cells Count for Global Health", *Regenerative Medicine* 6, 2011, pp. 163-166; Douglas Sipp, "Stem Cell Research in Asia: A Critical View", *Journal of Cellular Biochemistry* 107, 2009, pp. 853-856.

[③] Dominique S McMahon et al., "Cultivating Regenerative Medicine Innovation in China", *Regenerative Medicine* 5, 2010, pp. 35-44; Dominique S McMahon, Halla Thorsteinsdóttir, "Lost in Translation: China's Struggle to Develop Appropriate Stem Cell Regulations", *Scripted* 7, 2010, pp. 283-294; Douglas Sipp, "Stem Cell Research in Asia: A Critical View", *Journal of Cellular Biochemistry* 107, 2009, pp. 853-856; Brian Salter, Melinda Cooper, and Amanda Dickins, "China and the Global Stem Cell Bioeconomy: An Emerging Political Strategy?", *Regenerative Medicine* 1, 2006, pp. 671-683.

[④] Dominique S McMahon et al., "Cultivating Regenerative Medicine Innovation in China", *Regenerative Medicine* 5, 2010, pp. 35-44; Weiping Yuan et al., "Stem Cell Science on the Rise in China", *Cell Stem Cell* 10, 2012, pp. 12-15.

[⑤] Dominique S McMahon et al., "Cultivating Regenerative Medicine Innovation in China", *Regenerative Medicine* 5, 2010, pp. 35-44; Doug Sipp, "The Rocky Road to Regulation, Nature Reports Stem Cells", https://www.nature.com/articles/stemcells.2009, 125, March 10, 2021; Brian Salter, Melinda Cooper, and Amanda Dickins, "China and the Global Stem Cell Bioeconomy: An Emerging Political Strategy?", *Regenerative Medicine* 1, 2006, pp. 671-683; Nature Website, "Stem-cell Laws in China Fall Short", https://www.nature.com/articles/467633a, March 10, 2021; David Cyranoski, "China's Stem-cell Rules Go Unheeded", *Nature* 484, 2012, pp. 149-150; David Cyranoski, "Stem-cell Therapy Faces More Scrutiny in China", *Nature* 459, 2009, pp. 146-147.

细胞治疗研究领域的国际形象和地位造成不利影响。① 这其中一个主要的担忧在于，一些存在欺诈性的干细胞疗法提供者会给中国再生医学行业带来"野蛮的东方"（Wild East）形象，而这种形象可能在很长一段时间内都难以消除。② 其他的担忧则在于，中国仍缺乏行之有效的地方治理框架来监管非法干细胞管疗法提供者及相关产业。③

这些担忧源自于许多与"干细胞旅游"有关的科学、伦理、法律规范和监管问题。④ "干细胞旅游"让参与的病人和病人所在国家的医疗保健和公共卫生系统蒙受了巨大经济损失与公共健康风险。例如，许多患者在接受非法干细胞疗法后发生严重的并发症或者耐药性感染。对这些后续治疗不仅会耗费公共医疗资源，而且会引发超级细菌感染的流行。因此，诸多因素使得对"干细胞旅游"的监管困难重重。这些复杂而极具挑战性的问题引起了世界范围内学术界和决策者的

---

① Dominique S McMahon et al., "Cultivating Regenerative Medicine Innovation in China", *Regenerative Medicine* 5, 2010, pp. 35-44; Priscilla Song, "The Proliferation of Stem Cell Therapies in Post-Mao China: Problematizing Ethical Regulation", *New Genetics and Society* 30, 2011, pp. 141-153; Haidan Chen, "Stem Cell Governance in China: From Bench to Bedside?", *New Genetics and Society* 28, 2009, pp. 267-282; Doug Sipp, "The Rocky Road to Regulation", Nature Reports Stem Cells, https://www.nature.com/articles/stemcells. 2009, 125, March 10, 2021.

② Haidan Chen, "Stem Cell Governance in China: From Bench to Bedside?", *New Genetics and Society* 28, 2009, pp. 267-282.

③ Dominique S McMahon et al., "Cultivating Regenerative Medicine Innovation in China", *Regenerative Medicine* 5, 2010, pp. 35-44; Doug Sipp, "The Rocky Road to Regulation", Nature Reports Stem Cells", https://www.nature.com/articles/stemcells. 2009. 125, March 10, 2021; Nature Website, "Stem-cell Laws in China Fall Short", https://www.nature.com/articles/467633a, March 10, 2021; David Cyranoski, "China's Stem-cell Rules Go Unheeded", *Nature* 484, 2012, pp. 149-150; David Cyranoski, "Stem-cell Therapy Faces More Scrutiny in China", *Nature* 459, 2009, pp. 146-147.

④ Arthur Caplan, Bruce Levine, "Hope, Hype and Help: Ethically Assessing the Growing Market in Stem Cell Therapies", *American Journal of Bioethics* 10, 2010, pp. 24-25; Timothy Caulfield, Amy Zarzeczny, "Stem Cell Tourism and Canadian Family Physicians", *Canadian Family Physician* 58, 2012, pp. 365-368, e182-185; Norra MacReady, "The Murky Ethics of Stem-cell Tourism", *The Lancet Oncology* 10, 2009, pp. 317-318; Zubin Master, David B Resnik, "Stem-cell Tourism and Scientific Responsibility Stem-cell Researchers Are in a Unique Position to Curb the Problem of Stem-cell Tourism", *European Molecular Biology Organization Reports* 12, 2011, pp. 992-995.

密切关注。① 目前，已有一些国家关闭或以起诉的方式遏制此类疗法的开展。②

---

① Sorapop Kiatpongsan and Douglas Sipp, "Medicine. Monitoring and Regulating Offshore Stem Cell Clinics", *Science* 323, 2009, pp. 1564-1565; Doug Sipp, "The Rocky Road to Regulation", Nature Reports Stem Cells, https：//www. nature. com/articles/stemcells. 2009. 125, March 10, 2021; Insoo Hyun et al. , "New ISSCR Guidelines Underscore Major Principles for Responsible Translational Stem Cell Research", *Cell Stem Cell* 3, 2008, pp. 607-609; Andrew Blight et al. , "Position Statement on the Sale of Unproven Cellular Therapies for Spinal Cord Injury: The International Campaign for Cures of Spinal Cord Injury Paralysis", *Spinal Cord* 47, 2009, pp. 713-714; Mike Mitka et al. , "Troubled by 'Stem Cell Tourism' Claims, Group Launches Web-based Guidance", *Journal of the American Medical Association* 304, 2010, pp. 1315-1316; Dalong Zhu et al. , "Position Statement of the Chinese Diabetes Society Regarding Stem Cell Therapy for Diabetes", *Journal of Diabetes* 4, 2012, pp. 18-21; Australian Stem Cell Center, "Stem Cell Therapies: Now and in the Future—the Australian Stem Cell Center Patient Handbook", https：//1library. net/document/yj83klpq-stem-cell-therapies-future-australian-centre-patient-handbook. html, March 10, 2021; International Society for Stem Cell Research, "Patient Handbook on Stem Cell Therapies", https：//www. isscr. org/docs/default-source/patient-handbook/isscrpatienthandbook. pdf, March 10, 2021; U. S. Food & Drug Administration, "FDA Warns About Stem Cell Therapies", https：//www. fda. gov/consumers/consumer-updates/fda-warns-about-stem-cell-therapies, March 10, 2021; Tony Sheldon, "Dutch Clinic is Ordered to Stop Giving Stem Cell Therapy", *British Medical Journal* 333, 2006, p. 770; Tony Sheldon, "The Netherlands Bans Private Stem Cell Therapy", *British Medical Journal* 334, 2007, p. 12; Gretchen Vogel, "Authorities Shut Controversial German Stem Cell Clinic", https：//www. sciencemag. org/news/2011/05/authorities-shut-controversial-german-stem-cell-clinic, March 10, 2021; Aaron Saenz, "Costa Rica Shuts Down Stem Cell Medical Tourism Destination", https：//singularityhub. com/2010/06/10/costa-rica-shuts-down-stem-cell-medical-tourism-destination/, March 10, 2021; Rory Carroll, "Costa Rican Health Ministry Bans Experimental Stem Cell Treatment", http：//www. guardian. co. uk/world/2010/jun/07/costa-rica-stem-cell-treatment, March 10, 2021; Robert Mendick, "Stem Cell Doctor Forced to Close His Clinic After Child's Death is Back in Business", http：//www. telegraph. co. uk/health/healthnews/9192216/Stem-cell-doctor-forced-to-close-his-clinic-after-childs-death-is-back-in-business. html, March 10, 2021.

② Doug Sipp, "The Rocky Road to Regulation", Nature Reports Stem Cells, https：//www. nature. com/articles/stemcells. 2009. 125, March 10, 2021; Tony Sheldon, "Dutch Clinic is Ordered to Stop Giving Stem Cell Therapy", *British Medical Journal* 333, 2006, p. 770; Tony Sheldon, "The Netherlands Bans Private Stem Cell Therapy", *British Medical Journal* 334, 2007, p. 12; Gretchen Vogel, "Authorities Shut Controversial German Stem Cell Clinic", https：//www. sciencemag. org/news/2011/05/authorities-shut-controversial-german-stem-cell-clinic,March 10, 2021; Aaron Saenz, "Costa Rica Shuts Down Stem Cell Medical Tourism Destination", https：//singularityhub. com/2010/06/10/costa-rica-shuts-down-stem-cell-medical-tourism-destination/, March 10, 2021; Rory Carroll, "Costa Rican Health Ministry Bans Experimental Stem Cell Treatment", http：//www. guardian. co. uk/world/2010/jun/07/costa-rica-stem-cell-treatment, March 10, 2021; Robert Mendick, "Stem Cell Doctor Forced to Close His Clinic After Child's Death is Back in Business", http：//www. telegraph. co. uk/health/healthnews/9192216/Stem-cell-doctor-forced-to-close-his-clinic-after-childs-death-is-back-in-business. html, March 10, 2021.

同时，一些国家，例如，美国的患者开始寻求法律救济途径，以解决其在外国接受干细胞疗法后造成的身体和经济损害问题。① 事实上，在许多临床情况下，干细胞疗法的应用缺乏科学依据。② 而且在中国，也少有干细胞疗法被批准用于临床应用。③ 国际学术研究和新闻媒体报道均揭示了关于此类疗法提供者实施存疑且不严谨的临床应用的商业行为，④ 并同时列举了寻求这些疗法的患者所经历的负面结果。⑤ 上述的这些担忧，一定程度上促使了国家监管部门和相关机构对非

---

① David Cyranoski, "Patients Seek Stem-cell Compensation", http：//blogs. nature. com/news/2012/07/patients-seek-stem-cell-compensation. html, March 10, 2021.

② Darren Lau et al. , "Stem Cell Clinics Online：The Direct-to-consumer Portrayal of Stem Cell Medicine", *Cell Stem Cell* 3, 2008, pp. 591-594; Tania Bubela et al. , "Is Belief Larger Than Fact：Expectations, Optimism and Reality for Translational Stem Cell Research", *BMC Medicine* 10, 2012, p. 133; Irving Weissman, "Stem Cell Therapies Could Change Medicine… If They Get the Chance", *Cell Stem Cell* 10, 2012, pp. 663-665; LarsAhrlund-Richter et al. , "Isolation and Production of Cells Suitable for Human Therapy：Challenges Ahead", *Cell Stem Cell* 4, 2009, pp. 20-26; Andras Nagy, Susan E Quaggin, "Stem Cell Therapy for the Kidney：A Cautionary Tale", *Journal of the American Society of Nephrology* 21, 2010, pp. 1070-1072.

③ Darren Lau et al. , "Stem Cell Clinics Online：The Direct-to-Consumer Portrayal of Stem Cell Medicine", *Cell Stem Cell* 3, 2008, pp. 591-594; Emily Bell et al. , "Responding to Requests of Families for Unproven Interventions in Neurodevelopmental Disorders：Hyperbaric Oxygen 'Treatment' and Stem Cell 'Therapy' in Cerebral Palsy", *Developmental Disabilities Research Reviews* 17, 2011, pp. 19-26; Vera Lúcia Raposo and Li Du, "Stem Cell Based Products in Europe and In China：Where Are We and Where Should We Go?", *European Pharmaceutical Law Review* 4 (3), 2020, pp. 161-171.

④ Darren Lau et al. , "Stem Cell Clinics Online：The Direct-to-consumer Portrayal of Stem Cell Medicine", *Cell Stem Cell* 3, 2008, pp. 591-594; Alan C Regenberg et al. , "Medicine on the Fringe：Stem Cell-based Interventions in Advance of Evidence", *Stem Cells* 27, 2009, pp. 2312-2319; Kirsten A Ryan et al. , "Tracking the Rise of Stem Cell Tourism", *Regenerative Medicine* 5, 2010, pp. 27-33.

⑤ Robert Mendick, "Stem Cell Doctor Forced to Close His Clinic After Child's Death is Back in Business", http：//www. telegraph. co. uk/health/healthnews/9192216/Stem-cell-doctor-forced-to-close-his-clinic-after-childs-death-is-back-in-business. html, March 10, 2021; David Cyranoski, "Patients Seek Stem-cell Compensation", http：//blogs. nature. com/news/2012/07/patients-seek-stem-cell-compensation. html, March 10, 2021; Duangpen Thirabanjasak, Kavirach Tantiwongse, and Paul Scott Thorner, "Angiomyeloproliferative Lesions Following Autologous Stem Cell Therapy", *Journal of the American Society of Nephrology* 21, 2010, pp. 1218-1222; Ninette Amariglio et al. , "Donor-derived Brain Tumor Following Neural Stem Cell Transplantation in An Ataxia Telangiectasia Patient", *PLOS Medicine* 6, 2009, pp. 221-231; David Cyranoski, "Korean Deaths Spark Inquiry", *Nature* 468, 2010, p. 485.

法干细胞治疗的危害性发布官方指南文件，告知公众有关"干细胞旅游"的危害，说明未经证实的干细胞疗法的不确定性风险。①

过往一些分析干细胞疗法提供者网站内容的研究表明，不少干细胞诊所都位于中国境内。② 也有不少研究调查前往中国及其他国家接受干细胞疗法患者的经历。③ 虽然这些研究和文字材料提及了很多重要的数据和信息，但它们并没有从中国国内的角度，调研中国国内干细胞疗法提供者的范围以及公众对干细胞疗法的看法。例如，对中国国内大众是否认可并采用此类疗法；中国国内大众在多大程度上采用了此类疗法；以及大众对中国国内提供者和治疗方法持何种看法等。由于现有研究对这些问题认识不清，这就为相关政策制定带来了潜在的挑战。掌握中国国内的实际情况可以帮助分析现有法律适用性的问题；也可以帮助了解干细胞疗法在中国国内大众的认知；促进旨在基于当地实际情况和相关因素来制定国际合作倡议。因此，本研究试图以中文新闻媒体报道中提及的干细胞疗法及其提供者的范围、性质和程度以及大众的看法作为切入点，补足并阐明现有研究缺失的视角。

对于媒体报道与科学研究及公共卫生之间相关性已经在有关文献中得到了充

---

① Insoo Hyun et al. , "New ISSCR Guidelines Underscore Major Principles for Responsible Translational Stem Cell Research", *Cell Stem Cell* 3, 2008, pp. 607-609; Andrew Blight et al. , "Position Statement on the Sale of Unproven Cellular Therapies for Spinal Cord Injury: The International Campaign for Cures of Spinal Cord Injury Paralysis", *Spinal Cord* 47, 2009, pp. 713-714; Mike Mitka et al. , "Troubled by 'Stem Cell Tourism' Claims, Group Launches Web-based Guidance", *Journal of the American Medical Association* 304, 2010, pp. 1315-1316; Dalong Zhu et al. , "Position Statement of the Chinese Diabetes Society Regarding Stem Cell Therapy for Diabetes", *Journal of Diabetes* 4, 2012, pp. 18-21; International Society for Stem Cell Research, "Patient Handbook on Stem Cell Therapies", https: //www. isscr. org/docs/default-source/patient-handbook/isscrpatienthandbook. pdf, March 10, 2021.

② Darren Lau et al. , "Stem Cell Clinics Online: The Direct-to-consumer Portrayal of Stem Cell Medicine", *Cell Stem Cell* 3, 2008, pp. 591-594; Alan C Regenberg et al. , "Medicine on the Fringe: Stem Cell-based Interventions in Advance of Evidence", *Stem Cells* 27, 2009, pp. 2312-2319.

③ Priscilla Song, "The Proliferation of Stem Cell Therapies in Post-Mao China: Problematizing Ethical Regulation", *New Genetics and Society* 30, 2011, pp. 141-153; Priscilla Song, "Biotech Pilgrims and the Transnational Quest for Stem Cell Cures", *Medical Anthropology* 29, 2010, pp. 384-402; Christen Rachul, "'What Have I Got to Lose?': An Analysis of Stem Cell Therapy Patients' Blogs", *Health Law Review* 20, 2011, pp. 5-12.

分的讨论。① 新闻媒体报道在向大众普及新的医疗方法和科学发现、② 制定和维持卫生和科学政策③以及组织关于科学和与卫生有关的发展的公共对话方面④发挥着重要作用。当然，还有人认为，新闻媒体报道助长了大众对科学发现过高的期望值。⑤ 而且，不准确或低质量的新闻媒体报道也会导致患者寻求"宣传中"的医疗服务⑥，并过分期待治疗效果，低估治疗风险。鉴于前述新闻媒体在医疗

---

① Amy Zarzeczny et al. , "Stem Cell Clinics in the News", *Nature Biotechnology* 28, 2010, pp. 1243-1246; Tania Bubela et al. , "Science Communication Reconsidered", *Nature Biotechnology* 27, 2009, pp. 514-518; Thomas R Caulfield, Christen Rachul, "Science Spin: IPS Cell Research in the News", *Clinical Pharmacology and Therapeutics* 89, 2011, pp. 644-646; Clive Seale, "Health and Media: An Overview", *Sociology of Health and Illness* 25, 2003, pp. 513-531; Rosemary Davidson, Kate Hunt, and Jenny Kitzinger, " 'Radical Blueprint for Social Change'? Media Representations of New Labour's Policies on Public Health", *Sociology of Health and Illness* 25, 2003, pp. 532-552; Amy Adams, Geoffrey Lomax, and Anthony Santarini, "Social Media and Stem Cell Science: Examining the Discourse", *Regenerative Medicine* 6, 2011, pp. 121-124; Nola M Ries, Christen Rachul, and Timothy Caulfield, "Newspaper Reporting on Legislative and Policy Interventions to Address Obesity: United States, Canada, and the United Kingdom", *Journal of Public Health Policy* 32, 2011, pp. 73-90.

② Tania Bubela et al. , "Science Communication Reconsidered", *Nature Biotechnology* 27, 2009, pp. 514-518; Clive Seale, "Health and Media: An Overview", *Sociology of Health and Illness* 25, 2003, pp. 513-531.

③ Tania Bubela et al. , "Science Communication Reconsidered", *Nature Biotechnology* 27, 2009, pp. 514-518; Rosemary Davidson, Kate Hunt, and Jenny Kitzinger, " 'Radical Blueprint for Social Change'? Media Representations of New Labour's Policies on Public Health", *Sociology of Health and Illness* 25, 2003, pp. 532-552.

④ Tania Bubela et al. , "Science Communication Reconsidered", *Nature Biotechnology* 27, 2009, pp. 514-518; Thomas R Caulfield, Christen Rachul, "Science Spin: IPS Cell Research in the News", *Clinical Pharmacology and Therapeutics* 89, 2011, pp. 644-646; Alan Petersen, "Replicating Our Bodies, Losing Our Selves: News Media Portrayals of Human Cloning in the Wake of Dolly", *Body and Society* 8, 2002, pp. 71-90; Matthew C. Nisbet, Chris Mooney, "Framing Science", *Science* 316, 2007, p. 56.

⑤ Timothy Caulfield, "Biotechnology and the Popular Press: Hype and the Selling of Science", *Trends in Biotechnology* 22, 2004, pp. 337-339; Timothy Caulfield, C. M. Condit, "Science and the Sources of Hype", *Public Health Genomics* 15, 2012, pp. 209-217; Brigitte Nerlich, Christopher Halliday, "Avian Flu: The Creation of Expectations in the Interplay Between Science and the Media", *Sociology of Health and Illness* 29, 2007, pp. 46-65.

⑥ Tania Bubela et al. , "Science Communication Reconsidered", *Nature Biotechnology* 27, 2009, pp. 514-518.

服务中可能扮演的角色，下文的目标在于讨论中国的报纸对于干细胞疗法和提供者的态度和见解，并确定哪些问题最受关注。

一、研究方法

为了实现研究目标，我们在中国知网"中国重要报纸全文数据库"中，以"干细胞"为关键词，搜索了 2000 年至 2011 年间发表的含有"干细胞"一词的报纸文章。结果共计有 2297 篇。随后，我们继续以"治疗""医院""临床""病人""患者""化妆品""再生""重生""新生""皮肤""衰老"为关键词，对前述搜索结果进行限缩检索。限缩检索结果共计有 322 篇文章（字数从 160~12400 字不等），并将其作为我们最终的研究样本。接下来，我们对这 322 篇文章进行了内容分析，并重点关注如下主题：（1）报纸文章中提及的干细胞疗法提供者及患者的相关信息；（2）报纸文章中提及的干细胞疗法及产品信息；（3）与干细胞疗法相关的法律、道德及监管事宜；（4）干细胞疗法的风险、益处及治疗效果；（5）对于干细胞疗法和疗法提供者的描述及印象；（6）其他相关事项。

两位团队成员独立评估了文章的随机子集（n=30），并计算了科恩卡帕系数（Cohen's Kappa），得出一致性分值（K=0.759-0.892）。而两位团队成员之间的理解分歧都通过讨论达成共识。其后，由一位团队成员对整个数据集进行了内容分析，并对相关的文本信息进行记录。内容分析结果在 SPSS 中进行分析，并以人工阅读的方式对记录的文章文本内容进行分析。为了确定统计相关性以及额定数据（Nominal Scale Data）的观察样本符合预期分布，我们使用了 Pearson's Chi-Square（X^2）tests。检验值表示观测到的与原假设条件（类别间无差异）下差距是显著的（p<0.05）。

二、研究结果

（一）新闻报道信息

本研究的一个初步发现是，中国有大量的报纸报道干细胞相关的内容。我们的最初检索到的文章数量和我们最终的样本量都表明，干细胞研究和干细胞疗法是中国媒体和公众感兴趣的话题。尽管大多数的相关文章被分为"新闻"类别，但也有相当一部分是调查性的报道或是出现在报纸的"健康"板块。有关的新闻标题通常非常引人注意，且有少许新闻报道是关于干细胞与中药治疗结合以取得成功的治疗效果。（见表5-1）

表 5-1　　　　　　　　　关于干细胞相关内容报道标题的举例

"引人注意"的报道标题举例	《自体造血干细胞移植60例无一死亡》，载《中国中医药报》。 《玉林红十字会医院用干细胞移植治肝硬化等获成功》，载《广西日报》。 《解放军307医院造血干细胞移植成功率达90%以上》，载《云南日报》。 《拔一根头发，治疗你的顽症》，载《科技日报》。 《干细胞技术让你"重生"》，载《科技日报》。 《干细胞移植：让瘫痪病人站起来》，载《十堰日报》。 《骨髓间质干细胞移植可治红斑狼疮》，载《健康报》。 《神经干细胞移植治疗瘫痪试验成功》，载《中国妇女报》。 《脐带血存储能否成为"生命保险"?》，载《科技日报》。
关于干细胞与中药治疗结合的报道标题举例	《中西医融合干细胞技术拓展治疗新思路》，载《科技日报》。 《中药结合干细胞移植有效治疗多发性肌炎》，载《健康报》。 《骨髓间充质干细胞移植结合中药双管齐下治重症肌无力》，载《健康报》。 《探索中药对干细胞分化的作用》，载《文汇报》。 《解决健康问题不可舍弃中医》，载《健康报》。 《"三结合"治疗硬皮病效果明确》，载《大众卫生报》。 《中药结合干细胞移植治疗多发性肌炎》，载《大众卫生报》。 ……

其中，有超过半数的文章发表于 2003 年至 2007 年（183 篇，占比 56.8%）。数量趋势显示相关文章的发表量在 2009 年和 2010 年大幅激增（见图 5-1）。然而，在那些文章发表较少的年份（发表数量少于 30 篇），其文章内容似乎包含了更多关于干细胞疗法和相关科学研究的讨论，而关于患者治疗经历的描述较少。这表明这几年的文章在本质上更具评论性。大多数文章没有说明作者的职业或隶属单位，仅有 10 篇文章指出作者的身份是临床医生或其他医疗专业人员。这 10 篇文章的类型要么是社论，要么是刊登在报纸上的简

短调查报告（报纸的名称显示其专门关注健康问题，例如《健康报》和《健康时报》）。同时，它们的标题暗示了该文章的告知或教育意图（例如："干细胞治疗安全吗？""老年患者不适合干细胞治疗""干细胞临床应用标准与规则解读"等）。这些文章仍然是将干细胞疗法描绘为尖端技术，或是认为干细胞疗法在法律、道德和科学上均合理。

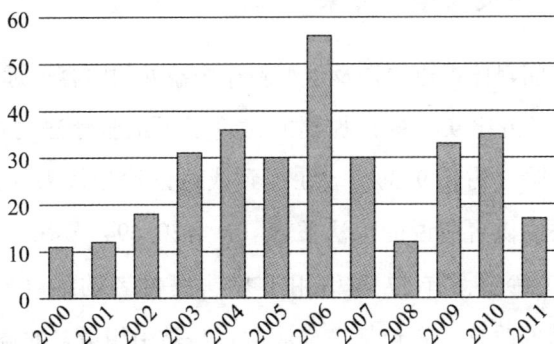

图 5-1　2000 年至 2011 年间中国报纸报道干细胞治疗的数量统计

（二）有关疗法提供者和患者

大多数文章确定或讨论了干细胞诊所或疗法提供者的信息（260 篇，占比 80.7%）。在 229 篇文章中，报道的疗法提供者位于中国（占比 88%）。同时，也有位于其他国家的疗法提供者被报道和讨论（12 家美国提供者、4 家英国提供者、9 家德国提供者、7 家巴西提供者、3 家日本提供者、5 家俄罗斯提供者、2 家法国提供者、2 家挪威提供者）。有 78.6% 的文章提及临床医生会应用干细胞疗法；9.9% 的文章提及科学家会使用干细胞疗法。来自人类和动物的成体干细胞移植或注射是最常被讨论的治疗来源（在 70.5% 的文章中提到或讨论）。2 篇文章报道了诱导性多能干细胞（Induced Pluripotent Stem Cell）的治疗用途；3 篇文章描述了胚胎干细胞（人源性和动物源性）的治疗用途。讨论最多的治疗地点是医院或诊所（在 78.3% 的文章中提到或讨论）以及实验室（在 9% 的文章中提到或讨论）。

报道中关于接受干细胞疗法的患者的文章共计 173 篇（占比 53.7%），通常没有说明他们的原籍国、年龄或性别。然而，大多数确诊的患者都是男性（69位男性，36位女性），他们要么来自中国，要么有中文名字，年龄在1~100岁。仅有11篇报道内容涉及其他国家患者。这说明跨国性质的"干细胞旅游"在中国的报纸上并没有得到太多的报道。事实上，我们并没有在研究样本中发现"干细胞旅游"这个术语明确出现。

（三）风险、益处及治疗效果

数据显示，新闻媒体报道中提及干细胞疗法益处的内容远远多于干细胞疗法风险。302篇文章（占比93.8%）提到或讨论了干细胞疗法的益处，而只有30篇的文章报道了风险（占比9.3%）。在提到或讨论治疗效果的文章中，有53%的文章引用了疗法提供者所说的疗法益处（$x^2 = 30.694$，p<0.001）。在30篇提到或讨论风险的文章中，有17篇引用了疗法提供者的话（$x^2 = 195.390$，p<0.001）。患者病情的改善（不包括完全治愈）是被引用最多的益处（226篇文章提到或讨论，占比70.2%）。也有63篇文章对患者所患疾病通过干细胞疗法得到完全治愈进行报道（占比19.6%）。只有4篇文章报道了美容方面的好处，比如，对容貌的改善。在风险方面，接受治疗后可能出现肿瘤和免疫排斥反应是最常被提及的风险。

共计有288篇文章（占比89.5%）对治疗效果及相关证据进行了讨论。其中，有280篇文章（占比87%）提出了支持干细胞疗法的证据。而只有8篇文章（占比2.5%）提出了反对使用干细胞疗法的证据。在提供支持性证据的文章中，有50.3%的文章引用了疗法提供者的宣传内容，而在8篇"警示性"文章中，只有1篇引用了疗法提供者所述的内容（$x^2 = 46.542$，p<0.001）。与引用临床试验（占比16.8%）、验证性试验报告（占比14.3%）和观察性研究（占比6.8%）的文章相比，更多的文章（占比43.8%）通过叙述"患者自述"来表明干细胞疗法具有治疗效果。很少有文章包含患者提供的证明（18篇，占比5.6%）；也很少有文章报道为患者提供的后续治疗或护理（15篇，占比4.7%）。同样的，只有15篇文章提到或讨论了与法律、伦理或监管政策有关的问题，其中只有5篇文章包含了有关批准干细胞疗法的相关信息（见表5-2）。

表 5-2 报道文中关于干细胞治疗的监管批准信息

文章名称	出版年份	提及的疗法名称/类别	批 准 信 息
《SFDA：从未批准干细胞注射液上市》	2006	无	国家食品药品监督管理局从未批准过任何干细胞注射液的药品生产批准文号，也没有批准过同类产品的药品进口批件。
《干细胞治疗："太阳就要升起"》	2009	胚胎干细胞治疗脊髓损伤	美国食品和药物管理局（FDA）批准胚胎干细胞治疗实验用于脊髓损伤治疗。
《美国启动胚胎干细胞临床试验》	2010	GRNOPC1 用于脊髓损伤	美国政府批准干细胞疗法药物 GRNOPC1 的首期人体临床试验。
《美批准胚胎干细胞试治疗老年人失明》	2011	胚胎干细胞治疗老年性黄斑变性	经美国食品和药物管理局（FDA）批准，先进细胞技术公司将着手试验，研究如何利用人类胚胎干细胞治疗一种名为"老年黄斑变性"的眼部疾病。
《医院不得随意采集移植造血干细胞》	2006	造血干细胞的收集和移植	卫生部近日印发《非血缘造血干细胞移植技术管理规范》和《非血缘造血干细胞采集技术管理规范》，规定未经卫生行政部门核准登记，医疗机构不得开展非血缘关系造血干细胞采集、移植技术。

　　提及疗法提供者对疗法风险的评价的文章数量占样本总量的 6.8%。其中，对疗法益处的评价占 49.7%，对治疗效果的评价占 44.1%。相比之下，有 1.9% 的文章引用了科学家的言论和观点以说明疗法存在风险；有 9.3% 的文章引用了科学家的言论和观点，以说明疗法具有益处。此外，科学家的言论和观点在 8.7% 的文章中被引用以说明疗法的功效。政策、法律或伦理专家在整个数据集中只被引用一次，并且没有政府官员的采访或言论被引用。尽管与疗法提供者相比，引用科学家言论及观点的文章要少得多，但引用科学家言论及观点以证实疗法具有益处的文章中，更有可能包括对疗法风险和法律、伦理、法规或政策问题

的讨论。在提及疗法风险的文章中，引用科学家言论及观点的文章占比 30%，而引用疗法提供者所述内容的文章占 7.5%（$x^2 = 13.01$，$p<0.001$）；在提及法律、伦理、法规或政策问题的文章中，引用科学家言论与观点的文章占比 16.6%，而引用疗法提供者所述内容的文章占比 1.25%（$x^2 = 16.92$，$p<0.001$）。

引用科学家言论及观点以证实疗法具有积极效果的文章中，也通常会将干细胞疗法描述为实验或正在发展中的科学项目，或将干细胞相关的知识描述为不完整或不确定的。其中，在将干细胞疗法描述为实验或正在发展中的文章中，引用科学家言论及观点的文章占比 90%，而引用疗法提供者所述内容的文章占 49%（$x^2 = 58.224$，$p<0.001$）；在将干细胞相关的知识描述为不完整或不确定的文章中，引用科学家言论及观点的文章占比 46.6%，而引用疗法提供者所述内容的文章占 15%（$x^2 = 16.28$，$p<0.001$）。同样，引用科学家关于治疗效果的文章更有可能讨论风险（引用科学家言论及观点的文章占比 21%，而引用疗法提供者所述内容的文章占 7.7%；$x^2 = 13.28$，$p=0.004$），或将干细胞科学及相关知识描述为不完整、不确定（引用科学家言论及观点的文章占比 46%，而引用疗法提供者所述内容的文章占 21%；$x^2 = 23.27$，$p=0.001$）或处于实验阶段（引用科学家言论及观点的文章占比 92.8%，而引用疗法提供者所述内容的文章占 53%；$x^2 = 68.634$，$p<0.001$）。

（四）对于疗法和疗法提供者的描述

普遍来看，报道文章对干细胞疗法和疗法提供者的描述持有积极的态度和看法。大多数文章将干细胞诊所和疗法提供者的活动和行为描述为前沿技术，或是会推进中国在世界干细胞研究领域的地位（占比 88.5%）。这其中，有 81.4% 的文章也关于疗法提供者（$x^2 = 90.889$，$p<0.001$）。有 95% 的文章将干细胞疗法描述为"革命性"的疗法（较现有治疗方法有明显的先进性）；有 10.9% 的报道将其描述为普遍的或常规的临床程序（剩下的 89.1% 没有讨论干细胞疗法是否为被列为常规医疗手段）。在 18% 的文章中，干细胞疗法被非常明确地描述为实验性的或正在发展的科研项目；33.2% 的文章虽没有明确提及，但是表现出干细胞疗法仍需观察、发展的态度。在有被明确表述为实验性研究的报道中，共提及了 58 名疗法提供者，其中，包括 29 名临床医生和 24 名科学家（$x^2 = $

101. 591，p<0. 001）。

有 150 篇文章对干细胞科学及其相关知识进行了描述。其中，有 94% 的文章将干细胞科学或知识被描述为"先进"、"前沿"或"已获证实"的；有 23. 3% 的文章将其描述为"不完整"或"不确定"的。尽管有 266 篇文章（占比 82. 6%）对干细胞治疗总体持中立态度（即仅描述或展示言论及观点的两面或多角度），但支持干细胞疗法的讨论（占比 14%）还是明显多于质疑或反对干细胞疗法的文章（占比 3. 4%）。

三、讨论

研究结果显示，跨国"干细胞旅游"在中国报纸这一纸质新闻传播媒介中并不是一个热门话题。虽然其他类型的新闻媒体可能会对"干细胞旅游"现象有所讨论，但报纸这一媒介报道的关注点聚焦在干细胞疗法本身、疗法提供者以及本地接受治疗的患者。这一发现可以与英文世界新闻报纸（来自加拿大、美国、英国、澳大利亚和新西兰）有关干细胞疗法的报道形成对比。干细胞旅游常被英文报纸报道，并通常被描绘为有关干细胞旅游者经历的有趣故事和体验。① 然而，我们的研究数据表明，大量中国医疗机构可能正对本国患者进行干细胞疗法。这一发现与现有的研究一致，即中国已经大量开展了未经证实的干细胞疗法。②

总的来说，我们的研究结果与现有的关于新闻媒体和干细胞疗法提供者的研究一样，具有相似的且令人失望的结果。③ 正如西方媒体对此报道的内容一样，似乎中国报纸也在采用不加批判的方法对干细胞疗法及其相关的体验故事进行报道。这些报道往往低估疗法风险，夸大治疗效果和相关科技的优势。新闻报道几乎没有提供或很少提供可靠的科学证据以支持疗法的临床应用或证明其是经监管部门的批准。然而，值得注意的是，本研究所检阅的新闻报道在很大程度上是持

---

① Amy Zarzeczny et al. , "Stem Cell Clinics in the News", *Nature Biotechnology* 28，2010, pp. 1243-1246.

② Joy Y Zhang, "Lost in Translation? Accountability and Governance of Clinical Stem Cell Research in China", *Regenerative Medicine* 12，2017，pp. 647-656.

③ Darren Lau et al. , "Stem Cell Clinics Online：The Direct-to-consumer Portrayal of Stem Cell Medicine", *Cell Stem Cell* 3，2008，pp. 591-594；Alan C Regenberg et al. , "Medicine on the Fringe：Stem Cell-based Interventions in Advance of Evidence", *Stem Cells* 27，2009，pp. 2312-2319；Amy Zarzeczny et al. , "Stem Cell Clinics in the News", *Nature Biotechnology* 28，2010，pp. 1243-1246.

中立态度。相比之下，参考有关英文报纸的研究发现，随着时间的推移，关于"干细胞旅游"和干细胞疗法报道的语气和用词却变得越来越正面积极。①

事实上，惯用"先进的""革命性的""最前沿的"等这样的形容词对于干细胞科学和疗法进行描绘是非常不准确的。鉴于新闻媒体在大众教育和科学传播方面的重要作用，我们可以推测：中国大众并没有接触到有关干细胞疗法的准确或平衡的信息。虽然，我们只能推断新闻媒体可能对大众对科技的理解和认知有所影响，但现有的文献、包括我们的研究发现表明，中国新闻媒体对未经证实的干细胞疗法的知名度起到了助推作用。

也许这项研究最重要的发现在于，干细胞疗法的媒体叙述内容极大地受到疗法提供者的影响和塑造。我们的研究数据清楚地表明，中国的报纸从疗法提供者那里获得了绝大部分信息。比如说，大多数的报道都提到了疗法提供者的名称及服务。而且，疗法提供者在讨论干细胞疗法的益处和治疗效果方面是被引用最多的群体。在这两个话题的讨论中，报道内容都对干细胞疗法持有"压倒性"的积极态度。同时，疗法提供者也与低估干细胞疗法风险和夸大干细胞治疗效果的讨论有关。最重要的是，我们的研究结果也表明，疗法提供者正在利用纸质传播媒介和媒体资源来宣传其疗法提供的行为。有些报道甚至将其行为描述为"有利于提高中国在干细胞研究和医学方面的国际地位"。②

报告中缺乏政策专家和政府官员的观点也是一项有趣的发现。首先，这表明政府对管理或规范干细胞疗法的公共话题缺乏兴趣。在一项关于中国新闻媒体对转基因技术③报道的可类比研究中，专家、科学家和政府官员出现在新闻媒体报道中的频率比本研究中要高。这项关于转基因技术的新闻媒体报道研究结果还表明，政府正在积极制定转基因生物的政策和安全法规，以鼓励转基因技术的开发和使用。相比之下，本研究中包含的文章几乎没有讨论或提及法规、政策。这就值得我们思考，在干细胞疗法研发的过程中，监管机构扮演何种角色。其次，有

---

① Amy Zarzeczny et al. , "Stem Cell Clinics in the News", *Nature Biotechnology* 28, 2010, pp. 1243-1246.

② 赵广立：《胎盘间充质干细胞治疗糖足获新进展》，载《中国科学报》2018年3月15日，第6版。

③ Li Du, Christen Rachul, "Chinese Newspaper Coverage of Genetically Modified Organisms", *BMC Public Health* 12, 2012, pp. 326-331.

关法律、伦理和政策方面的评论也很少，这表明与干细胞研究相关的社会争议（比如说，与使用人类胚胎进行研究相关的问题）不是中国新闻媒体感兴趣的话题。

综上所述，本研究揭示了基于中国环境的一些具有独特亮点的问题。比如，本研究发现，中国新闻媒体鲜有对"干细胞旅游"进行报道。此外，中国新闻媒体介绍和讨论的干细胞疗法多为疗法提供者所表述的内容。为解决这一问题，建议采用媒体参与策略（Media Engagement Strategies），以缓和或抵消疗法提供者对新闻媒体信息的重大影响。例如，可以促进新闻媒体机构更多地参与干细胞研究会议和科学事件，或是支持新闻媒体机构更优先获得科学传播资源等。此外，鉴于科学家对于干细胞科学或疗法的表述会相对客观准确，可以让更多科学家的声音通过采访或专栏的方式在报纸上报道。这样可以有更多关于干细胞研究的科学信息及相对平衡的报道出现在大众新闻媒体。

实例研究二：转基因作物的中国报纸报道[①]

转基因生物（Genetically Modified Organism，GMO）是指遗传物质被基因工程技术所改变的生物。随着农业生物技术的进步，人们可以利用转基因技术加工植物和动物，以实现提高生产效率、促进环保节能等目标。例如，转基因生物技术可以增加粮食产量、降低农药使用。[②] 此外，转基因技术还能生产具有特殊营养价值的产品，例如"金芥菜"（Golden Mustard），其是一种经基因改造后富含大量 β-胡萝卜素（维生素 A 的前体物质）的芥菜，可用于治疗维生素 A 缺乏症。[③] 20 世纪 80 年代初，以美国为主的发达国家利用其生产转基因作物的优势，启动了关于转基因技术的研发项目。[④] 我国自 1996 年以来，在国家高技术研究

① 本研究的原文请参见：Li Du and Christen Rachul, "Chinese Newspaper Coverage of Genetically Modified Organisms", *BMC Public Health* 12, 2012, pp. 326-331.

② Bruce E Tabashnik, "Communal Benefits of Transgenic Corn", *Science* 371, pp. 189-190.

③ Jeffrey Chow, Eili Y. Klein, and Ramanan Laxminarayan, "Cost-effectiveness of 'Golden Mustard' for Treating Vitamin A Deficiency in India", *PLOS One* 5, 2010, p. e12046.

④ Ruchir Raman, "The Impact of Genetically Modified (GM) Crops in Modern Agriculture: A Review", *GM Crops and Food* 8, 2017, pp. 195-208.

发展计划（国家 863 计划）、国家重点基础研究发展计划（国家 973 计划）① 和多个转基因技术研究专项计划的帮助下，在转基因棉花技术领域取得了显著进展。② 基于这些发展，我国棉花的产量和质量都得以提高，并成功地打破了一些国际公司对转基因棉花种子的垄断局面。③ 据法国路透通讯社（Reuters）报道，我国已成为世界上最大的转基因棉花生产国。④

　　除了在转基因技术研发领域取得突破性进展外，我国也重视转基因生物相关立法，制定了一系列农业转基因生物生物安全管理条例，形成农业转基因生物的监管框架。国务院于 2001 年 5 月 23 日发布了《农业转基因生物安全管理条例》。随后，我国原农业部（现改组为农业农村部）于 2002 年 1 月 5 日发布了 3 个配套法规（《农业转基因生物安全评价管理办法》《农业转基因生物进口安全管理办法》《农业转基因生物标识管理办法》），为转基因生物安全的监管工作提供了官方的约束框架。⑤ 2004 年，我国国家质量监督检验检疫总局发布了《进出境转基因产品检验检疫管理办法》。⑥ 相应的，我国也初步建立了农业转基因生物安全管理体系，同时构建国家农业转基因生物安全委员会，主要为转基因生物安全管理提供技术支持。此外，为强化各有关部门在此领域的协调配合，国家的七个有关部委也组成农业转基因生物安全管理部际联席会议制度，以加强农业转基因生物安全管理。⑦ 2017 年，国务院修订了《农业转基因生物安全管理条例》。

---

　　① 郭磊、蔡虹、孙卫：《以重大科技项目为主体的我国科技计划管理比较研究》，载《科技进步与对策》2013 年第 6 期。

　　② 蒋建科：《"一箭多雕"抗虫棉》，载《人民日报》2002 年 8 月 13 日，第 6 版。

　　③ 董峻：《在稳慎中坚定前行——我国农业转基因研发成效综述》，载新华网：http://www.xinhuanet.com/politics/2019-12/30/c_1125405320.htm，2021 年 3 月 10 日最后访问。

　　④ Niu Shuping, Tom Miles, "China Mulls GMO Food Law, Grain Law Ready in 2011", https://www.reuters.com/article/us-china-food-gmo/china-mulls-gmo-food-law-grain-law-ready-in-2011-idUSTRE6BQ0VV20101227, March 10, 2021.

　　⑤ 胡加祥：《我国〈生物安全法〉的立法定位与法律适用——以转基因食品规制为视角》，载《人民论坛·学术前沿》2020 年第 20 期。

　　⑥ 国家质量监督检验检疫总局：《进出境转基因产品检验检疫管理办法》，载中国政府网：http://www.gov.cn/gongbao/content/2005/content_63203.htm，2021 年 3 月 10 日最后访问。

　　⑦ 农业部：《第二届国家农业转基因生物安全委员会成立》，载中国政府网：http://www.gov.cn/gzdt/2005-06/22/content_8611.htm，2021 年 3 月 10 日最后访问。

原农业部亦随后修订了《农业转基因生物安全评价管理办法》《农业转基因生物进口管理办法》《农业转基因生物标识管理办法》，为监管农业转基因生物提供了更完善的管理规范依据。① 2020 年 10 月，第十三届全国人民代表大会常务委员会第二十二次会议通过《中华人民共和国生物安全法》，从国家立法的高度对生物技术研究、开发与应用安全进行系统规制，并重点关注针对生物技术的风险评估问题。②

尽管转基因生物的使用范围和普及程度越来越广泛，但科学家尚未充分探究转基因生物对环境和健康的潜在风险。一些科学家和社会组织担心转基因生物可能会带来潜在的健康和环境风险，比如食物过敏、③ 基因侵蚀，以及可能造成农作物对病虫害抵抗力降低等问题。④ 除了潜在的环境和健康风险外，还有许多与转基因技术相关的社会和伦理问题亦随之产生，包括生命商品化和不平等现象加剧等。⑤ 正是基于这些问题，转基因生物，尤其是转基因食品，仍然存在争议。

在我国，公众关注的焦点主要在于与转基因食品相关的健康问题。虽然转基因水稻和玉米的商业化生产在我国未获批准，但是已有两种转基因水稻品种和一种转基因玉米品种于 2009 年 11 月经由农业部生物安全委员会获得安全批准。⑥

---

① 吴珊等：《我国转基因作物的研发与安全管理》，载《中国农业科技导报》2020 年第 11 期。

② 全国人民代表大会：《中华人民共和国生物安全法》，载中国人大网：http：//www. npc. gov. cn/npc/c30834/202010/bb3bee5122854893a69acf4005a66059. shtml，2021 年 3 月 10 日最后访问。

③ Jeffrey Smith，"Genetically Engineered Soybeans May Cause Allergies"，http：//articles. mercola. com/sites/articles/archive/2010/07/08/genetically-engineered-soybeans-may-cause-allergies. aspx，March 10, 2021.

④ Alan McHughen，Robert Wager，"Popular Misconceptions：Agricultural Biotechnology"，*New Biotechnology* 27，2010，pp. 724-728.

⑤ William A. Munro，Rachel A. Schurman，"Sustaining Outrage：Cultural Capital，Strategic Location，and Motivating Sensibilities in the US Anti-genetic Engineering Movement"，in Wynne Wright and Gerad Middendorf eds，*The Fight over Food：Producers，Consumers，and Activists Challenge the Global Food System*，Pennsylvania，Pennsylvania State University Press，2008，pp. 145-176.

⑥ 李铁：《破析中国式转基因谬误与谣言》，载中国农业农村部网站：http：//www. moa. gov. cn/ztzl/zjyqwgz/zjyxwbd/201108/t20110801_2074206. htm，2021 年 3 月 10 日最后访问。

这在我国引发了一场关于转基因大米是否安全的大讨论。毕竟，大米是大多数国人的主食。然而，根据最初发表在《南方周末》上，后来被农业部在其网站上引用的一篇打破关于转基因食品的"中式谬论"和谣言的文章声称，大多数对于转基因食品安全的质疑都是错误的。该文章认为，这些谣言是由于公众对生物技术缺乏认识和对政府权威失去信心造成的。①

诚然，新闻媒体在向公众介绍转基因生物等新技术方面发挥重要作用。② 而且，新闻媒体也可以反映和塑造公众对卫生和科学领域新发展的看法。还有一些学者认为，新闻媒体可以对政策制定产生影响。③ 尽管新闻媒体在公众认知和政策制定方面的影响程度可能在不同的国家和地区有所不同，但据观察，我国的新闻媒体有助于普及科学知识，减轻公众对"新发明"的怀疑。④ 此外，尽管传统的纸质新闻媒体不再是唯一的信息来源（如互联网的出现和兴起）⑤，但报纸仍然是公众的重要信息来源之一，也有助于利用"语言框架设置"的方式，引导大众对某一话题产生关注。另外，通过报纸的渠道，大众也可以形成对于新技术的风险和益处的认识和理解。⑥

尽管新闻媒体扮演着重要的角色，但关于中国的新闻媒体如何描述转基因生物的探讨却很缺乏。本研究对中国主要国家新闻媒体就转基因生物的相关报道进行分析，以了解中国新闻媒体对于转基因生物的描述是积极的还是反对的，以及分析其以何种方式、提供何种有关转基因生物的信息。本研究的研究样本取自《人民日报》和《光明日报》。本研究的目的在于分析新闻媒体报道中关于转基因生物的内容。具体的审查内容包括：新闻媒体提到了哪些转基因生物？新闻媒体提到了哪些与转基因生物有关的问题？转基因生物有哪些好处和风险？文章的

---

① 李铁：《破析中国式转基因谬误与谣言》，载中国农业农村部网站：http：//www.moa.gov.cn/ztzl/zjyqwgz/zjyxwbd/201108/t20110801_2074206.htm，2021年3月10日最后访问。

② 苗文新：《专家缘何不愿开口》，载《人民日报》2011年5月23日，第20版。

③ Tania Bubela et al.，"Science Communication Reconsidered"，*Nature Biotechnology* 27，2009，pp. 514-518.

④ 苗文新：《专家缘何不愿开口》，载《人民日报》2011年5月23日，第20版。

⑤ Geoff Brumfiel，"Science Journalism：Supplanting the Old Media？"，*Nature* 458，2009，pp. 274-277.

⑥ Christen M Rachul, Nola M Ries, Timothy Caulfield，"Canadian Newspaper Coverage of the A/H1N1 Vaccine Program"，*Canadian Journal of Public Health* 102，2011，pp. 200-203.

总体态度，即新闻媒体报道对转基因技术的研究、开发和应用持有何种态度，是支持、反对还是中立？

一、研究方法

为了确认包含转基因问题讨论的报纸文章样本，我们收集了《人民日报》和《光明日报》的有关报道文章。这两家报纸是中国主要的官方报纸，被认为是中国的精英媒体。[①] 因此，其在政策议程设置中发挥着重要作用。[②] 需要指出的是，由于它们是中国的官方报纸，这两份报纸可能并不代表所有的中国纸质报纸对转基因生物的报道以及态度。我们检索了中国重要报纸全文数据库。该数据库涵盖了 2000 年以来《人民日报》和《光明日报》全部报道内容。

我们以"转基因"为关键词，对 2002 年 1 月 1 日至 2011 年 8 月 31 日期间，《人民日报》和《光明日报》发表的全部报道文章进行检索。检索结果显示《人民日报》在此期间共计发表过 50 篇标题内容含有"转基因"字样，且文章整体内容与转基因生物相关的文章；《光明日报》在此期间共计发表过 27 篇标题内容含有"转基因"字样，且文章整体内容与转基因生物相关的文章。我们之所以选择只搜索标题，而不是整篇文章，是为了确保该样本是主要集中讨论转基因生物的新闻报道文章。

本节采用归纳研究方法进行分析，以检阅新闻报道文章中讨论的转基因生物类型及相关议题的讨论；转基因生物所带来的利益和风险；同时评估新闻报道文章对转基因生物的态度，即对转基因生物的态度是支持、反对还是中立。这种态度既包括作者本人对转基因生物的态度，也包括依据新闻报道文章的用词及观点中呈现的立场来判断。例如，作者可能以一种中立的语气撰写文章，但是文章中却出现了相反的观点，这篇文章将被归类为质疑（或反对）。如果一篇文章的标题是否定的，但作者行文之中持一种中立态度，那么此类文章被归类为中立态度。

---

① 《〈2019 报纸融合传播指数报告〉发布 报纸传播渠道较完善》，载人民网：http：//yuqing. people. com. cn/n1/2020/0430/c209043-31694784. html，2021 年 3 月 10 日最后访问。

② Matthew C. Nisbet, Bruce V. Lewenstein, "Biotechnology and the American Media: The Policy Process and the Elite Press, 1970 to 1999", *Science Communication* 23, 2002, pp. 359-391.

二、研究结果

（一）转基因生物的种类

本研究中收集的所有新闻报道样本，其内容均涵盖了转基因植物和动物。具体而言，共计报道了 29 种转基因生物（见表 5-3）。其中，关于转基因棉花的文章占比 37.7%，涵盖了从种植转基因棉花的优势到我国转基因棉花技术研究的新进展等诸多议题。其他经常被提及的转基因作物还包括转基因玉米（占比30.8%）、大豆（占比 29.9%）、水稻（占比 24.7%）和油菜（占比 18.2%）。对于转基因动物，有 5.2% 的文章对转基因绵羊进行了相关报道。还有 3.9% 的文章提到转基因猪、转基因兔和转基因牛。

表 5-3 **报道文章中提到的转基因生物类型**

转基因生物类型	提及的文章占比及数量
转基因植物类	
棉花	37.7%（29）
玉米	30.8%（24）
大豆	29.9%（23）
水稻	24.7%（19）
油菜	18.2%（14）
小麦	7.8%（6）
土豆	6.5%（5）
番茄	6.5%（5）
其他	≤3.9%（3）
转基因动物类	
羊	5.2%（4）
猪	3.9%（3）
兔子	3.9%（3）
牛	3.9%（3）
其他	1.3%（1）

（二）涉及转基因生物的议题

我们所收集的文章包含了关于 10 个不同问题的讨论（见图 5-2）。在这些问题中，被讨论最多的是：转基因技术在中国的发展（如中国转基因棉花研究的突破）①；转基因生物的好处（例如，转基因技术可以帮助提高作物产量，同时减少杀虫剂的使用）②；转基因作物在中国的种植情况（如，2008 年至 2010 年，中国转基因棉花种植面积扩大到 2800 万英亩）③；与转基因食品有关的安全问题［例如，食用 BT 蛋白（BT Protein）是否安全］。④

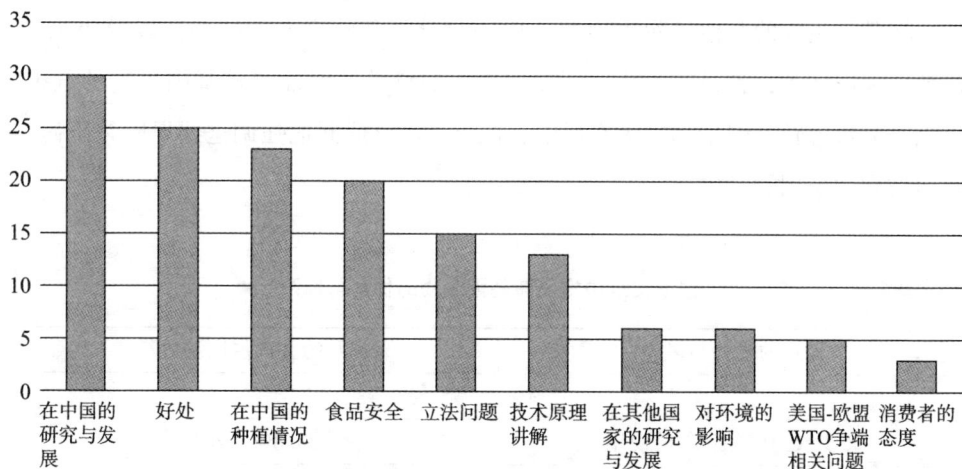

图 5-2　报纸文章中涉及转基因生物的相关问题

（三）转基因生物的优势与风险

我们还对这些新闻文章进行了评估，以考察研发和应用转基因技术的好处和

---

① 蒋建科：《我国棉花育种技术跃居世界前列》，载《人民日报》2005 年 9 月 18 日，第 1 版。

② 李晓宏：《转基因作物前景广阔》，载《人民日报》2008 年 4 月 3 日，第 14 版。

③ 蒋建科：《转基因抗虫棉打破国外垄断》，载《人民日报》2011 年 3 月 23 日，第 2 版。

④ 蒋建科：《转基因水稻能不能放心吃?》，载《人民日报》2009 年 12 月 25 日，第 5 版。

风险是如何被报道的。在分析过程中，我们发现两家报纸总共报道了 9 种转基因生物的好处和 7 种潜在风险（见表 5-4）。转基因生物最常被提及的两个好处是减少杀虫剂或除草剂的使用，以及提高产量，有 26 篇文章提及此（占比 33.8%）。其他经常被提及的优势包括：降低生产成本（占比 29.9%）、提高作物质量（占比 27.3%），以及增强作物对干旱、盐碱地或寒冷的耐受性（占比 22.1%）。有 4 篇文章阐述了转基因生物的环境效益。其中，有 3 篇报道讲述了转基因生物可以帮助减少磷的排放；有 1 篇文章指出转基因生物可以减少温室气体的排放。

相比之下，提及转基因生物相关风险的文章数量远远少于提及优势的文章。在这些提到潜在风险的新闻报道中，除了种子垄断风险和世界粮食贸易冲突风险外，转基因生物的其他风险也引起了中国科学家和政府人士的关注以及担忧。[1] 例如，他们认为，到目前为止，还没有确定的科学证据证明转基因生物的危害，应该充分考虑转基因生物的潜在风险，但也不应该武断地强调这些风险来阻碍转基因技术的应用和发展。

表 5-4　　　　　　　报纸文章中提及转基因生物的优势与风险

提及的优势与风险	提及的文章占比及数量
优　　势	
减少农药或除草剂的使用	33.8%（26）
产量更高	33.8%（26）
成本较低	29.9%（23）
质量提高	27.3%（21）
具有耐旱性、防盐渍性和耐寒性	22.1%（17）
保障食品安全	14.3%（11）
减少磷排放	3.9%（3）
减少温室气体排放	1.3%（1）
遏止疾病蔓延	1.3%（1）

---

[1]　蒋建科、丁洁：《转基因技术事关粮食安全》，载《人民日报》2008 年 11 月 27 日，第 14 版；张毅：《依法科学推进转基因技术研究与应用》，载《人民日报》2010 年 3 月 3 日，第 11 版；胡其峰：《未发生具有科学实证的转基因安全问题》，载《光明日报》2010 年 5 月 18 日，第 4 版。

续表

提及的优势与风险	提及的文章占比及数量
风　　险	
人类健康安全问题	11.7%（9）
基因污染	10.4%（8）
对除草剂或杀虫剂具有抗药性	6.5%（5）
种子垄断现象	5.2%（4）
世界粮食贸易冲突	5.2%（4）
对生物多样性的影响	3.8%（3）
对其他生物的危害	2.6%（2）

（四）对转基因作物的态度

如前所述，我们对新闻报道文章针对转基因生物持有的整体态度也进行了审查，即分析新闻报道文章对转基因生物是表示中立；表示支持或倡导转基因技术；还是持有负面态度或反对转基因技术继续发展。结果显示，作为中国新闻媒体的权威代表，《人民日报》和《光明日报》对转基因技术研发项目和转基因棉花的支持度较高（有37篇提及，占比48.1%）。有超过半数的文章（有40篇提及，占比51.9%）对该主题持中立态度，并基于转基因生物进行了描述性的报道。没有一篇新闻报道对转基因生物表达出负面或反对态度。

三、讨论

本研究通过分析中国新闻媒体的报道内容，特别是两大中国报纸对转基因技术发展的态度，在已有英文相关新闻媒体研究的基础上，取得了一些新的发现。根据我们数据集中的新闻报道样本，我国政府一直在努力加强转基因技术的发展，并特别关注生物安全管理问题，试图建立一个完善的转基因生物监管框架。这一目标在一定程度上是基于我国的现实环境和转基因生物的优势。作为一个人口众多、耕地有限且面临环境挑战的发展中国家，我国的科学家们一直致力于开发诸如转基因生物技术等新技术，以帮助确保国家粮食供应，改善人民的生活质量。此外，这一目标也是基于对现有的全球种子市场垄断的压力。① 我国希望通过发展具有自主知识产权的转基因作物，打破西方对全球种子的垄断格局。正如这些报纸所报道，我国在转基因棉花、转基因水稻和转基因杨树等转基因作物的应用和发展上取得了很多突破性进展。②

有学者认为，传统的新闻媒体在中国有助于启示和教育公众有关新科学技术的内容，同时，其也会在减轻公众对这些新科学技术的疑虑方面发挥作用。③ 换言之，科学家们在解读转基因食品是否安全的问题上，将扮演着重要的角色。根据我们的研究结果，有 8 篇报纸文章是对转基因领域专家的采访记录。这些新闻文章使用通俗易懂的语言对转基因生物的概念、转基因生物的好处以及中国目前转基因生物安全管理和监管的现状进行了阐述。更重要的是，新闻文章还讨论到，迄今为止，没有科学证据表明转基因生物会带来健康问题，公众可以放心地食用已批准的转基因作物。④

然而，我们也发现，有相当多一部分的报道文章似乎是为了教育公众有关转基因技术的相关概念而发表的。这些新闻报道对转基因技术本身进行了描述，也讨论了转基因技术的利弊。然而，这些"教育性"新闻文章对大众有关转基因技术及其应用的认知的影响程度尚不确定。以此领域的民意调查结果为例，我国的消费者对转基因技术还比较陌生。⑤ 因此，需要更多的研究来评估报纸对大众关于转基因生物认知的影响。

---

① The Associated Press, "Monsanto Strong-Arms Seed Industry", https://www.cbsnews.com/news/ap-monsanto-strong-arms-seed-industry/, March 10, 2021.

② 蒋建科：《我国农业生物技术整体水平跃居世界先进》，载《人民日报》2007 年 1 月 9 日，第 2 版。

③ 苗文新：《专家缘何不愿开口》，载《人民日报》2011 年 5 月 23 日，第 20 版。

④ 蒋建科：《转基因水稻能不能放心吃?》，载《人民日报》2009 年 12 月 25 日，第 5 版；蒋建科、丁洁：《转基因技术事关粮食安全》，载《人民日报》2008 年 11 月 27 日，第 14 版；张毅：《依法科学推进转基因技术研究与应用》，载《人民日报》2010 年 3 月 3 日，第 11 版；胡其峰：《未发生具有科学实证的转基因安全问题》，载《光明日报》2010 年 5 月 18 日，第 4 版；沈寅、张双、王星：《转基因 你了解多少?》，载《人民日报》2005 年 6 月 25 日，第 5 版；方舟子：《再谈转基因作物的安全性》，载《经济观察报》2010 年 4 月 5 日，第 45 版。

⑤ 沈寅、张双、王星：《转基因 你了解多少?》，载《人民日报》2005 年 6 月 25 日，第 5 版；胡其峰、张国圣：《专家呼吁加强转基因科普》，载《光明日报》2010 年 10 月 17 日，第 2 版。

需要承认的是，我们的研究有一些局限性。首先，我们只考察了我国两家主要的政府报纸的文章。其次，我们只使用"转基因"为关键词检索到文章标题层面。最后，新闻媒体报道对"外行人"的影响不在本节研究范围内。故此，我们还需要进行进一步的研究，以了解更广泛的中国新闻媒体（如地方报纸、互联网、电视等）如何描述转基因生物，以及新闻媒体在塑造中国环境下的公众意见和政策发展方面将会起到何种重要作用。

四、结论

我们的研究结果表明，中国纸质新闻媒体对转基因生物的支持程度很高。同时，纸质新闻媒体会积极推进国家转基因生物研究和开发，并促进转基因棉花的使用。诚然，虽然我国的新闻媒体报道了我国转基因生物的法律框架，包括农业转基因生物的生物安全管理体系，但有关转基因生物的风险或法律伦理问题的讨论在新闻报道中却鲜少出现。这些结果与其他国家（如英国、美国或日本）对转基因生物新闻报道的研究形成鲜明对比。因为在这些国家，对转基因技术的新闻报道往往包括激烈的辩论，会描绘出各类反对转基因作物产业的组织和个人的意见。[1]

如前所述，新闻媒体是公众获取卫生和科学信息的重要来源之一。然而，目前有许多因素有助于形成关于"新科学发展"的新闻报道。科学家和政府官员也对如何为公众构建"科学"信息起到了推进作用。特别是在我们的研究结果中，可以看出新闻媒体报道的内容依赖专家意见和采访。虽然我国的新闻媒体对公众认知和政策发展的影响程度尚不确定，但目前看来，新闻媒体、科学家和政府在教育公众有关新技术（如转基因生物）方面起到的作用相同。因此，它们应该共同努力，确保科学传播是准确和平衡的。

---

[1] Martha Augoustinos, Shona Crabb, and Richard Shepherd, "Genetically Modified Food in the News: Media Representations of the GM Debate in the UK", *Public Understanding of Science* 19, 2010, pp. 98-114; Tomiko Yamaguchi, Fumiaki Suda, "Changing Social Order and the Quest for Justification: GMO Controversies in Japan", *Science, Technology, and Human Values* 35, 2010, pp. 382-407; Catherine E. Crawley, "Localized Debates of Agricultural Biotechnology in Community Newspapers: A Quantitative Content Analysis of Media Frames and Sources", *Science Communication* 28, 2007, pp. 314-346.

挑战六：明星效应、社交媒体的传播

在上文，我们已经讨论了大众媒体（Popular Media）对公众获取卫生和健康信息的作用和重要性。新闻媒体所报道的内容一定程度上会塑造和反映公众对重大卫生事件和生物科技应用的看法。[①] 同时，新闻媒体的报道也会激发公众对新兴生物医学技术的兴趣，[②] 引导大众在卫生政策法规相关问题上的辩论。[③] 随着社交媒体平台的出现，近年大众通过社交平台在线互动和交流成为新的信息传播和大众讨论的途径。社交媒体，例如微博（Weibo）或推特（Twitter）允许其用户发布、分享或转发一定字数以内的消息，以表达他们的观点并参与公众辩论。社交媒体已经成为现代人生活的一部分，有着庞大的用户基数。以微博为例，其

[①] Research Canada, "Media Science Forum: Public Opinion Research Results", http://files. voog. com/0000/0024/8635/files/RC-MediaScienceForum _ PORPoll _ Dec2007 _ Report. pdf, March 18, 2021; Stuart N. Soroka, "Public Perceptions and Media Coverage of the Canadian Health Care System: A Synthesis", http://www. cfhi-fcass. ca/sf-docs/default-source/commissioned-research-reports/Soroka1-EN. pdf? sfvrsn=0, March 18, 2021; Toby A. Ten Eyck, "The Media and Public Opinion on Genetics and Biotechnology: Mirrors, Windows, or Walls?", *Public Understanding of Science* 14, 2005, pp. 305-316; Tamara Taggart et al., "Social Media and HIV: A Systematic Review of Uses of Social Media in HIV Communication", *Journal of Medical Internet Research* 17, 2015, p. e248; Christina Mary Pollard et al., Who Uses the Internet as A Source of Nutrition and Dietary Information? An Australian Population Perspective, *Journal of Medical Internet Research* 17, 2015, p. e209.

[②] Amy Zarzeczny et al., "Stem Cell Clinics in the News", *Nature Biotechnology* 28, 2010, pp. 1243-1246; Ross MacKenzie et al., "'The News is [not] All Good': Misrepresentations and Inaccuracies in Australian News Media Reports on Prostate Cancer Screening", *Medical Journal of Australia* 187, 2007, pp. 507-510; Li Du, Kalina Kamenova, and Timothy Caulfield, "The Gene Patent Controversy on Twitter: A Case Study of Twitter Users' Responses to the CHEO Lawsuit against Long QT Gene Patents", *BMC Medical Ethics* 16, 2015, p. 55.

[③] Jason Barabas, Jennifer Jerit, "Estimating the Causal Effects of Media Coverage on Policy-Specific Knowledge", *American Journal of Political Science* 53, 2009, pp. 73-89.

2020 年 5 月的活跃用户量超过 5.5 亿人；Twitter 平台 2020 年也获拥 3.3 亿名活跃用户。这些用户除了个人外，也包括各类组织，比如新闻媒体、学术机构、医疗机构等。广泛的用户类型和大量的使用人群为用户之间的在线讨论和辩论相关议题提供了多元的信息交流渠道，产生更广泛的社会影响。

在公共卫生法律政策研究方面，社交媒体也为评估卫生和健康问题的发展趋势、观察公众对主要卫生问题的反应及相关法律规范的影响等问题提供了丰富的自然数据来源。① 已有不少研究表明，社交媒体的出现和流行，促使重要的健康信息得以迅速和广泛的传播。同时其也为相关卫生政策和法律规范研究提供了新的角度和工具。② 例如，加赛克·拉齐科夫斯基（Jacek Radzikowski）等学者于2016 年开展了关于 Twitter 在麻疹疫苗描述中如何起到作用的研究。根据他们的研究，新闻机构提供的报道在传播健康相关信息方面比卫生组织直接发言的影响更广泛。③ 这提示，新闻机构在社交媒体的帮助下，可激发出更大的健康信息传播潜能和大众影响力。这种利用社交媒体的海量数据进行研究的方法也被称为"信息流行病学"（Infodemiology）或"信息监控"（Infoveillance）。④ 对于法学和生物科技的交叉学科研究，应用这些数据的分析，可以为法律实证分析提供很好的评估和论证基础。

另外一个值得特别关注的现象是：知名人士的观点和行为通过社交媒体对公众关于卫生和健康问题的态度产生了越来越大的影响。知名人士，涵盖各个领域

---

① Fei Xiong, Yun Liu, "Opinion Formation on Social Media: An Empirical Approach", *Chaos* 24, 2014, p. 013130; Cynthia Chew, Gunther Eysenbach, "Pandemics in the Age of Twitter: Content Analysis of Tweets during the 2009 H1N1 Outbreak", *PLoSOne* 5, 2010, p. e14118.

② Andrew Perrin, "Social Media Usage: 2005-2015", https://www.pewresearch.org/internet/2015/10/08/social-networking-usage-2005-2015/, March 18, 2021; Jacek Radzikowski et al., "The Measles Vaccination Narrative in Twitter: A Quantitative Analysis", *JMIR Public Health and Surveillance* 2, 2016, p. e1; Alessio Signorini, Alberto Maria Segre, and Philip M Polgreen, "The Use of Twitter to Track Levels of Disease Activity and Public Concern in the U.S. during the Influenza A H1N1 Pandemic", *PLoS One* 6, 2011, p. e19467.

③ Jacek Radzikowski et al., "The Measles Vaccination Narrative in Twitter: A Quantitative Analysis", *JMIR Public Health and Surveillance* 2, 2016, p. e1.

④ Cynthia Chew, Gunther Eysenbach, "Pandemics in the Age of Twitter: Content Analysis of Tweets during the 2009 H1N1 Outbreak", *PLoSOne* 5, 2010, p. e14118.

的名人，但尤以体育明星和影视明星的观点和行为的影响力最大。这些"明星"的举动受到媒体的重点关注。他们采用的食谱、开展的训练以及采取的治疗措施都会得到媒体的报道。而新闻媒体的报道则在社交媒体平台上迅速引起传播和讨论。而且，越来越多的明星通过个人社交平台与关注者或追随者进行更近距离的交流与互动。他们可以直接在社交媒体平台上发布、分享信息；与关注者在评论区互动。① 2013 年，好莱坞影星安吉丽娜·朱莉（Angelina Jolie）通过基因检测获知其携带 BRCA1 基因突变，并在随后接受了双侧乳腺切除手术。作为一种体外诊断（In Vitro Diagnostic，IVD）技术，"安吉丽娜效应"（Angelina Effect）让基因检测进入了普通人的视线。她的行为迅速登上各大社交媒体平台的热搜，引起社会的广泛关注，并引发女性的追随行为。2016 年，哈佛大学学者苏尼塔·德赛（Sunita Desai）和阿努潘·吉娜（Anupam B Jena）的相关研究提示，安吉丽娜采用的基因检测和后续激进的治疗引发了市场对乳腺癌基因检测项目的热捧。② 明星的行为和言论会对新兴医疗技术的使用产生直接而巨大的影响，并且所需的成本很低。但这些影响对人群并没有针对性，亦常使没有必要进行检测或治疗的人参与了相关医疗服务，造成医疗资源的巨大浪费。

因此，通过对社交媒体的考察，可以观察到大众对前沿生物科技认知的态度，有利于对现行立法进行评估，并对新立法提出建议。尽管基于 Twitter 进行的研究可能具有一定的局限性，因为 Twitter 用户既可能包括既得利益的商业组织和机构，个人使用者也多半是 50 岁以下、受过大学教育的成年人。③ 但不可否认的是，基于 Twitter 进行的研究仍然可以提供有价值的见解和观点，并帮助

① Priscila Biancovilli, de Oliveira Cardoso Machado Gabriel, and Claudia Jurberg, "Celebrity and Health Promotion: How Media Can Play an Active Role in Cancer Prevention and Early Detection", *Journal of Media and Communication Studies* 7, 2015, pp.41-48; Steven J Hoffman, Charlie Tan, "Biological, Psychological and Social Processes that Explain Celebrities' Influence on Patients' Health-related Behaviors", *Archives of Public Health* 73, 2015, p.3.

② Sunita Desai, Anupam B Jena, "Do Celebrity Endorsements Matter? Observational Study of BRCA Gene Testing and Mastectomy Rates after Angelina Jolie's New York Times Editorial", *British Medical Journal* 355, 2016, p.i6357.

③ Andrew Perrin, "Social Media Usage: 2005-2015", https://www.pewresearch.org/internet/2015/10/08/social-networking-usage-2005-2015/, March 18, 2021.

了解公众接触和互动的信息类型。以下，我们以干细胞治疗为例，讨论明星和社交媒体对干细胞治疗的传播和讨论的影响。

实例研究：社交媒体对干细胞疗法的传播

一、戈迪·豪（Gordie Howe） 干细胞治疗[①]

在前文，我们已经了解到，干细胞研究已经在国际范围内得到了来自生物科学界的持续关注。随着干细胞基础研究的不断发展，干细胞的临床应用潜力为各类疾病，尤其是一些现有医疗手段无法治疗的致命或慢性病的救治带来期望。[②]到目前为止，绝大多数干细胞疗法还处于实验阶段，仅极个别的干细胞产品获得政府食品与药品管理部门的批准。[③] 然而，多国已经有大量诊所和医疗机构通过各种销售途径宣传和提供未经证实的干细胞疗法（如美国、中国，墨西哥和乌克兰）。[④] 研究表明，许多病情较为严重或处于病程终末期的患者会选择前往这些

---

① 原文请参见：Li Du et al. , "Gordie Howe's 'Miraculous Treatment'：Case Study of Twitter Users' Reactions to a Sport Celebrity's Stem Cell Treatment", *JMIR Public Health and Surveillance* 2, 2016, p. e8.

② Inmaculada de Melo-Martín, Natalie Hellmers, and Claire Henchcliffe, "First-in-human Cell Transplant Trials in Parkinson's Disease：The Need for an Improved Informed Consent Process", *Parkinsonism & Related Disorders* 21, 2015, pp. 829-832; Susana Cantero Peral, Harold M Burkhart, and Timothy J Nelson, "Utilization of Stem Cells to Treat Congenital Heart Disease：Hype and Hope", *Current Opinion in Pediatrics* 26, 2014, pp. 553-560.

③ International Society for Stem Cell Research, "Stem Cell Reports", https：//www. cell. com/stem-cell-reports/home, March 18, 2021.

④ Darren Lau et al. , "Stem Cell Clinics Online：The Direct-to-consumer Portrayal of Stem Cell Medicine", *Cell Stem Cell* 3, 2008, pp. 591-594; Ubaka Ogbogu, Christen Rachul, and Timothy Caulfield, "Reassessing Direct-to-consumer Portrayals of Unproven Stem Cell Therapies：Is It Getting Better? ", *Regenerative Medicine* 8, 2013, pp. 361-369; Amy Zarzeczny et al. , "Stem Cell Clinics in the News", *Nature Biotechnology* 28, 2010, pp. 1243-1246; Ruairi Connolly, Timothy O' Brien, and Gerard Flaherty, "Stem Cell Tourism — A Web-based Analysis of Clinical Services Available to International Travellers", *Travel Medicine and Infectious Disease* 12, 2014, pp. 695-701; Kirstin R W Matthews, Ana S Iltis, "Unproven Stem Cell-based Interventions and Achieving a Compromise Policy Among the Multiple Stakeholders", *BMC Medical Ethics* 16, 2015, p. 75.

诊所和医疗机构接受干细胞治疗，即我们前文提到的干细胞旅游。①

近年来，一些知名人士，尤其是体育明星屡屡爆出寻求未经证实的干细胞疗法来治愈伤痛或加快运动伤康复的新闻。② 例如，一项研究显示，在 2012 年至 2013 年间，许多美国国家橄榄球联盟（The U.S. National Football League，NFL）的球员声称其在美国或美国境外（如德国和韩国），接受过干细胞治疗。③ 2014 年，前底特律红翼队（Detroit Red Wings）被称为"冰球先生"（Mr. Hockey）的冰球运动员戈迪·豪（Gordie Howe）前往墨西哥接受干细胞治疗。戈迪·豪是传奇的冰球运动员，名声斐然，他寻求干细胞治疗的行为被各大媒体广泛关注。据新闻报道，2014 年 12 月，戈迪·豪去往墨西哥，采用干细胞疗法以治疗他于 2014 年 10 月 26 日所发生的中风病症（以下简称为"戈迪·豪事件"）。④ 在这之后，有关戈迪·豪对干细胞疗法的积极评价在新闻、体育媒体和社交网络上引起了极大的轰动。一项"新闻报道和读者对戈迪·豪事件的评论"的研究表明，戈迪·豪接受的治疗通常被新闻报道为"有效"或"重大改善"。并且，公众的议论焦点往往更着重于为什么美国没有接受干细胞治疗的机会。公众对干细

① Kalina Kamenova, Amir Reshef, and Timothy Caulfield, "Angelina Jolie's Faulty Gene: Newspaper Coverage of a Celebrity's Preventive Bilateral Mastectomy in Canada, the United States, and the United Kingdom", *Genetics in Medicine* 16, 2014, pp. 522-528; Zubin Master et al., "Stem Cell Tourism and Public Education: The Missing Elements", *Cell Stem Cell* 15, 2014, pp. 267-270; Christen M Rachul, "What Have I Got to Lose?: An Analysis of Stem Cell Therapy Patients Blog", https://www.semanticscholar.org/paper/%22What-have-I-got-to-lose%22%3A-An-analysis-of-stem-cell-Rachul/5a04392fc2057af602516cb3612319b198122fba, March 18, 2021; Priscilla Song, "Biotech Pilgrims and the Transnational Quest for Stem Cell Cures", *Medical Anthropology* 29, 2010, pp. 384-402.

② Timothy Caulfield, Amy McGuire, "Athletes' Use of Unproven Stem Cell Therapies: Adding to Inappropriate Media Hype?", *Molecular Therapy* 20, 2012, pp. 1656-1658; Kirstin R W Matthews, Maude L Cuchiara, "U.S. National Football League Athletes Seeking Unproven Stem Cell Treatments", *Stem Cells and Development* 23, 2014, pp. 60-64.

③ Kirstin R W Matthews, Maude L Cuchiara, "U.S. National Football League Athletes Seeking Unproven Stem Cell Treatments", *Stem Cells and Development* 23, 2014, pp. 60-64.

④ Mike Halford, "Gordie Howe Makes 'amazing' Recovery Following Stem Cell Treatment in Mexico", https://nhl.nbcsports.com/2014/12/19/gordie-howe-makes-amazing-recovery-following-stem-cell-treatment-in-mexico/, March 18, 2021.

胞疗法可能引发的潜在风险，以及干细胞疗法缺乏科学证据的现状少有讨论。①

尽管包括 Twitter 在内的社交媒体平台已经被证明对干细胞研究及相关疗法的兴起和炒作起到了推波助澜的作用。② 但是，在 Twitter 上关于某一特定个体接受干细胞治疗的讨论是否也对炒作起到了推动作用，对这一问题上仍没有研究结论。戈迪·豪事件及其引发的 Twitter 讨论，特别是大众在 Twitter 上发表的对接受干细胞治疗和体育明星接受干细胞治疗的言论，为探讨这个问题提供了机会。本研究对戈迪·豪接受干细胞治疗的消息公布后五周内发布的关于他接受干细胞治疗的推文内容（Tweets）进行分析，并评估关于这些推文内容对于戈迪·豪事件的语气、态度。

（一）研究方法

本研究基于 Topsy API 程序，并使用 Python 编程语言开发了一个用于收集在 Twitter 上发布有关"戈迪·豪事件"的推文内容的语料库。该程序可以收集指定的时间范围内的包含特定术语的 Twitter 推文内容。③ 我们使用 Topsy API 程序是因为它是当时 Twitter 唯一的认证合作伙伴。④ 自 2006 年 Twitter 推出以来，Topsy API 程序就提供了对 Twitter 的无限制访问和全面报道服务。我们设置其自动抓取 2014 年 12 月 19 日 0 时（戈迪·豪事件首次出现在新闻媒体上的时间）到 2015

① Christen Rachul, Timothy Caulfield, "Gordie Howe's Stem Cell 'Miracle': A Qualitative Analysis of News Coverage and Readers' Comments in Newspapers and Sports Websites", *Stem Cell Reviews and Reports* 11, 2015, pp. 667-675.

② Christen Rachul, Timothy Caulfield, "Gordie Howe's Stem Cell 'Miracle': A Qualitative Analysis of News Coverage and Readers' Comments in Newspapers and Sports Websites", *Stem Cell Reviews and Reports* 11, 2015, pp. 667-675; Julie M Robillard et al., "Fueling Hope: Stem Cells in Social Media", *Stem Cell Reviews and Reports* 11, 2015, pp. 540-546; Kalina Kamenova, Timothy Caulfield, "Stem Cell Hype: Media Portrayal of Therapy Translation", *Science Translational Medicine* 7, 2015, pp. 278-ps4.

③ Topsy, "Created by Data Scientists: Built for brands", http://api.topsy.com/doc/overview/, March 18, 2021.

④ 2013 年苹果公司以 2 亿 2 千 5 百万美元收购了 Topsy 公司。随后于 2015 年 12 月 16 日，Topsy 正式停止提供 Twitter API 服务。参见：Sam Byford, "Apple Shuts Down Twitter Analytics Service Topsy", https://www.theverge.com/2015/12/16/10272128/topsy-shut-down-apple-twitter-analytics, March 18, 2021.

年 2 月 7 日 0 时（本研究开始收集数据的时刻）期间，在 Twitter 上发布的包含英文关键搜索词"Gordie Howe"和"Stem Cell"的推文内容（因为本书研究对象是英文的推文内容，所以，我们的搜索关键词是英文形式）。我们仅以上述两个搜索关键词进行搜索，汇编成一个可操作的推文内容研究样本库。如此，我们的研究样本库中不包含与搜索关键词相关的其他可能说法的推文内容。但我们搜集的样本量已经可以代表一个广泛的数据样本，可以供我们研究大众对"戈迪·豪事件"的讨论。在这一过程中，我们共计收集了 2788 条推文，包括推文发送的日期和时间、推文内容、推文链接、作者和作者链接。我们排除了 5 条与"戈迪·豪事件"不直接相关的推文，最终得到包含 2783 条推文的语料库。

对已收集推文内容的分析分为两个阶段进行。在第一个阶段，我们首先对 10% 的数据库内容进行了一次随机样本分析，并总结出几个在收集推文内容中被广泛提及的主题。例如，戈迪·豪健康状况的改善，以及戈迪·豪接受治疗的风险。在第二个阶段，我们建立了一个基于前一阶段总结出的主题的内容分析框架。该内容分析框架也同时参考了我们团队以前使用过的内容分析设计。[1] 这样，本研究采用的内容分析框架主要围绕 7 个主题问题展开：（1）推文内容是否包含对戈迪·豪健康状况改善的评价；（2）推文内容是否提及戈迪·豪接受的干细胞疗法是未经证实的；（3）推文内容是否将干细胞治疗定义为"奇迹"（miracle），或是"不可思议的"（miraculous）；（4）推文内容是否提及或将戈迪·豪的行为定义为"干细胞旅游"；（5）推文内容是否提到科学家、研究人员或伦理学家对此提出的质疑；（6）推文内容是否提及戈迪·豪接受的干细胞治疗存在风险；（7）推文内容的整体基调的评估，用来考察推文内容对"戈迪·豪事件"的态度或语气，是否是积极，消极或持中性客观态度。

我们其中一位作者负责对整个语料库进行内容分析。为了减少内容分析过程

---

[1] Ubaka Ogbogu et al. , "Chinese Newspaper Coverage of (unproven) Stem Cell Therapies and Their Providers", *Stem Cell Reviews and Reports* 9, 2013, pp. 111-118; Kalina Kamenova, Amir Reshef, and Timothy Caulfield, "Representations of Stem Cell Clinics on Twitter", *Stem Cell Reviews and Reports* 10, 2014, pp. 753-760; Christen M Rachul, Ivona Percec, and Timothy Caulfield, "The Fountain of Stem Cell-Based Youth? Online Portrayals of Anti-Aging Stem Cell Technologies", *Aesthetic Surgery Journal* 35, 2015, pp. 730-736.

中受主观因素影响的程度，一位不具备干细胞旅游等相关专业知识的独立研究员随机选择了 10% 的数据库进行内容分析，以评估前一位研究人员对内容分析结果的可靠性。随后，我们使用科恩卡帕系数（Cohen's Kappa）来对比计算内容分析结果之间的可靠性。检测结果在 0.75～1.000。基于理查德·兰迪斯（J. Richard Landis）与加里·科赫（Gary G. Koch）解释 kappa 基准的标准来说，这两份内容分析结果属于"基本一致或几乎完全一致"范畴。①

（二）研究结果

在新闻媒体公布戈迪·豪接受干细胞治疗后的五周内，Twitter 上的大部分讨论似乎都是由新闻媒体的报道引起的。一家媒体于 2014 年 12 月 19 日发布了一份声明称，戈迪·豪已接受干细胞治疗并且已经康复。随后，这一新闻在当天被多家新闻媒体报道。② 当天，根据我们的推文语料库，有 710 多条推文发出。在最初的一轮讨论过后，2015 年 1 月 27 日，CBC 体育报道（CBC Sports）称，戈迪·豪在接受干细胞治疗后健康状况出现显著的改善。这一天又出现了一个大众议论的高峰。从我们的推文语料库共计检索到当天推文达 419 条。值得注意的是，被转发或被分享的推文内容通常是报纸和体育网站等媒体发布的文章标题，来自个人的原创推文较少（见表6-1、表6-2）。

---

① J. Richard Landis, Gary G. Koch, "The Measurement of Observer Agreement for Categorical Data", *Biometrics* 33, 1977, pp. 159-174.

② Christen Rachul, Timothy Caulfield, "Gordie Howe's Stem Cell 'Miracle': A Qualitative Analysis of News Coverage and Readers' Comments in Newspapers and Sports Websites", *Stem Cell Reviews and Reports* 11, 2015, pp. 667-675; Noah Trister, "Family Credit Gordie Howe's Recovery to Stem Cell Trial", https://www.thestar.com/sports/hockey/2014/12/19/family_credit_gordie_howes_recovery_to_stem_cell_trial.html, March 18, 2021; Helene St. James, "Gordie Howe Underwent Stem Cell Clinical Trial in Mexico", https://www.freep.com/story/sports/nhl/red-wings/2014/12/19/detroit-red-wings-gordie-howe/20666829/, March 18, 2021; Kristen J Shilton, "Gordie Howe's Health Improving After Stem Cell Injections", https://www.usatoday.com/story/sports/nhl/wings/2014/12/19/gordie-howe-stem-cell-injections-health-improving-nhl/20667327/, March 18, 2021; Noah Trister, "Gordie Howe's Stem Cell Treatment Brings 'Miraculous' Results", https://www.huffingtonpost.ca/2014/12/19/gordie-howe-stem-cell-recovery_n_6358012.html, March 18, 2021.

表 6-1 　　　　　　　　戈迪·豪病情改善程度的推文举例

推文内容（Tweets）	原始发文媒体/作者	此条推文被转发或被分享的次数*
原文：Gordie Howe makes "amazing" recovery following stem cell treatment in Mexico. 译文：在墨西哥接受干细胞治疗后，戈迪·豪"惊人"地康复了。	美国 NBC 体育（NBC Sports）	188
原文：Gordie Howe shows improvement after stem cell treatment. 译文：戈迪·豪在干细胞治疗后病情改善。	加拿大 CBC 体育（CBC Sports）	157
原文：VIDEO：Stroke victim Gordie Howe, now (back) playing hockey! Stem Cell Co. CEO joins me (ClinicalTrials website). 译文：视频：中风受害者戈迪·豪，现在（回来）打曲棍球！干细胞公司首席执行官加入我（临床试验网站）。	凯思·奥伯曼（Keith Olbermann）	68
原文：Gordie Howe continues progress following stem cell treatment. 译文：戈迪·豪继续干细胞治疗的进程。	密歇根播报（Michigan Live）	58
原文：Experimental stem cell treatment key in Gordie Howe's dramatic improvement. 译文：实验性干细胞治疗是戈迪·豪取得显著进步的关键。	环球邮报（The Globe and Mail）	55
原文：Gordie Howe shows dramatic improvement after stem cell treatment. 译文：戈迪·豪在干细胞治疗后表现出了戏剧性的改善。	加拿大 CBC 体育（CBC Sports）	54
原文：Gordie Howe back stick-handling after stem cell treatment. 译文：戈迪·豪在干细胞治疗后恢复了手握球棍的能力。	底特律新闻（The Detroit News）	51

续表

推文内容（Tweets）	原始发文媒体/作者	此条推文被转发或被分享的次数*
原文：Gordie Howe's "miraculous" recovery after stroke credited to stem cell treatments in Mexico, says family. 译文：如戈迪·豪的家人说。他中风后的"奇迹般"康复归功于墨西哥的干细胞治疗。	罗杰斯体育网（SportsNET Canada）	46

*注："推文被转发"定义为以"RT"（Re-tweets）开头的推文；"推文被分享"指那些没有以"RT"开头，但其转发内容与原推文内容完全相同的推文。

表 6-2　　　　　　　　**对戈迪·豪干细胞治疗提出质疑的推文举例**

推文内容（Tweets）	原始发文媒体/作者	此条推文被转发或被分享的次数*
原文：Gordie Howe, stem-cell tourist: experts warn of a worrisome trend. 译文：戈迪·豪，干细胞观光客：专家们对这一令人担忧的趋势发出警告	渥太华公民报（Ottawa Citizen）	79
原文：Gordie Howe's stem cell therapy raises concerns among regenerative medicine. 译文：戈迪·豪的干细胞疗法引起了再生医学的关注	国家邮报（National Post）	76
原文：Gordie Howe's stem cell therapy raises concerns among medical experts. 译文：戈迪·豪的干细胞疗法引起了医学专家的关注	加拿大 CTV 新闻（CTV News）	40
原文：Gordie Howe's "miracle" in Mexico stirs experts' doubts about stem-cell therapy. 译文：戈迪·豪在墨西哥的"奇迹"激起了专家们对干细胞疗法的怀疑	环球邮报（The Global and Mail）	30

*注："推文被转发"定义为以"RT"（Re-tweets）开头的推文；"推文被分享"指那些没有以"RT"开头，但其转发内容与原推文内容完全相同的推文。

在我们的推文语料库中，大多数推文内容都提到戈迪·豪在墨西哥接受干细胞治疗后他的健康状况有所改善（2195/2783，占比 78.87%）。许多的推文内容亦会使用积极的词汇，如"奇迹般的"（miraculous）、"极大的"（dramatic）、"惊人的"（amazing）和"非凡的"（remarkable）等词汇来描述戈迪·豪病情改善的程度（见表 6-1）。此外，关于这位冰球运动员近况的详细描述也经常被转发，比如"戈迪·豪在接受了干细胞治疗后，从不能走路变成推着推车走"（"Gordie Howe goes from not being able to walk to pushing a cart around following stem cell treatment"）和"戈迪·豪在接受了干细胞治疗后，手握棍棒的能力恢复了"（"Gordie Howe back stick-handling after stem-cell treatment"）（见表 6-1）。其他常见的推文主题内容还包括对戈迪·豪的家庭成员的采访和摘录。这些内容在一定程度上确认戈迪·豪健康情况确实得到改善。例如，"戈迪·豪的家人说，戈迪·豪在注射干细胞后经历了奇迹般的康复"（"Gordie Howe's family said Gordie has made a miraculous recovery with stem cell injections"）；以及"马克·豪说，戈迪·豪健康情况因为接受干细胞治疗，已极大改善"（"Mark Howe says Gordie's health has improved dramatically since stem cell treatment"）（见表 6-1）。

我们经过研究发现，带有批评或对此提出质疑的推文内容则较少出现。在 2783 条推文中，只有一条提到戈迪·豪所接受的干细胞治疗未经证实；有 3 条推文警告称，干细胞疗法目前缺乏科学证据，需要进一步的研究来确定干细胞疗法的有效性和安全性。尽管有 10.31% 的推文内容（287/2783）提到，有科学家和研究人员对戈迪·豪接受的干细胞治疗提出挑战或质疑，但只有 5 条推文直接提及了其潜在的健康风险（见表 6-2）。在我们收集到的推文中，也有推文内容提到了干细胞旅游。有 3.70% 的推文（103/2783）将戈迪·豪定义为"干细胞游客"，或是将他在墨西哥接受的干细胞治疗描述为"干细胞旅游"。在这 3.70%（103/2783）的转发内容中，转发次数最多的说法是："戈迪·豪，干细胞游客：专家警告令人担忧的趋势"（"Gordie Howe, stem-cell tourist: experts warn of worrisome trend"），共计被转发 79 次（见表 6-2）。

总的来说，戈迪·豪事件可以作为一个成功的干细胞治疗案例来传播和讨论。大多数推文内容的语气和态度都是积极正面的（占比 71.79%；1998/2783）。这些推文的内容，要么使用了积极的词语来描述干细胞疗法，要么以一些评论来证明戈迪·豪的健康状况有了很大的改善。相比之下，只有14.73%（410/2783）的推文内容是负面的，而且通常集中在对戈迪·豪决定出国接受干细胞治疗的批评，以及医疗专家对干细胞疗法持有的担忧态度上。仅有一小部分的推文内容（375/2783；占比13.47%）的态度被认为是中立的，因为他们只是转发了关于戈迪·豪事件的相关消息。例如，"戈迪·豪在墨西哥接受了干细胞临床试验"（"Gordie Howe underwent stem cell clinical trial in Mexico"）和"马缇·豪讲述了戈迪·豪接受干细胞治疗的墨西哥之旅"（"Marty Howe recounts the trip to Mexico for Gordie Howe's stem cell treatment"）。

（三）讨论

我们的数据显示，绝大多数 Twitter 用户对戈迪·豪事件持积极态度，约在我们的语料库中占比71.79%（1998/2783）。相比之下，与未经证实的干细胞疗法相关的安全问题和潜在危害（例如，其对患者身体的伤害、患者及其家庭的经济负担，以及让患者产生不切实际的康复期望等风险）很少被提及。这些结果亦可能暗示大众对干细胞研究与临床应用现状的误解。以往的研究发现，新闻媒体对干细胞研究的报道经常造成不当的炒作效果。例如，有研究发现，有关干细胞研究的新闻报道往往对其从实验室研究到临床应用所需的时间长度做过于乐观的估计。[①] 鉴于许多原始的推文内容来自新闻媒体（如报纸和体育网站），我们这项 Twitter 社交媒体平台的研究说明社交媒体平台会对生物科技相关信息造成偏见效果，并助长了这些关于干细胞治疗过度乐观描述等误导性言论的传播。[②]

---

① Kalina Kamenova, Timothy Caulfield, "Stem Cell Hype: Media Portrayal of Therapy Translation", *Science Translational Medicine* 7, 2015, pp. 278-ps4; Matthew D Li, Harold Atkins, and Tania Bubela, "The Global Landscape of Stem Cell Clinical Trials", *Regenerative Medicine* 9, 2014, pp. 27-39.

② Christen Rachul, Timothy Caulfield, "Gordie Howe's Stem Cell 'Miracle': A Qualitative Analysis of News Coverage and Readers' Comments in Newspapers and Sports Websites", *Stem Cell Reviews and Reports* 11, 2015, pp. 667-675; Jacek Radzikowski et al., "The Measles Vaccination Narrative in Twitter: A Quantitative Analysis", *JMIR Public Health and Surveillance* 2, 2016, p. e1; Julie M Robillard et al., "Fueling Hope: Stem Cells in Social Media", *Stem Cell Reviews and Reports* 11, 2015, pp. 540-546; Kalina Kamenova, Timothy Caulfield, "Stem Cell Hype: Media Portrayal of Therapy Translation", *Science Translational Medicine* 7, 2015, pp. 278-ps4; Dimitar Nikolov et al., "Measuring Online Social Bubbles", *PeerJ Computer Science* 1, 2015, p. e38.

现有的研究已经表明新闻媒体往往对干细胞疗法的性质和作用采取积极支持的态度。[①] 本研究的研究结果也符合这一结论。我们发现，在新闻媒体首次详细报道戈迪·豪的治疗与康复情况之后，大量的推文随即发出。这一现象也凸显了知名人士在引导公众对生物医疗技术产生兴趣和讨论方面的力量。这一发现也与其他有关知名人士在健康问题上对公众影响的研究一致。[②] 例如，文章开篇提到的关于安吉丽娜·朱莉宣布自己乳腺癌的基因易感性的事件。[③] 该事件通过新闻和社交媒体的传播，明显增加了人们寻求乳腺癌基因检测的数量和对预防性手术的兴趣。[④]

因为戈迪·豪是在美国以外的地方接受的干细胞治疗，这就在 Twitter 上引发了围绕干细胞旅游及相关问题的讨论。然而，与关注戈迪·豪健康状况改善的推文内容相比，批评"干细胞旅游"现象的推文只占非常小的比例（103/2783；占比 3.70%）。我们还观察到，新闻媒体［如《国家邮报》（*National Post*）和《环球邮报》（*The Globe and Mail*）］和学术团体（如医学专家、科学家和伦理学者）确实对戈迪·豪事件提出了更多的批评意见和警告。例如，《国家邮报》报道："戈迪·豪接受的干细胞疗法引起了对再生医学的关注"（Gordie Howe's stem cell therapy raises concerns among regenerative medicine）。而《环球邮报》报道："戈迪·豪在墨西哥的'奇迹'激起了专家们对干细胞疗法的怀疑"（Gordie

---

① Julie M Robillard et al. , "Fueling Hope：Stem Cells in Social Media", *Stem Cell Reviews and Reports* 11, 2015, pp. 540-546; Kalina Kamenova, Timothy Caulfield, "Stem Cell Hype：Media Portrayal of Therapy Translation", *Science Translational Medicine* 7, 2015, pp. 278-ps4.

② Steven J Hoffman, Charlie Tan, "Biological, Psychological and Social Processes That Explain Celebrities' Influence on Patients' Health-related Behaviors", *Archives of Public Health* 73, 2015, p. 3; Steven J Hoffman, Charlie Tan, "Following Celebrities' Medical Advice：Meta-narrative Analysis", *British Medical Journal* 347, 2013, p. f7151; D Metcalfe, C Price, J Powell, "Media Coverage and Public Reaction to a Celebrity Cancer Diagnosis", *Journal of Public Health* 33, 2011, pp. 80-85.

③ Angelina Jolie, "My Medical Choice", https：//www. nytimes. com/2013/05/14/opinion/my-medical-choice. html? _r=0, March 18, 2021; Angelina Jolie Pitt, "Angelina Jolie Pitt：Diary of a Surgery", https：//www. nytimes. com/2015/03/24/opinion/angelina-jolie-pitt-diary-of-a-surgery. html, March 18, 2021.

④ D Gareth Evans et al. , "The Angelina Jolie Effect：How High Celebrity Profile Can Have a Major Impact on Provision of Cancer Related Services", *Breast Cancer Research* 16, 2014, p. 442.

Howe's 'miracle' in Mexico stirs experts' doubts about stem-cell therapy）。① 但遗憾的是，这些对干细胞疗法持谨慎态度的呼吁被大多数积极反应的推文所掩盖。由此可见，社交媒体平台上就体育明星接受干细胞疗法所表达的内容与态度极为不平衡。

本研究存在几个局限。首先，我们用来收集推文的搜索关键词是有限的，与搜索关键词相关的其他可能说法的推文内容可能没有被包括在内。其次，我们所收集的语料库仅由一个具有干细胞旅游专业知识的团队成员进行分析。虽然，我们已经对此采取了相应的措施来评估推文内容分析结果的可靠性，但仍可能存在主观因素会影响研究结果。另外，我们并未对推文中包含的网络链接进行分析，因此我们没能评估信息来源的范围，也无法断言哪种类型的新闻媒体报道被分享频率最为频繁，或哪种类型的新闻媒体报道可能具有更大的社会影响力。此外，我们也没有收集推文作者的背景信息。故此，我们无法评估其他语境因素——比如，关于戈迪·豪事件的推文是否来自某个特定的国家。对于 Twitter 在多大程度上帮助公众提高了对干细胞研究和治疗的科学理解这一问题，这还需要进一步的研究来检验。

（四）结论

基于我的研究，很多关于戈迪·豪事件的推文、讨论都是由新闻媒体报道所引起的。我们的研究表明大多数 Twitter 用户对戈迪·豪事件持积极态度。然而，Twitter 用户对于干细胞疗法缺乏科学证据的相关讨论很少；他们也较少关注与未经证实的干细胞治疗相关的潜在风险和安全问题。鉴于这些发现，我们似乎可以合理地得出这样的结论：在 Twitter 上进行的有关知名人士接受干细胞疗法的讨论，可能会对干细胞研究的炒作效果起到推波助澜的作用，亦会造成未经证实的干细胞疗法的功效和风险的不准确传播。反过来，这更可能会误导患者和大众对

---

① Darryl Dyck, "Gordie Howe's Stem Cell Therapy Raises Concerns Among Regenerative Medicine Experts", https://nationalpost.com/health/gordie-howes-stem-cell-therapy-raises-concerns-among-regenerative-medicine-experts, March 18, 2021; Sheryl Ubelacker, "Gordie Howe's 'Miracle' in Mexico Stirs Experts' Doubts About Stem-cell Therapy", https://www.theglobeandmail.com/life/health-and-fitness/health/gordie-howes-miracle-in-mexico-stirs-experts-doubts-about-stem-cell-therapy/article22695984/, March 18, 2021.

干细胞研究和疗法的科学认知，促使他们与那些销售未经证实的干细胞产品或采用未经证实的干细胞疗法的诊所或医疗机构联系，甚至前往这些非法诊所接受相关治疗。①

二、应对社交媒体上传播的生物科技误导信息的挑战与策略

（一）法律监管挑战

社交媒体上传播的生物科技误导信息可以分为两类：一类是有关生物科技的错误信息；一类是，如上研究所示，夸大科技优势却忽略其风险的失衡言论。这两种信息都会误导社交媒体用户对生物科技应用的认知和看法。对于社交媒体上夸大科技优势忽略其风险的失衡言论，目前，世界各国均没有理想的规范方式与监管制度。这是社交媒体兴起带来的挑战。社交媒体用户认为基于言论自由的基本权利，他们可以发表主观言论或转发自己认同的生物科技报道。然而，这些主观言论和科技报道可能并没有科学依据，或者根本就是伪科学。监管部门和社交平台在实践中也很难把握相关信息的准确性和发表作者的主观恶意程度。

在监管利用新媒体传播错误信息方面，我国还没有对错误信息进行专门立法。但 2017 年正式实施的《中华人民共和国网络安全法》（以下简称《网络安全法》）对虚假消息有专门规定。依据《网络安全法》第 12 条，个人和机构禁止使用互联网编造、传播虚假信息，扰乱经济与社会秩序。② 该法还强调新媒体平台运营者应当加强对用户发布信息的管理。如发现平台上有涉及禁止发布的信息时，应当立即采取删除等处置措施，防止信息扩散，并上报有关主管部门。此外，针对杜绝虚假信息和歪曲事实的言论在互联网上的传播，国家相关部门也出台了一系列管理办法。例如，公安部于 1997 年发布、2011 年修订的《计算机信

① St. Albert Gazette, "Stem Cell Treatment Gives Local Family New Lease on Life", https：//www. stalberttoday. ca/local-news/stem-cell-treatment-gives-local-family-new-lease-on-life-1288253, March 18, 2021.

② 全国人民代表大会常务委员会：《中华人民共和国网络安全法》，载中华人民共和国国家互联网信息办公室网站：http：//www. cac. gov. cn/2016-11/07/c_1119867116. htm，2021年 3 月 18 日最后访问。

息网络国际联网安全保护管理办法》要求任何单位和个人不得利用制作、复制、查阅和传播捏造或歪曲事实的信息。2017 年，国家互联网信息办公室发布了《互联网新闻信息服务管理规定》。该规定明确指出，通过互联网站、应用程序、论坛、博客、微博客、公众账号、即时通信工具、网络直播等新媒体形式向社会公众提供新闻信息服务的平台和机构，在转载新闻信息时，应当转载官方新闻单位发布的信息，严格注明新闻信息来源、原作者、原标题等内容，不得篡改新闻内容原意。2019 年，国家互联网信息办公室颁布《网络信息内容生态治理规定》。该规定于 2020 年 3 月起实施，其明确禁止"网络信息内容生产者"散布谣言，同时提出应当抵制发布、传播使用夸张标题或与标题严重不符的内容。对于在信息网络等媒体平台上编造、传播错误信息，或故意传播错误信息、扰乱社会秩序的行为，情节严重的，可依 2015 年通过的《刑法修正案（九）》第 291 条认定为编造、故意传播虚假信息罪。① 这些相关规定都可适用到在社交媒体上传播生物科技的错误信息行为，规范与监管有关生物科技研发与应用的错误言论的传播。

尽管我国有相关立法可以适用，但现有法律基本是对"谣言"或"虚假信息"的规范，而未对生物科技有关的"错误信息"形成一致的法律定义。由于法律规定中空缺对错误生物科技信息内涵及范围的界定，潜在的信息发布者和传播者不能判断其发布或转载的信息是否属于错误生物科技信息；新媒体平台的运营者、监管部门也不能及时过滤筛查这类错误信息，导致相关法律条款的引导和规范作用被大大削弱。此外，现行法规也未明确规定"编造""传播"行为的具体认定标准，及其相应量罚标准。由于缺乏认定"编造""传播"错误信息的具体标准，对于适用现有法律条款处理日益增长的新媒体平台上错误生物科技信息的发布、传播问题也将面临挑战。在司法实践中，容易造成同案不同判的结果。②

---

① 戴佳：《两高发布关于办理网络诽谤等刑事案件适用法律若干问题的解释》，载中华人民共和国最高人民检察院网站：https：//www. spp. gov. cn/spp/zdgz/201309/t20130910_62417. shtml，2021 年 3 月 18 日最后访问。

② 郑蝉：《编造、故意传播虚假信息罪的司法适用》，载《中国检察官》2020 年第 12 期。

（二）完善监管制度的建议

1. 确定生物科技错误信息的定义

为有效应对社交媒体上错误生物科技信息传播的盛行，首先应明确错误生物科技信息的概念及内涵。错误信息，就字面意思理解即内容不正确或不准确的信息。① 结合生物科技信息的科学属性，错误的生物科技信息可以规定为：未经科学验证的、非经权威部门确认的、与科学证据不符的或无法查证的具有一定误导性甚至欺骗性的生物科技信息。错误生物科技信息可表现为：完全没有科学依据的信息，例如，"吃转基因食品容易致癌"等。或可表现为夸大生物科技应用效果，隐瞒其风险的信息，例如，"事实上医生们已应用这些类型的干细胞超过 40 年了。美国国立卫生研究院（National Institutes of Health，NIH）已声明其没有看见癌症或其他卫生问题与这类移植有关"②。

2. 考量主观恶意与危害结果

面对错误的生物科技信息，除了相关卫生部门从内容上及时核查该信息是否与真实情况相符合外，还应考虑发言者、传播者是否具有主观故意，以及言论是否造成严重的危害结果。具体而言，对于相关错误信息的编造者来说，其并对信息采取"编造"发布的行为，已经包含了主观上的故意，较易判断。但在司法实践中，判断传播者是否具有主观恶意存在一定的困难。对此，可以将传播者的认知水平是否能明确知悉该卫生信息不实作为认定恶意的依据。同时，还可以以其是否获利为判断标准之一。该等利益可以是自身直接获得的经济利益，也可以出于吸引关注、恶意诽谤等其他动机，亦可以是为他人谋取利益等情况。

鉴于生物科技信息的特殊性，错误的生物科技信息或言论可能会产生严重的误导后果。在现有可适用于处理错误生物科技信息传播的法律条文中，都提及对"情节严重"的行为进行严格处罚。但是，现有立法均未对"情节严重"的判断标准进行具体说明。对此，可以以统计信息阅读量、转载数量等量化指标，来综合推断信息的传播范围。同时，以错误生物科技信息带来的负面影响来判断其影

---

① 温家林、张增一：《错误信息的产生、传播及识别和控制——错误信息已有研究评述》，载《科学与社会》2018 年第 3 期。

② 邱仁宗：《从中国"干细胞治疗"热论干细胞临床转化中的伦理和管理问题》，载《科学与社会》2013 年第 1 期。

响程度。如，该错误信息是否导致对大规模人群的误导；是否对经济和社会秩序造成消极影响；是否给个人带来实际损害，包括身体和财产上的损害等。对于具有主观故意、传播范围广、影响程度深的错误生物科技信息编造者，进行严厉处罚，甚至追究刑事责任。对于传播者，则视其传播信息的范围、影响进行处罚。新媒体平台的运营者更应该对此尽到监管责任，如出现失察、放任错误生物科技信息传播现象，或从中获利的，应当对该新媒体平台予以严厉的行政处罚，包括高额罚款、停业整顿、吊销经营许可证等。因其传播的错误生物科技信息而对公众健康和社会秩序造成严重后果的，应当追究主要经营人或利益相关者的刑事责任，以起到威慑作用。

3. 建立具有公信力的法定卫生信息管理机构

错误的生物科技信息以及相关失衡言论的广泛传播可能始于群众对具体技术的不了解。治理错误生物科技信息问题，在建立一套行之有效的立法监督体系的同时，也应当设置一个专门的、具有权威性、具有公信力的健康信息管理机构，负责引导准确的生物科技信息的发布和传播，及时揭示失衡言论的不足。该机构应受国家网信部门监管，由国家卫生健康委员会运营，立足于新媒体平台。其具有发布以科学证据为基础的生物科技信息，监管相关信息传播，以及组建相应的专家小组迅速核实正在大规模传播的生物科技信息真伪的权力。同时，该机构也拥有对于正在新媒体平台上传播的错误生物科技信息及时阻断的权力。

结　　语

如引言部分介绍，本书是基于本人近年主导或参与的课题研究及其成果为主要内容展开。尽管这些研究中有的是五年前或更早完成的，但这些生物科技商业化的法律监管挑战至今并未得以良好的解决，相关的法律、伦理问题仍是讨论焦点。例如，社交媒体在虚假或错误健康信息传播方面仍极具挑战性。2020 年新冠肺炎疫情肆虐全球。其间，我们看到大量的有关病毒传播途径、疫苗研发和有效性的错误信息和虚假信息借助社交媒体平台在全球传播。[①] 其对公共卫生和公共安全的负面影响波及世界各国，给各国乃至全球疫情控制带来极大挑战。[②]

此外，本书讨论的这些生物技术也在继续研究与发展。例如，在新冠肺炎的救治方面，不少研究成果表明，干细胞疗法对于新冠肺炎的治疗有积极效果。[③]

[①]　Nicole M. Krause, et al. , "Fact-checking as Risk Communication: The Multilayered Risk of Misinformation in Times of COVID-19", *Journal of Risk Research* 23, 2020, pp. 1052-1059; Sahil Loomba, et al. , "Measuring the Impact of COVID-19 Vaccine Misinformation on Vaccination Intent in the UK and USA, *Nature Human Behavior* 5, 2021, pp. 337-348.

[②]　Meha Puri, et al. , "Social Media and Vaccine Hesitancy: New Updates for the Era of COVID-19 and Globalized Infectious Diseases", *Human Vaccine & Immunotherapeutics* 16, 2020, pp. 2586-2393; Olayinka O. Ogunleye, et al. , "Response to the Novel Corona Virus (COVID-19) Pandemic Across Africa: Successes, Challenges, and Implications for the Future", *Frontiers in Pharmacology* 11, 2020, pp. 1-36; Ian Freckelton QC, "COVID-19: Fear, Quackery, False Representations and the Law", *International Journal of Law and Psychiatry* 72, 2020, pp. 1-12.

[③]　Ali Golchin, Ehsan Seyedjafari, and Abdolreza Ardeshirylajimi, "Mesenchymal Stem Cell Therapy for COVID-19: Present or Future", *Stem Cell Reviews and Reports* 16, 2020, pp. 427-433.

又如，大规模人群基因组测序已经成为各国开展精准医学计划的基础性工程。①
同时，在重大疾病诊断方面不断有新的基因检测产品得到上市许可。② 合成生物
科技研发的势头保持强劲。运用合成生物学技术的细胞肉、植物肉正朝着入市审
批的方向大力发展。③ 面向未来，我们将持续见证生物技术研发的迅猛发展与不
断突破。同时，新的生物科技商业化应用也警示着潜在的法律、伦理及社会问
题。毫无疑问，前沿生物技术的商业化将给法律法规监管带来新的挑战，相关法
律、伦理问题的研究还将继续推进。

最后，要借此机会特别感谢我的博士学生王萌同学。她协助完成了大量的翻
译和资料搜集工作。其鼎力相助让本书得以顺利完成。我也要感谢澳门大学和澳
门大学法学院的各方面支持，可以让我有机会将自己的研究整理成书和各位同行
分享。

---

① 近年，美国、英国、澳大利亚、中国都相继开展了大规模人群基因组测序工程，为
精准医学计划的发展提供了基因大数据研究基础。National Institutes of Health, "The Future of
Health Begins with You", https：//allofus. nih. gov/, March 31, 2021; National Health System,
"Personalised Medicine", https：//www. england. nhs. uk/healthcare-science/personalisedmedicine/,
March 31, 2021; Australian Trade and Investment Commission, "Precision Medicine（Genomics）",
https：//www. austrade. gov. au/digitalhealth/precision-medicine/precision-medicine, March 31, 2021;
袁勃：《中国百万人群基因大数据研究迈入第一步》，载人民网：http：//scitech. people. com. cn/
n1/2018/1010/c1007-30333509. html，2021 年 3 月 31 日最后访问。

② Genomeweb, "FDA Approves Foundation Medicine Liquid Biopsy Test as CDx for
Lynparza", https：//www. genomeweb. com/companion-diagnostics/fda-approves-foundation-medicine-
liquid-biopsy-test-cdx-lynparza#. YGV6MmQzZ6o, March 31, 2021.

③ Guoqiang Zhang, et al., "Challenges and Possibilities for Bio-manufacturing Cultured
Meat", Trends in Food Science & Technology 97, 2020, pp. 443-450; Aradhana Aravindan, John
Geddie, "Singapore Approves Sale of Lab-Grown Meat in World First", https：//www. reuters. com/
article/us-eat-just-singapore-idUKKBN28C06Z, March 31, 2021.

参 考 文 献

一、中文专著

旭日干、庞国芳：《中国食品安全现状、问题及对策战略研究》，科学出版社2015年版。

二、中文期刊文献（按照引用先后顺序排列）

1. 郑斯齐、韩祺、陈艳萍等：《近期国外生物经济战略综述及对我国的启示》，载《中国生物工程杂志》2020年第4期。

2. 李菲、龙耀辉、赵劲松等：《我国生物医药产业现状及区域化发展战略》，载《中国生物工程杂志》2020年第8期。

3. 陈方、丁陈君、吴晓燕等：《生物科技领域国际进展与趋势分析》，载《世界科技研究与发展》2018年第1期。

4. 吴林海、吕煜昕、吴治海：《基于网络舆情视角的我国转基因食品安全问题分析》，载《情报杂志》2015年第4期。

5. 韦敏：《科学传播困境背后的技治主义——以黄金大米的科学传播为例》，载《科学与社会》2018年第1期。

6. 李真真、董永亮、高嫱蔚：《设计生命：合成生物学的安全风险与伦理挑战》，载《中国科学院院刊》2018年第11期。

7. 朱迅：《干细胞技术：全球医疗的下一个重大突破口》，载《药学进展》2019年第6期。

8. 柯敏霞、纪猛、王皓等：《干细胞模型研究进展及商业化应用的现状》，载《中国组织工程研究》2018年第5期。

9. 王佃亮：《干细胞治疗现状、策略与前景展望》，载《转化医学杂志》2018 年第 6 期。

10. 王立宾、祝贺、郝捷等：《干细胞与再生医学研究进展》，载《生物工程学报》2015 年第 6 期。

11. 王廷梅：《生物疗法监管问题及路径探索——以"魏则西事件"为视角》，载《南京医科大学学报（社会科学版）》2017 年第 1 期。

12. 陈海丹：《干细胞临床研究政策回顾和展望》，载《自然辩证法通讯》2018 年第 3 期。

13. 王昌林、韩祺：《着力推进生物产业供给侧结构性改革》，载《中国生物工程杂志》2017 年第 7 期。

14. 杜立、王萌：《合成生物学技术制造食品的商业化法律规范》，载《合成生物学》2020 年第 5 期。

15. 张先恩：《中国合成生物学发展回顾与展望》，载《中国科学：生命科学》2019 年第 12 期。

16. 孙明伟、李寅、高福：《从人类基因组到人造生命：克雷格·文特尔领路生命科学》，载《生物工程学报》2010 年第 6 期。

17. 鄢梦洁：《合成生物学的研究及其对社会经济发展的影响》，载《当代经济》2018 年第 4 期。

18. 崔金明、张炳照、马迎飞等：《合成生物学研究的工程化平台》，载《中国科学院院刊》2018 年第 11 期。

19. 杜全生、洪伟、祖岩：《2010—2019 年国家自然科学基金资助合成生物学领域情况》，载《合成生物学》2020 年第 3 期。

20. 欧亚昆、雷瑞鹏：《合成生物学自我管治的伦理探析》，载《伦理学研究》2018 年第 2 期。

21. 马诗雯、王国豫：《如何应对合成生物学的不确定性——〈合成生物学的监管：生物砖，生物朋克与生物企业〉评介》，载《科学与社会》2019 年第 3 期。

22. 刘志艳、杨兵、赵荣生等：《基因导向的个体化治疗》，载《临床药物治疗杂志》2017 年第 1 期。

23. 黄辉等：《临床基因检测报告规范与基因检测行业共识探讨》，载《中华医学遗传学杂志》2018 年第 1 期。

24. 黄清华：《治理中国"干细胞治疗"乱象》，载《科技导报》2012 年第 25 期。

25. 郭磊、蔡虹、孙卫：《以重大科技项目为主体的我国科技计划管理比较研究》，载《科技进步与对策》2013 年第 6 期。

26. 胡加祥：《我国〈生物安全法〉的立法定位与法律适用——以转基因食品规制为视角》，载《人民论坛·学术前沿》2020 年第 20 期。

27. 吴珊等：《我国转基因作物的研发与安全管理》，载《中国农业科技导报》2020 年第 11 期。

28. 郑蝉：《编造、故意传播虚假信息罪的司法适用》，载《中国检察官》2020 年第 12 期。

29. 温家林、张增一：《错误信息的产生、传播及识别和控制——错误信息已有研究评述》，载《科学与社会》2018 年第 3 期。

30. 邱仁宗：《从中国"干细胞治疗"热论干细胞临床转化中的伦理和管理问题》，载《科学与社会》2013 年第 1 期。

三、中文报纸析出文献（按照引用先后顺序排列）

1. 张章：《再生医学迎来新势力》，载《中国科学报》2016 年 7 月 20 日，第 3 版。

2. 赵广立：《胎盘间充质干细胞治疗糖足获新进展》，载《中国科学报》2018 年 3 月 15 日，第 6 版。

3. 蒋建科：《"一箭多雕"抗虫棉》，载《人民日报》2002 年 8 月 13 日，第 6 版。

4. 苗文新：《专家缘何不愿开口》，载《人民日报》2011 年 5 月 23 日，第 20 版。

5. 蒋建科：《我国棉花育种技术跃居世界前列》，载《人民日报》2005 年 9 月 18 日，第 1 版。

6. 李晓宏：《转基因作物前景广阔》，载《人民日报》2008 年 4 月 3 日，第

14 版。

7. 蒋建科：《转基因抗虫棉打破国外垄断》，载《人民日报》2011 年 3 月 23 日，第 2 版。

8. 蒋建科：《转基因水稻能不能放心吃?》，载《人民日报》2009 年 12 月 25 日，第 5 版。

9. 蒋建科、丁洁：《转基因技术事关粮食安全》，载《人民日报》2008 年 11 月 27 日，第 14 版。

10. 张毅：《依法科学推进转基因技术研究与应用》，载《人民日报》2010 年 3 月 3 日，第 11 版。

11. 胡其峰：《未发生具有科学实证的转基因安全问题》，载《光明日报》2010 年 5 月 18 日，第 4 版。

12. 蒋建科：《我国农业生物技术整体水平跃居世界先进》，载《人民日报》2007 年 1 月 9 日，第 2 版。

13. 沈寅、张双、王星：《转基因　你了解多少?》，载《人民日报》2005 年 6 月 25 日，第 5 版。

14. 方舟子：《再谈转基因作物的安全性》，载《经济观察报》2010 年 4 月 5 日，第 45 版。

15. 胡其峰、张国圣：《专家呼吁加强转基因科普》，载《光明日报》2010 年 10 月 17 日，第 2 版。

四、中文网站文献（按照引用先后顺序排列）

1.《生物多样性公约》缔约方大会：《〈生物多样性公约〉的卡塔赫纳生物安全议定书》，载联合国公约与宣言检索系统：https：//www.un.org/zh/documents/treaty/files/cartagenaprotocol.shtml，2021 年 2 月 23 日最后访问。

2. 全国人民代表大会：《中华人民共和国生物安全法》，载中国人大网：http：//www.npc.gov.cn/npc/c30834/202010/bb3bee5122854893a69acf4005a66059.shtml，2021 年 2 月 23 日最后访问。

3. 中华人民共和国科学技术部：《科技部关于印发〈生物技术研究开发安全管理办法〉的通知》，载中华人民共和国科学技术部官网：http：//www.most.

gov. cn/xxgk/xinxifenlei/fdzdgknr/fgzc/gfxwj/gfxwj2017/201707/t20170725 _ 134231.
html，2021 年 2 月 23 日最后访问。

4. 央视财经：《医学重大突破：基因可以改写 家族遗传病从此终结？》，载新华网：http：//www. xinhuanet. com/fortune/2018-01/22/c _ 1122293273. htm，2021 年 2 月 23 日最后访问。

5. 国家食品和药品监督管理总局：《人体细胞治疗研究和制剂质量控制技术指导原则》，载国家药品监督管理局网站：http：//www. sda. gov. cn/WS01/CL0237/15709. html，2021 年 2 月 26 日最后访问。

6. 中华人民共和国中央人民政府：《卫生部关于印发〈医疗技术临床应用管理办法〉的通知》，载中国政府网：http：//www. gov. cn/gongbao/content/2009/content_1388686. htm，2021 年 2 月 26 日最后访问。

7. 卫生部：《关于开展干细胞临床研究和应用自查自纠工作的通知》，载原卫生部网站：http：//www. nhc. gov. cn/zwgkzt/pkjjy1/201201/53890. shtml，2021 年 2 月 26 日最后访问。

8. 国家卫生和计划生育委员会：《关于取消第三类医疗技术临床应用准入审批有关工作的通知公告》，载中国政府网：http：//www. nhc. gov. cn/yzygj/s3585/201507/c529dd6bb8084e09883ae417256b3c49. shtml，2021 年 2 月 26 日最后访问。

9. 国家卫生和计划生育委员会、国家食品药品监督管理总局：《关于印发干细胞临床研究管理办法（试行）的通知》，载国家药品监督管理局网站：https：//www. nmpa. gov. cn/xxgk/fgwj/bmgzh/20150720120001607. html，2021 年 2 月 26 日最后访问。

10. 国家卫生和计划生育委员会、国家食品药品监督管理总局：《关于成立国家干细胞临床研究专家委员会的通知》，载中国政府网：http：//www. nhc. gov. cn/qjjys/s3581/201604/070c4da62d924388bb46032800f2e62a. shtml，2021 年 2 月 26 日最后访问。

11. 国家食品药品监督管理总局药品审评中心：《〈细胞治疗产品研究与评价技术指导原则〉（试行）相关问题解读》，载国家药品监督管理局网站：https：//www. nmpa. gov. cn/directory/web/nmpa/xxgk/zhcjd/zhcjdyp/20171222145901282. html，2021 年 2 月 26 日最后访问。

12. 赵汉斌：《面对"科学狂人"，法律应提前归位》，载科学网：http：//news. sciencenet. cn/htmlnews/2018/11/420472. shtm，2021 年 2 月 26 日最后访问。

13. 国家卫生健康委员会：《关于生物医学新技术临床应用管理条例（征求意见稿）公开征求意见的公告》，载国家卫生健康委员会网站：http：//www. nhc. gov. cn/wjw/yjzj/201902/0f24ddc242c24212abc42aa8b539584d. shtml，2021 年 2 月 26 日最后访问。

14. 张田勘：《击败病魔的新思路 干细胞疗法》，载中国新闻网：http：//www. chinanews. com/gn/2020/03-18/9129119. shtml，2021 年 2 月 26 日最后访问。

15. 全国人民代表大会：《中华人民共和国药品管理法》，载国家市场监督管理总局网站：http：//gkml. samr. gov. cn/nsjg/fgs/201909/t20190917_306828. html，2021 年 2 月 26 日最后访问。

16. 国家食品药品监督管理总局药品审评中心：《拓展性同情使用临床试验用药物管理办法（征求意见稿）》，载国家药品监督管理局网站：https：//www. nmpa. gov. cn/directory/web/nmpa/xxgk/zhqyj/zhqyjyp/20171220170101778. html，2021 年 2 月 26 日最后访问。

17. 中国科学院天津工业生物技术研究所：《国家合成生物技术创新中心/中科院天津工业生物所"未来食品"项目组招聘启事》，载中国科学院天津工业生物技术研究所网站：http：//www. tib. cas. cn/tzxx/rczp/202009/t20200924_5704571. html，2021 年 2 月 26 日最后访问。

18. 宋星：《肉类替代品公司 Impossible Foods 完成 3 亿美元融资》，载新浪财经网：http：//finance. sina. com. cn/roll/2019-05-15/doc-ihvhiews2008105. shtml，2021 年 2 月 26 日最后访问。

19. 中华人民共和国科学技术部：《国家重点研发计划"合成生物学"等重点专项 2019 年度项目申报指南》，载中华人民共和国科学技术部网站：http：//www. most. gov. cn/mostinfo/xinxifenlei/fgzc/gfxwj/gfxwj2019/201906/W020190614372907815983. pdf，2021 年 2 月 26 日最后访问。

20. 中华人民共和国科学技术部：《关于支持建设国家合成生物技术创新中心的函》，载中华人民共和国科学技术部网站：http：//www. most. gov. cn/xxgk/xinxifenlei/fdzdgknr/qtwj/qtwj2019/201911/t20191111_149871. html，2021 年 2 月

26 日最后访问。

21. 中华人民共和国科学技术部：《〈中华人民共和国生物安全相关法律法规规章汇编〉正式出版发行》，载中华人民共和国科学技术部网站：http：//www. most. gov. cn/kjbgz/201908/t20190827_148517. htm，2021 年 2 月 26 日最后访问。

22. 中华人民共和国科学技术部：《基因工程安全管理办法》，载中华人民共和国科学技术部网站：https：//www. pkulaw. com/chl/8870. html，2021 年 2 月 26 日最后访问。

23. 中华人民共和国科学技术部：《生物技术研究开发安全管理办法》，载中华人民共和国科学技术部网站：http：//www. most. gov. cn/mostinfo/xinxifenlei/fgzc/gfxwj/gfxwj2017/201707/t20170725_134231. htm，2021 年 2 月 26 日最后访问。

24. 联合国教育、科学及文化组织：《世界人类基因组与人权宣言》，https：//en. unesco. org/themes/ethics-science-and-technology/human-genome-and-human-rights，载联合国教育、科学及文化组织网站，2021 年 2 月 26 日最后访问。

25. 联合国教育、科学及文化组织：《世界生物伦理和人权宣言》，https：//en. unesco. org/themes/ethics-science-and-technology/bioethics-and-human-rights，载联合国教育、科学及文化组织网站，2021 年 2 月 26 日最后访问。

26. 中华人民共和国中央人民政府：《中华人民共和国科学技术进步法》，载中国政府网：http：//www. gov. cn/ziliao/flfg/2007-12/29/content_847331. htm，2021 年 2 月 26 日最后访问。

27. 新华网：《习近平：紧密结合"不忘初心、牢记使命"主题教育 推动改革补短板强弱项激活力抓落实》，载新华网：http：//www. xinhuanet. com/politics/2019-07/24/c_1124794652. htm，2021 年 2 月 26 日最后访问。

28. 中国经济网：《中科院预测中心：2020 年中国粮食产量预计将持平或略减》，载中国经济网：http：//www. ce. cn/xwzx/gnsz/gdxw/202001/08/t20200108_34073761. shtml，2021 年 2 月 26 日最后访问。

29. 国家统计局：《中华人民共和国 2019 年国民经济和社会发展统计公报》，载国家统计局网站：http：//www. stats. gov. cn/tjsj/zxfb/202002/t20200228_

1728913. html，2021 年 2 月 26 日最后访问。

30. 国家统计局：《2020 年 8 月份居民消费价格同比上涨 2.4%》，载国家统计局网站：http：//www. stats. gov. cn/tjsj/zxfb/202009/t20200909 _ 1788414. html，2021 年 2 月 26 日最后访问。

31. 中国产业信息网：《2019 年中国肉类产量、进出口量及消费量分析》，载中国产业信息网：http：//www. chyxx. com/industry/202005/864952. html，2021 年 2 月 26 日最后访问。

32. 中华人民共和国农业农村部：《农业转基因生物安全管理条例（2017 年 10 月 7 日修订版）》，载中华人民共和国农业农村部网站：http：//www. moa. gov. cn/ztzl/zjyqwgz/zcfg/201007/t20100717_1601306. htm，2021 年 2 月 26 日最后访问。

33. 中华人民共和国中央人民政府：《食品添加剂新品种管理办法》，载中国政府网：http：//www. gov. cn/flfg/2010-04/22/content_1589478. htm，2021 年 2 月 26 日最后访问。

34. 杨文雅：《2018 中国消费级基因检测市场研究报告》，载亿欧智库：https：//www. iyiou. com/research/20181130605，2021 年 3 月 1 日最后访问。

35. 国家食品药品监督管理总局、国家卫生和计划生育委员会：《食品药品监管总局办公厅 国家卫生计生委办公厅关于加强临床使用基因测序相关产品和技术管理的通知》，载中国政府网：http：//www. nhc. gov. cn/yzygj/s3593/201402/c395a20d3815430d8b1a54313ce23b2b. shtml，2021 年 3 月 1 日最后访问。

36. 常启辉：《分子诊断行业深度研究及投资策略：精准医疗，看 PCR 还是 NGS》，载未来智库：https：//www. vzkoo. com/doc/17109. html？a = 1&keyword = 分子诊断行业深度研究及投资策略，2021 年 3 月 1 日最后访问。

37. 全国人民代表大会：《中华人民共和国消费者权益保护法》，载国家市场监督管理总局网站：http：//gkml. samr. gov. cn/nsjg/fgs/201906/t20190625 _ 302783. html，2021 年 3 月 1 日最后访问。

38. 国务院：《人类遗传资源管理条例》，载中国政府网：http：//www. gov. cn/zhengce/content/2019-06/10/content_5398829. htm，2021 年 3 月 1 日最后访问。

39. 中华人民共和国科学技术部：《人类遗传资源管理暂行办法》，载中华人民共和国科学技术部网站：http：//www. most. gov. cn/fggw/xzfg/200811/ t20081106_64877. htm，2021 年 3 月 1 日最后访问。

40. 李昕：《立法保护人类遗传资源正当其时》，载求是网：http：//www. qstheory. cn/science/2019-08/22/c_1124905751. htm，2021 年 3 月 1 日最后访问。

41. 国家市场监督管理总局、国家标准化管理委员会：《国家标准〈个人信息安全规范〉2020 版正式发布》，载安全内参网：https：//www. secrss. com/ articles/17713，2021 年 3 月 1 日最后访问。

42. 中国银行保险监督管理委员会：《健康保险管理办法》，载中国政府网： http：//www. gov. cn/xinwen/2019-11/13/content_5451534. htm，2021 年 3 月 1 日最后访问。

43. 全国人民代表大会常务委员会：《中华人民共和国广告法》，载中国人大网：http：//www. npc. gov. cn/zgrdw/npc/xinwen/2018-11/05/content＿2065663. htm，2021 年 3 月 6 日最后访问。

44. 联合国大会：《联合国消费者保护准则》，载联合国公约与宣言检索系统：https：//www. un. org/zh/documents/treaty/files/A-RES-70-186. shtml.，2021 年 3 月 6 日最后访问。

45. 董峻：《在稳慎中坚定前行——我国农业转基因研发成效综述》，载新华网：http：//www. xinhuanet. com/politics/2019-12/30/c_1125405320. htm，2021 年 3 月 10 日最后访问。

46. 国家质量监督检验检疫总局：《进出境转基因产品检验检疫管理办法》，载中国政府网：http：//www. gov. cn/gongbao/content/2005/content＿63203. htm，2021 年 3 月 10 日最后访问。

47. 农业部：《第二届国家农业转基因生物安全委员会成立》，载中国政府网：http：//www. gov. cn/gzdt/2005-06/22/content_8611. htm，2021 年 3 月 10 日最后访问。

48. 李铁：《破析中国式转基因谬误与谣言》，载中国农业农村部网站：http：// www. moa. gov. cn/ztzl/zjyqwgz/zjyxwbd/201108/t20110801_2074206. htm，2021 年 3 月 10 日最后访问。

49. 人民网-传媒频道：《〈2019 报纸融合传播指数报告〉发布 报纸传播渠道

较完善》，载人民网：http：//yuqing. people. com. cn/n1/2020/0430/c209043-
31694784. html，2021 年 3 月 10 日最后访问。

50. 全国人民代表大会常务委员会：《中华人民共和国网络安全法》，载中华
人民共和国国家互联网信息办公室网站：http：//www. cac. gov. cn/2016-11/07/
c_1119867116. htm，2021 年 3 月 18 日最后访问。

51. 戴佳：《两高发布关于办理网络诽谤等刑事案件适用法律若干问题的解
释》，载中华人民共和国最高人民检察院网站：https：//www. spp. gov. cn/spp/
zdgz/201309/t20130910_62417. shtml，2021 年 3 月 18 日最后访问。

52. 袁勃：《中国百万人群基因大数据研究迈出第一步》，载人民网：http：//
scitech. people. com. cn/n1/2018/1010/c1007-30333509. html，2021 年 3 月 31 日最
后访问。

五、英文专著

1. Lenore Manderson，Elizabeth Cartwright，Anita Hardon，*The Routledge
Handbook of Medical Anthropology*，Abingdon，Routledge，2018.

2. Maria Isabel Manley and Marina Vickers，*Navigating European Pharmaceutical
Law：An Expert's Guide（1st Edition）*，Oxford，Oxford University Press，2015.

六、英文文集文献

1. David Gauntlett，"Ten Things Wrong with the 'Effects Model'"，in Philip
Rayner，Peter Wall，Stephen Kruger，eds，*Media Studies：The Essential Resource*，
London，Routledge，2004，p. 112.

2. Lena Galata，Kostas Karantininis，Sebastian Hess，"Cross-Atlantic Differences
in Biotechnology and GMOs：A Media Content Analysis"，in New Robust，Reliable and
Coherent Modelling Tools，eds. ，*Agricultural Cooperative Management and Policy*，
Berlin，Springer，2014，pp. 299-314.

3. Michele Garfinkle，Lori Knowles，"Synthetic Biology，Biosecurity，and
Biosafety"，in Ronald L. Sandler，eds. ，*Ethics and Emerging Technologies*，London，
Palgrave Macmillan，2014，pp. 533-547.

4. William A. Munro, Rachel A. Schurman, "Sustaining Outrage: Cultural Capital, Strategic Location, and Motivating Sensibilities in the US Anti-genetic Engineering Movement", in Wynne Wright and Gerad Middendorf, eds., *The Fight over Food: Producers, Consumers, and Activists Challenge the Global Food System*, Pennsylvania, Pennsylvania State University Press, 2008, pp. 145-176.

七、英文期刊文献

1. Aaron D Levine, Leslie E Wolf, "The Roles and Responsibilities of Physicians in Patients' Decisions about Unproven Stem Cell Therapies", *Journal of Law, Medicine and Ethics*, 40, 2012, pp. 122-134.

2. Alan CRegenberg et al., "Medicine on the Fringe: Stem Cell-based Interventions in Advance of Evidence", *Stem Cells* 27, 2009, pp. 2312-2319.

3. Alan H. Schulman, Kirsi - Marja Oksman - Caldentey, Teemu H. Teeri, "European Court of Justice Delivers No Justice to Europe on Genome-edited Crops", *Plant Biotechnology Journal* 18, 2020, pp. 8-10.

4. Alan McHughen, Robert Wager, "Popular Misconceptions: Agricultural Biotechnology", *New Biotechnology* 27, 2010, pp. 724-728.

5. Alan Petersen, "Replicating Our Bodies, Losing Our Selves: News Media Portrayals of Human Cloning in the Wake of Dolly", *Body and Society* 8, 2002, pp. 71-90.

6. Alessio Signorini, Alberto Maria Segre, and Philip M Polgreen, "The Use of Twitter to Track Levels of Disease Activity and Public Concern in the U. S. during the Influenza A H1N1 Pandemic", *PLoS One* 6, 2011, p. e19467.

7. Ali Golchin, Ehsan Seyedjafari, and Abdolreza Ardeshirylajimi, "Mesenchymal Stem Cell Therapy for COVID-19: Present or Future", *Stem Cell Reviews and Reports* 16, 2020, pp. 427-433.

8. Amy Adams, Geoffrey Lomax, and Anthony Santarini, "Social Media and Stem Cell Science: Examining the Discourse", *Regenerative Medicine* 6, 2011, pp. 121-124.

9. Amy Zarzeczny et al., "Professional Regulation: A Potentially Valuable Tool in

Responding to 'Stem Cell Tourism'", *Stem Cell Reports* 3, 2014, pp. 379-384.

10. Amy Zarzeczny et al., "Stem Cell Clinics in the News", *Nature Biotechnology* 28, 2010, pp. 1243-1246.

11. Amy Zarzeczny, Harold Atkins and Judy Illes, "The Stem Cell Market and Policy Options: A Call for Clarity", *Journal of Law and the Biosciences* 5, 2018, pp. 743-758.

12. Andras Nagy, Susan E Quaggin, "Stem Cell Therapy for the Kidney: A Cautionary Tale", *Journal of the American Society of Nephrology* 21, 2010, pp. 1070-1072.

13. Andrew Blight et al., "Position Statement on the Sale of Unproven Cellular Therapies for Spinal Cord Injury: The International Campaign for Cures of Spinal Cord Injury Paralysis", *Spinal Cord* 47, 2009, pp. 713-714.

14. Anthony Ridgway et al., "Regulatory Oversight of Cell and Gene Therapy Products in Canada", *Advances in Experimental Medicine and Biology* 871, 2015, pp. 49-71.

15. Arthur Caplan, Bruce Levine, "Hope, Hype and Help: Ethically Assessing the Growing Market in Stem Cell Therapies", *American Journal of Bioethics* 10, 2010, pp. 24-25.

16. Ashley N Tomlinson, " 'Not Tied Up Neatly with a Bow': Professionals' Challenging Cases in Informed Consent for Genomic Sequencing", *Journal of Genetics Counseling* 25, 2016, pp. 62-72.

17. B Sonny Bal, Lawrence H Brenner, "Medicolegal Sidebar: Informed Consent in the Information Age", *Clinical Orthopaedics and Related Research* 473, 2015, pp. 2757-2761.

18. Bartha Maria Knoppers, Ma'n H Zawati, Karine Sénécal, "Return of Genetic Testing Results in the Era of Whole-genome Sequencing", *Nature Reviews Genetics* 16, 2015, pp. 553-559.

19. Brian Salter, Melinda Cooper, and AmandaDickins, "China and the Global Stem Cell Bioeconomy: An Emerging Political Strategy?", *Regenerative Medicine* 1,

2006, pp. 671-683.

20. Brigitte Nerlich, Christopher Halliday, "Avian Flu: The Creation of Expectations in the Interplay Between Science and the Media", *Sociology of Health and Illness* 29, 2007, pp. 46-65.

21. Bruce ETabashnik, "Communal Benefits of Transgenic Corn", *Science* 371, pp. 189-190.

22. Bruce HDobkin, Armin Curt, James Guest, "Cellular Transplants in China: Observational Study from the Largest Human Experiment in Chronic Spinal Cord Injury", *Neurorehabilitation and Neural Repair* 20, 2006, pp. 5-13.

23. Carolina Iglesias-Lopez et al. , "Regulatory Framework for Advanced Therapy Medicinal Products in Europe and United States", *Frontiers in Pharmacology* 10, 2019, p. 921.

24. Catherine E. Crawley, "Localized Debates of Agricultural Biotechnology in Community Newspapers: A Quantitative Content Analysis of Media Frames and Sources", *Science Communication* 28, 2007, pp. 314-346.

25. Charles E Murdoch, Christopher Thomas Scott, "Stem Cell Tourism and the Power of Hope", *American Journal of Bioethics* 10, 2010, pp. 16-23.

26. Christen Rachul, "'What Have I Got to Lose?': An Analysis of Stem Cell Therapy Patients' Blogs", *Health Law Review* 20, 2011, pp. 5-12.

27. Christen Rachul, Ivona Percec, and Timothy Caulfield, "The Fountain of Stem Cell-Based Youth? Online Portrayals of Anti-Aging Stem Cell Technologies", *Aesthetic Surgery Journal* 35, 2015, pp. 730-736.

28. Christen Rachul, Nola M Ries, Timothy Caulfield, "Canadian Newspaper Coverage of the A/H1N1 Vaccine Program", *Canadian Journal of Public Health* 102, 2011, pp. 200-203.

29. Christen Rachul, Timothy Caulfield, "Gordie Howe's Stem Cell 'Miracle': A Qualitative Analysis of News Coverage and Readers' Comments in Newspapers and Sports Websites", *Stem Cell Reviews and Reports* 11, 2015, pp. 667-675.

30. Christina Mary Pollard et al. , Who Uses the Internet asA Source of Nutrition

and Dietary Information? An Australian Population Perspective, *Journal of Medical Internet Research* 17, 2015, p. e209.

31. Christina R Lachance et al., "Informational Content, Literacy Demands, and Usability of Websites Offering Health-related Genetic Tests Directly to Consumers", *Genetics in Medicine* 12, 2010, pp. 304-312.

32. Christine Hauskeller, "Can Harmonized Regulation Overcome Intra-European Differences? Insights from a European Phase III Stem Cell Trial", *Regenerative Medicine* 12, 2017, pp. 599-604.

33. Chun You et al., "AnIn Vitro Synthetic Biology Platform for the Industrial Biomanufacturing of Myo-inositol from Starch", *Biotechnology and Bioengineering* 114, 2017, pp. 1855-1864.

34. Clive Seale, "Health and Media: An Overview", *Sociology of Health and Illness* 25, 2003, pp. 513-531.

35. Cynthia Chew, GuntherEysenbach, "Pandemics in the Age of Twitter: Content Analysis of Tweets during the 2009 H1N1 Outbreak", *PLoSOne* 5, 2010, p. e14118.

36. D. Ewen Cameron, Caleb J. Bashor and James J. Collins, "A Brief History of Synthetic Biology", *Nature Reviews Microbiology* 12, 2014, pp. 381-390.

37. D Gareth Evans et al., "The Angelina Jolie Effect: How High Celebrity Profile Can Have a Major Impact on Provision of Cancer Related Services", *Breast Cancer Research* 16, 2014, p. 442.

38. D Metcalfe, C Price, J Powell, "Media Coverage and Public Reaction to a Celebrity Cancer Diagnosis", *Journal of Public Health* 33, 2011, pp. 80-85.

39. Dalong Zhu et al., "Position Statement of the Chinese Diabetes Society Regarding Stem Cell Therapy for Diabetes", *Journal of Diabetes* 4, 2012, pp. 18-21.

40. Darren Lau et al., "Stem Cell Clinics Online: The Direct-to-consumer Portrayal of Stem Cell Medicine", *Cell Stem Cell* 3, 2008, pp. 591-594.

41. David Cyranoski, "China's Stem-cell Rules Go Unheeded", *Nature* 484, 2012, pp. 149-150.

42. David Cyranoski, "Korean Deaths Spark Inquiry", *Nature* 468, 2010, p. 485.

43. David Cyranoski, "Stem-cell Therapy Faces More Scrutiny in China", *Nature* 459, 2009, pp. 146-147.

44. David Townend, "EU Laws on Privacy in Genomic Databases and Biobanking", *Journal of Law, Medicine and Ethics* 44, 2016, pp. 128-142.

45. Deanna J Attai et al., "Twitter Social Media is an Effective Tool for Breast Cancer Patient Education and Support: Patient-Reported Outcomes by Survey", *Journal of Medical Internet Research* 17, 2015, p. e188.

46. Dietram A. Scheufele, "Framing as A Theory of Media Effects", *Journal of Communication* 49, 1999, pp. 103-122.

47. Dimitar Nikolov et al., "Measuring Online Social Bubbles", *Peer J Computer Science* 1, 2015, p. e38.

48. Dominique S McMahon et al., "Cultivating Regenerative Medicine Innovation in China", *Regenerative Medicine* 5, 2010, pp. 35-44.

49. Dominique S McMahon, Halla Thorsteinsdóttir, "Lost in Translation: China's Struggle to Develop Appropriate Stem Cell Regulations", *Scripted* 7, 2010, pp. 283-294.

50. Dominique S McMahon, Halla Thorsteinsdóttir, "Making Stem Cells Count for Global Health", *Regenerative Medicine* 6, 2011, pp. 163-166.

51. Douglas Sipp, "Stem Cell Research in Asia: A Critical View", *Journal of Cellular Biochemistry* 107, 2009, pp. 853-856.

52. Douglas Sipp, Leigh Turner, "U. S. Regulation of Stem Cells as Medical Products", *Science* 338, 2012, pp. 1296-1297.

53. Duangpen Thirabanjasak, Kavirach Tantiwongse, Paul Scott Thorner, "Angiomyeloproliferative Lesions Following Autologous Stem Cell Therapy", *Journal of the American Society of Nephrology* 21, 2010, pp. 1218-1222.

54. Emilia Niemiec et al., "Content Analysis of Informed Consent for Whole Genome Sequencing Offered by Direct-to-consumer Genetic Testing Companies", *Human Mutation* 37, 2016, pp. 1248-1256.

55. Emilia Niemiec, Louiza Kalokairinou, Heidi Carmen Howard, "Current Ethical

and Legal Issues in Health-related Direct-to-consumer Genetic Testing", *Personalized Medicine* 14, 2017, pp. 433-445.

56. Emily Bell et al., "Responding to Requests of Families for Unproven Interventions in Neurodevelopmental Disorders: Hyperbaric Oxygen 'Treatment' and Stem Cell 'Therapy' in Cerebral Palsy", *Developmental Disabilities Research Reviews* 17, 2011, pp. 19-26.

57. Eunice Kua, Michael Reder, and Martha J. Grossel, "Science in the News: A Study of Reporting Genomics", *Public Understanding of Science* 13, 2004, pp. 309-322.

58. Fahim Farzadfard, Timothy K Lu, "Genomically Encoded Analog Memory with Precise in Vivo DNA Writing in Living Cell Populations", *Science* 346, 2014, p. 825.

59. Fei Xiong, Yun Liu, "Opinion Formation on Social Media: An Empirical Approach", *Chaos* 24, 2014, p. 013130.

60. Fiona M. Watt, Ryan R. Driskell, "The Therapeutic Potential of Stem Cells", *Philosophical Transactions of the Royal Society B: Biological Sciences*, 2010, pp. 155-163.

61. Gaul Geller, Barbara A. Bernhardt, and Neil A. Holtzman, "The Media and Public Reaction to Genetic Research", *Journal of the American Medical Association* 287, 2002, p. 773.

62. Geoff Brumfiel, "Science Journalism: Supplanting the Old Media?", *Nature* 458, 2009, pp. 274-277.

63. George M. Church et al., "Realizing the Potential of Synthetic Biology", *Nature Reviews Molecular Cell Biology* 15, 2014, pp. 289-294.

64. Gerhard Bauer, Magdi Elsallab and Mohamed Abou-El-Enein, "Concise Review: A Comprehensive Analysis of Reported Adverse Events in Patients Receiving Unproven Stem Cell-Based Interventions", *Stem Cells Translational Medicine* 7, 2018, pp. 676-685.

65. Giovanni Tagliabue, "The EU Legislation on 'GMOs' between Nonsense and Protectionism: An Ongoing Schumpeterian Chain Public Choices", *GM Crops and Food* 8, 2016, pp. 57-73.

66. Giri K Tapan et al. , "Current Status of Stem Cell Therapies in Tissue Repair and Regeneration", *Current Stem Cell Research and Therapy* 14, 2019, pp. 117-126.

67. Guoqiang Zhang et al. , "Challenges and Possibilities for Bio-manufacturing Cultured Meat", Trends in Food Science & Technology 97, 2020, pp. 443-450.

68. Haidan Chen, "Stem Cell Governance in China: From Bench to Bedside?", *New Genetics and Society* 28, 2009, pp. 267-282.

69. Haidan Chen, Herbert Gottweis, "Stem Cell Treatments in China: Rethinking the Patient Role in the Global Bio-economy", *Bioethics* 27, 2013, pp. 194-207.

70. Hamid Beladi et al. , "Does Medical Tourism Promote Economic Growth? A Cross-Country Analysis", *Journal of Travel Research* 58, 2019, pp. 121-135.

71. Heidi C Howard, Bartha Maria Knoppers, Pascal Borry, "Blurring Lines. The Research Activities of Direct-to-consumer Genetic Testing Companies Raise Questions about Consumers as Research Subjects", *European Molecular Biology Organization Reports* 11, 2010, pp. 579-582.

72. Hermes Taylor-Weine, Joshua Graff Zivin, "Medicine's Wild West -Unlicensed Stem-Cell Clinics in the United States", *The New England Journal of Medicine* 373, 2015, pp. 985-987.

73. I. Glenn Cohen, "Protecting Patients with Passports: Medical Tourism and the Patient Protective-Argument", *Iowa Law Review* 95, 2010, pp. 1467-1568.

74. Ian Freckelton Q C, "COVID-19: Fear, Quackery, False Representations and the Law", *International Journal of Law and Psychiatry* 72, 2020, pp. 1-12.

75. Inmaculada de Melo-Martín, Natalie Hellmers, and Claire Henchcliffe, "First-in-human Cell Transplant Trials in Parkinson's Disease: The Need for an Improved Informed Consent Process", *Parkinsonism & Related Disorders* 21, 2015, pp. 829-832.

76. Insoo Hyun et al. , "New ISSCR Guidelines Underscore Major Principles for Responsible Translational Stem Cell Research", *Cell Stem Cell* 3, 2008, pp. 607-609.

77. Irving Weissman, "Stem Cell Therapies Could Change Medicine... If They Get the Chance", *Cell Stem Cell* 10, 2012, pp. 663-665.

78. J. Richard Landis, Gary G. Koch, "The Measurement of Observer Agreement

for Categorical Data", *Biometrics* 33, 1977, pp. 159-174.

79. Jacek Radzikowski et al. , "The Measles Vaccination Narrative in Twitter: A Quantitative Analysis", *JMIR Public Health and Surveillance* 2, 2016, p. e1.

80. Jacqueline A Hall et al. , "Transparency of Genetic Testing Services for 'Health, Wellness and Lifestyle': Analysis of Online Prepurchase Information for UK Consumers", *European Journal of Human Genetics* 25, 2017, pp. 908-917.

81. James Hazel, Christopher Slobogin, "Who Knows What, and When?: A Survey of the Privacy Policies Proffered by U. S. Direct-to-consumer Genetic Testing Companies", *Cornell Journal of Law and Public Policy* 28, 2018, pp. 35-66.

82. Jane Qiu, "Injection of Hope Through China's Stem-cell Therapies", *Lancet Neurology* 7, 2008, pp. 122-123.

83. Jane Qiu, "Trading on Hope", *Nature Biotechnology* 27, 2009, pp. 790-792.

84. Jane Tiller et al. , "Study Protocol: The Australian Genetics and Life Insurance Moratorium—Monitoring the Effectiveness and Response (A-GLIMMER) Project", *BMC Medical Ethics* 22, 2021, p. 63.

85. Jason Barabas, Jennifer Jerit, "Estimating the Causal Effects of Media Coverage on Policy-Specific Knowledge", *American Journal of Political Science* 53, 2009, pp. 73-89.

86. Jason Y Park et al. , "Privacy in Direct-to-consumer Genetic Testing", *Clinical Chemistry* 65, 2019, pp. 612-617.

87. Jeanne Huang, "Chinese Private International Law and Online Data Protection", *Journal of Private International Law* 15, 2019, pp. 186-209.

88. Jeffrey Chow, Eili Y. Klein, and Ramanan Laxminarayan, "Cost-effectiveness of 'Golden Mustard' for Treating Vitamin A Deficiency in India", *PLOS One* 5, 2010, p. e12046.

89. Jennifer Cacchio, "What You Don't Know Can Hurt You: The Legal Risk of Peering into the Gene Pool with Direct-to-consumer Genetic Testing", *University of Missouri-Kansas City Law Review* 87, 2018, pp. 219.

90. Jennifer Kuzma, Todd Tanji, "Unpackaging Synthetic Biology: Identification of

Policy Problems and Options", *Regulation and Governance* 4, 2010, pp. 92-112.

91. Jesse K. Biehl, Brenda Russell, "Introduction to Stem Cell Therapy", *The Journal of Cardiovascular Nursing* 24, 2009, pp. 98-105.

92. John A. Snowden et al., "Benchmarking of Survival Outcomes Following Haematopoietic Stem Cell Transplantation: A Review of Existing Processes and the Introduction of An International System from the European Society for Blood and Marrow Transplantation (EBMT) and the Joint Accreditation Committee of ISCT and EBMT (JACIE) ", *Bone Marrow Transplant* 55, 2020, pp. 681-694.

93. Joy Y Zhang, "Lost in Translation? Accountability and Governance of Clinical Stem Cell Research in China", *Regenerative Medicine* 12, 2017, pp. 647-656.

94. Julie M Robillard et al., "Fueling Hope: Stem Cells in Social Media", *Stem Cell Reviews and Reports* 11, 2015, pp. 540-546.

95. Kalina Kamenova, Amir Reshef, and Timothy Caulfield, "Angelina Jolie's Faulty Gene: Newspaper Coverage of a Celebrity's Preventive Bilateral Mastectomy in Canada, the United States, and the United Kingdom", *Genetics in Medicine* 16, 2014, pp. 522-528.

96. Kalina Kamenova, Amir Reshef, and Timothy Caulfield, "Representations of Stem Cell Clinics on Twitter", *Stem Cell Reviews and Reports* 10, 2014, pp. 753-760.

97. Kalina Kamenova, Timothy Caulfield, "Stem Cell Hype: Media Portrayal of Therapy Translation", *Science Translational Medicine* 7, 2015, pp. 278ps4.

98. Karen Martell, Alan Trounson, Elona Baum, "Stem Cell Therapies in Clinical Trials: Workshop on Best Practices and the Beed for Harmonization", *Cell Stem Cell* 7, 2010, pp. 451-454.

99. Katherine E. French, "Harnessing Synthetic Biology for Sustainable Development", *Nature Sustainability* 2, 2019, pp. 250-252.

100. Katharine Gostek, "Genetically Modified Organisms: How the United States' and the European Union's Regulations Affect the Economy", *Michigan State International Law Review* 24, 2016, pp. 761-800.

101. Kazutoshi Takahashi, Shinya Yamanaka, "Induction of Pluripotent Stem Cells

from Mouse Embryonic and Adult Fibroblast Cultures by Defined Factors", *Cell* 126, 2006, pp. 663-676.

102. Kirsten A Ryan et al., "Tracking the Rise of Stem Cell Tourism", *Regenerative Medicine* 5, 2010, pp. 27-33.

103. Kirstin R W Matthews, Ana SIltis, "Unproven Stem Cell-based Interventions and Achieving a Compromise Policy Among the Multiple Stakeholders", *BMC Medical Ethics* 16, 2015, p. 75.

104. Kirstin R W Matthews, Maude L Cuchiara, "U. S. National Football League Athletes Seeking Unproven Stem Cell Treatments", *Stem Cells and Development* 23, 2014, pp. 60-64.

105. Lars Ahrlund-Richter et al., "Isolation and Production of Cells Suitable for Human Therapy: Challenges Ahead", *Cell Stem Cell* 4, 2009, pp. 20-26.

106. Laure Fourrier, Sylvain Perruche, Mathieu Guerriaud, "The Diversity of Drug Statutes Regarding Scientific Advances: How to Categorise a Culture Supernatant for Health Security Reasons", *European Pharmaceutical Law Review* 3, 2019, pp. 107-115.

107. Lauren Badalato, Louiza Kalokairinou, Pascal Borry, "Third Party Interpretation of Raw Genetic Data: An Ethical Exploration", *European Journal of Human Genetics* 25, 2017, pp. 1189-1194.

108. Leili Fatehi, Ralph F Hall, "Synthetic Biology in the FDA Realm: Toward Productive Oversight Assessment", *Food and Drug Law Journal* 70, 2015, pp. 339-iv.

109. Li Du et al., "Gordie Howe's 'Miraculous Treatment': Case Study of Twitter Users' Reactions to a Sport Celebrity's Stem Cell Treatment", *JMIR Public Health and Surveillance* 2, 2016, p. e8.

110. Li Du, Christen Rachul, "Chinese Newspaper Coverage of Genetically Modified Organisms", *BMC Public Health* 12, 2012, pp. 326-331.

111. Li Du, Kalina Kamenova, and Timothy Caulfield, "The Gene Patent Controversy on Twitter: A Case Study of Twitter Users' Responses to the CHEO Lawsuit against Long QT Gene Patents", *BMC Medical Ethics* 16, 2015, p. 55.

112. Marc-DenisWeitze, Alfred Pühler, "Improving Biotechnology Communication",

Biotechnology Journal 8, 2013, pp. 970-972.

113. María de Jesús Medina Arellano, "The Rise of Stem Cell Therapies in Mexico: Inadequate Regulation or Unsuccessful Oversight?", *Revista Redbioética/ UNESCO* 2, 2012, pp. 63-78.

114. Mariko Kageyama, "Bio-Property Contracts in New Ecosystem: Genetic Resources Access and Benefit Sharing", *Washington Journal of Law*, *Technology and Arts* 13, pp. 109-140.

115. Marko Ahteensuu, "Synthetic Biology, Genome Editing, and the Risk of Bioterrorism", *Science and Engineering Ethics* 23, 2017, pp. 1541-1561.

116. Markus Vordermayer, "The Extraterritorial Application of Multilateral Environmental Agreements", *Harvard International Law Journal* 59, 2018, pp. 59-124.

117. Martha Augoustinos, Shona Crabb, and Richard Shepherd, "Genetically Modified Food in the News: Media Representations of the GM Debate in the UK", *Public Understanding of Science* 19, 2010, pp. 98-114.

118. Matthew C. Nisbet, Bruce V. Lewenstein, "Biotechnology and the American Media: The Policy Process and the Elite Press, 1970 to 1999", *Science Communication* 23, 2002, pp. 359-391.

119. Matthew C. Nisbet, Chris Mooney, "Framing Science", *Science* 316, 2007, p. 56.

120. Matthew C. Nisbet, Dominique Brossard, and Adrianne Kroepsch, "Framing Science: The Stem Cell Controversy in An Age of Press/Politics", *Harvard International Journal of Press/Politics* 8, 2003, pp. 36-70.

121. Matthew D Li, Harold Atkins, TaniaBubela, "The Global Landscape of Stem Cell Clinical Trials", *Regenerative Medicine* 9, 2014, pp. 27-39.

122. Matti Häyry, "Synthetic Biology and Ethics: Past, Present, and Future", *Cambridge Quarterly of Healthcare Ethics* 26, 2017, pp. 186-205.

123. Maxwell E. McCombs, Donald L. Shaw, "The Agenda-Setting Function of Mass Media", *The Public Opinion Quarterly* 36, 1972, pp. 176-187.

124. Megan C Roberts, Caitlin G Allen, Brittany L Andersen, "The FDA

Authorization of Direct-to-consumer Genetic Testing for Three BRCA1/2 Pathogenic Variants: A Twitter Analysis of the Public's Response", *Journal of the American Medical Informatics Association* 2, 2019, pp. 411-415.

125. Meha Puri et al. , "Social Media and Vaccine Hesitancy: New Updates for the Era of COVID-19 and Globalized Infectious Diseases", *Human Vaccine & Immunotherapeutics* 16, 2020, pp. 2586-2393.

126. Menno Mostert et al. , "Big Data in Medical Research and EU Data Protection Law: Challenges to the Consent or Anonymise Approach", *European Journal of Human Genetics* 24, 2016, pp. 956-960.

127. Michelle M Epstein, Theo Vermeire, "Scientific Opinion on Risk Assessment of Synthetic Biology", *Trends in Biotechnology* 34, 2016, pp. 601-603.

128. Mike Mitka et al. , "Troubled by 'Stem Cell Tourism' Claims, Group Launches Web-based Guidance", *Journal of the American Medical Association* 304, 2010, pp. 1315-1316.

129. Nick Webborn et al. , "Direct-to-consumer Genetic Testing for Predicting Sports Performance and Talent Identification: Consensus Statement", *British Journal of Sports Medicine* 49, 2015, pp. 1486-1491.

130. Nicole M. Krause et al. , "Fact-checking as Risk Communication: The Multilayered Risk of Misinformation in Times of COVID-19", *Journal of Risk Research* 23, 2020, pp. 1052-1059.

131. Ninette Amariglio et al. , "Donor-derived Brain Tumor Following Neural Stem Cell Transplantation in An Ataxia Telangiectasia Patient", *PLOS Medicine* 6, 2009, pp. 221-231.

132. Nishakanthi Gopalan, Siti Nurani Mohd Nor, Mohd Salim Mohamed, "Global Human Embryonic Stem Cell Laws and Policies and Their Influence on Stem Cell Tourism", *Biotechnology Law Report* 37, 2018, pp. 255-269.

133. Nola M Ries, Christen Rachul, and Timothy Caulfield, "Newspaper Reporting on Legislative and Policy Interventions to Address Obesity: United States, Canada, and the United Kingdom", *Journal of Public Health Policy* 32, 2011,

pp. 73-90.

134. Norra MacReady, "The Murky Ethics of Stem-cell Tourism", *The Lancet Oncology* 10, 2009, pp. 317-318.

135. Olayinka O. Ogunleye et al. , "Response to the Novel Corona Virus (COVID-19) Pandemic Across Africa: Successes, Challenges, and Implications for the Future", *Frontiers in Pharmacology* 11, 2020, pp. 1-36.

136. Olle Lindvall, Insoo Hyun, "Medical Innovation Versus Stem Cell Tourism", *Science* 324, 2009, pp. 1664-1665.

137. Peter Lee, "Innovation and the Firm: A New Synthesis", *Stanford Law Review* 70, 2018, pp. 1431-1502.

138. Priscila Biancovilli, de Oliveira Cardoso Machado Gabriel, and Claudia Jurberg, "Celebrity and Health Promotion: How Media Can Play an Active Role in Cancer Prevention and Early Detection", *Journal of Media and Communication Studies* 7, 2015, pp. 41-48.

139. Priscilla Song, "Biotech Pilgrims and the Transnational Quest for Stem Cell Cures", *Medical Anthropology* 29, 2010, pp. 384-402.

140. Priscilla Song, "The Proliferation of Stem Cell Therapies in Post-Mao China: Problematizing Ethical Regulation", *New Genetics and Society* 30, 2011, pp. 141-153.

141. Rachele M Hendricks-Sturrup, Christine Y Lu, "Direct-to-consumer Genetic Testing Data Privacy: Key Concerns and Recommendations Based on Consumer Perspectives", *Journal of Personalized Medicine* 9, 2019, p. 25.

142. Robert M. Entman, "Framing: Toward Clarification of A Fractured Paradigm", *Journal of Communication* 43, 1993, pp. 51-58.

143. Rosemary Davidson, Kate Hunt, and Jenny Kitzinger, " 'Radical Blueprint for Social Change' ? Media Representations of New Labour's Policies on Public Health", *Sociology of Health and Illness* 25, 2003, pp. 532-552.

144. Ross MacKenzie et al. , " 'The News is [not] All Good' : Misrepresentations and Inaccuracies in Australian News Media Reports on Prostate Cancer Screening", *Medical Journal of Australia* 187, 2007, pp. 507-510.

145. Ruairi Connolly, Timothy O'Brien, and Gerard Flaherty, "Stem Cell Tourism — A Web-based Analysis of Clinical Services Available to International Travellers", *Travel Medicine and Infectious Disease* 12, 2014, pp. 695-701.

146. Ruchir Raman, "The Impact of Genetically Modified (GM) Crops in Modern Agriculture: A Review", *GM Crops and Food* 8, 2017, pp. 195-208.

147. Sahar Mehranfar et al. , "The Use of Stromal Vascular Fraction (SVF), Platelet-Rich Plasma (PRP) and Stem Cells in the Treatment of Osteoarthritis: An Overview of Clinical Trials", *Artificial Cells, Nanomedicine, and Biotechnology* 47, 2019, pp. 882-890.

148. Sahil Loomba et al. , "Measuring the Impact of COVID-19 Vaccine Misinformation on Vaccination Intent in the UK and USA, *Nature Human Behavior* 5, 2021, pp. 337-348.

149. Seppo Ylä-Herttuala, "The Need for Increased Clarity and Transparency in the Regulatory Pathway for Gene Medicines in the European Union", *Molecular Therapy* 20, 2012, pp. 471-472.

150. Sorapop Kiatpongsan, Douglas Sipp, "Monitoring and Regulating Offshore Stem Cell Clinics", *Science* 323, 2009, pp. 1564-1565.

151. Stephany Tandy-Connor et al. , "False-Positive Results Released by Direct-to-Consumer Genetic Tests Highlight the Importance of Clinical Confirmation Testing for Appropriate Patient Care", *Genetics in Medicine* 20, 2018, pp. 1515-1521.

152. Steven J Hoffman, Charlie Tan, "Biological, Psychological and Social Processes that Explain Celebrities' Influence on Patients' Health-related Behaviors", *Archives of Public Health* 73, 2015, p. 3.

153. Steven J Hoffman, Charlie Tan, "Following Celebrities' Medical Advice: Meta-narrative Analysis", *British Medical Journal* 347, 2013, p. f7151.

154. Stuart Hogarth, GailJavitt, David Melzer, "The Current Landscape for Direct-to-consumer Genetic Testing: Legal, Ethical, and Policy Issues", *Annual Review of Genomics and Human Genetics* 9, 2008, pp. 161-182.

155. Sunita Desai, Anupam B Jena, "Do Celebrity Endorsements Matter?

Observational Study of BRCA Gene Testing and Mastectomy Rates after Angelina Jolie's New York Times Editorial", *British Medical Journal* 355, 2016, p. i6357.

156. Susana Cantero Peral, Harold M Burkhart, and Timothy J Nelson, "Utilization of Stem Cells to Treat Congenital Heart Disease: Hype and Hope", *Current Opinion in Pediatrics* 26, 2014, pp. 553-560.

157. Tamara Taggart et al. , "Social Media and HIV: A Systematic Review of Uses of Social Media in HIV Communication", *Journal of Medical Internet Research* 17, 2015, p. e248.

158. Tania Bubela et al. , "Is Belief Larger Than Fact: Expectations, Optimism and Reality for Translational Stem Cell Research", *BMC Medicine* 10, 2012, p. 133.

159. Tania Bubela et al. , "Science Communication Reconsidered", *Nature Biotechnology* 27, 2009, pp. 514-518.

160. Tania Bubela, Timothy Caulfield, "Do the Print Media ' Hype ' Genetic Research? A Comparison of Newspaper Stories and Peer-reviewed Research Papers", *Canadian Medical Association Journal* 170, 2004, pp. 1399-1407.

161. Tatjana Ivaskiene, Mykolas Mauricas and Justinas Ivaska, " Hospital Exemption for Advanced Therapy Medicinal Products: Issue in Application in the European Union Member States", *Current Stem Cell Research and Therapy* 12, 2017, pp. 45-51.

162. Theodora Chortara et al. , "An EU Comparative Analysis of the Regulation of Clinical Trials Supervisory Bodies in the Aftermath of Regulation 536/2014", *European Public Law* 26, 2020, pp. 307-330.

163. Thomas R Caulfield, Christen Rachul, "Science Spin: IPS Cell Research in the News", *Clinical Pharmacology and Therapeutics* 89, 2011, pp. 644-646.

164. Timothy Caulfield, " Biotechnology and the Popular Press: Hype and the Selling of Science", *Trends in Biotechnology* 22, 2004, pp. 337-339.

165. Timothy Caulfield, "Should We Call It Fraud?", *Hastings Center Report* 42, 2014, p. inside-back.

166. Timothy Caulfield, Amy McGuire, "Athletes' Use of Unproven Stem Cell

Therapies: Adding to Inappropriate Media Hype?", *Molecular Therapy* 20, 2012, pp. 1656-1658.

167. Timothy Caulfield, Amy McGuire, "Direct-to-Consumer Genetic Testing: Perceptions, Problems, and Policy Responses", *Annual Review of Medicine* 63, 2012, pp. 23-33.

168. Timothy Caulfield, AmyZarzeczny, "Stem Cell Tourism and Canadian Family Physicians", *Canadian Family Physician* 58, 2012, pp. 365-368, e182-185.

169. Timothy Caulfield, Blake Murdoch, "Regulatory and Policy Tools to Address Unproven Stem Cell Interventions in Canada: The Need to Action", *BMC Medical Ethics* 20, 2019, p. 51.

170. Timothy Caulfield, C. M. Condit, "Science and the Sources of Hype", *Public Health Genomics* 15, 2012, pp. 209-217.

171. Toby A. Ten Eyck, "The Media and Public Opinion on Genetics and Biotechnology: Mirrors, Windows, or Walls?", *Public Understanding of Science* 14, 2005, pp. 305-316.

172. Toby Overmaat et al. , "Consumer-facing Genetic Testing in China: A Status Report", *Lancet* 392, 2018, p. S50.

173. Tomiko Yamaguchi, Fumiaki Suda, "Changing Social Order and the Quest for Justification: GMO Controversies in Japan", *Science, Technology, and Human Values* 35, 2010, pp. 382-407.

174. Tony Sheldon, "Dutch Clinic is Ordered to Stop Giving Stem Cell Therapy", *British Medical Journal* 333, 2006, p. 770.

175. Tony Sheldon, "The Netherlands Bans Private Stem Cell Therapy", *British Medical Journal* 334, 2007, p. 12.

176. Ubaka Ogbogu et al. , "Chinese Newspaper Coverage of (unproven) Stem Cell Therapies and Their Providers", *Stem Cell Reviews and Reports* 9, 2013, pp. 111-118.

177. Ubaka Ogbogu, Christen Rachul, Timothy Caulfield, "Reassessing Direct-to-consumer Portrayals of Unproven Stem Cell Therapies: Is It Getting Better?",

Regenerative Medicine 8, 2013, pp. 361-369.

178. Ubaka Ogbogu, Li Du, Christen Rachul, Lisa Bélaner, and Tim Caulfield, "Chinese Newspaper Coverage of (Unproven) Stem Cell Therapies and Their Providers", *Stem Cell Reviews and Reports* 9, 2013, pp. 111-118.

179. Vera Lúcia Raposo and Li Du, "Stem Cell Based Products in Europe and In China: Where Are We and Where Should We Go?", *European Pharmaceutical Law Review* 4 (3), 2020, pp. 161-171.

180. Weiping Yuan et al., "Stem Cell Science on the Rise in China", *Cell Stem Cell* 10, 2012, pp. 12-15.

181. Xinliang Zhao et al., "Genetic Services and Testing in China", *Journal of Community Genetics* 4, 2013, pp. 379-390.

182. Yang Feng, "The Future of China's Personal Data Protection Law: Challenges and Prospects", *Asia Pacific Law Review* 27, 2019, pp. 62-82.

183. Yanni Wu, "Reporting of Ethical Considerations in Clinical Trials in Chinese Nursing Journals", *Nursing Ethics* 26, 2019, pp. 973-983.

184. Yaqiong Jin et al., "Application of Genome Analysis Strategies in the Clinical Testing for Pediatric Diseases", *Pediatric Investigation* 2, 2018, pp. 72-81.

185. Yijia Li et al., "Regulations on Cell Therapy Products in China: A Brief History and Current Status", *Regenerative Medicine* 14, 2019, pp. 791-803.

186. Yongxi Chen, Lingqiao Song, "China: Concurring Regulation of Cross-border Genomic Data Sharing for Statist Control and Individual Protection", *Human Genetics* 137, 2018, pp. 605-615.

187. Y Y Brandon Chen, Colleen M Flood, "Medical Tourism's Impact on Health Care Equity and Access in Low- and Middle-Income Countries: Making the Case for Regulation", *Journal of Law, Medicine and Ethics* 41, 2013, pp. 286-300.

188. Zhaohua Deng, Shan Liu, "Understanding Consumer Health Information-seeking Behavior from the Perspective of the Risk Perception Attitude Framework and Social Support in Mobile Social Media Websites", *International Journal of Medical Informatics* 105, 2017, pp. 98-109.

189. Zhengpeng Luo, Olga Zayts, Hannah Shipman, " 'His Story Is Truly Vivid...': The Role of Narratives of Vicarious Experience in Commodification and Marketisation of Genetic Testing in Chinese Social Media", *Journal of Pragmatics* 155, 2020, pp. 111-122.

190. Zubin Master et al., "Stem Cell Tourism and Public Education: The Missing Elements", *Cell Stem Cell* 15, 2014, pp. 267-270.

191. Zubin Master, David B Resnik, " Stem-cell Tourism and Scientific Responsibility", *European Molecular Biology Organization Reports* 12, 2011, pp. 992-995.

192. Zubin Master, Ubaka Ogbogu, "Editorials (Stem Cell Tourism in the Era of Personalized Medicine: What We Know, and What We Need to Know)", *Current Pharmacogenomics and Personalized Medicine* 10, 2012, pp. 106-110.

八、英文网站文献

1. Aaron Saenz, "Costa Rica Shuts Down Stem Cell Medical Tourism Destination", https://singularityhub.com/2010/06/10/costa-rica-shuts-down-stem-cell-medical-tourism-destination/, March 10, 2021.

2. Alliance for Regenerative Medicine, "Clinical Trials in Europe: Recent Trends in ATMP Development ", https://alliancerm.org/wp-content/uploads/2019/10/Trends-in-Clinical-Trials-2019-Final_Digital.pdf, February 26, 2021.

3. Amy Maxmen, " Genetically Modified Apple Reaches US Stores, But Will Consumers Bite?", https://www.nature.com/news/genetically-modified-apple-reaches-us-stores-but-will-consumers-bite-1.22969, February 23, 2021.

4. Andrew Perrin, "Social Media Usage: 2005-2015", https://www.pewresearch.org/internet/2015/10/08/social-networking-usage-2005-2015/, March 18, 2021.

5. Angelina Jolie, "My Medical Choice", https://www.nytimes.com/2013/05/14/opinion/my-medical-choice.html?_r=0, March 18, 2021.

6. Angelina Jolie Pitt, "Angelina Jolie Pitt: Diary of a Surgery", https://www.nytimes.com/2015/03/24/opinion/angelina-jolie-pitt-diary-of-a-surgery.html, March

18, 2021.

7. Aradhana Aravindan, John Geddie, "Singapore Approves Sale of Lab-Grown Meat in World First", https: //www. reuters. com/article/us-eat-just-singapore-idUKKBN28C06Z, March 31, 2021.

8. Associated Press, "FDA: Florida Stem Cell Clinic Violates Law", https: // health. wusf. usf. edu/hnf-stories/2016-02-08/fda-florida-stem-cell-clinic-violates-law, March 6, 2021.

9. Australian Stem Cell Center, "Stem Cell Therapies: Now and in the Future—the Australian Stem Cell Center Patient Handbook", https: //1library. net/document/ yj83klpq-stem-cell-therapies-future-australian-centre-patient-handbook. html, March 10, 2021.

10. Australian Trade and Investment Commission, "Precision Medicine (Genomics)", https: //www. austrade. gov. au/digitalhealth/precision-medicine/precision-medicine, March 31, 2021.

11. Bartha Maria Knoppers et al. , "Human Gene Editing: Revisiting Canadian Policy", https: //www. nature. com/articles/s41536-017-0007-2, February 23, 2021.

12. Biotechnology Innovation Organization, "Synthetic Biology Explained", https: //archive. bio. org/articles/synthetic-biology-explained, February 23, 2021.

13. Calvin Schmidt, Kevin Costa, "These 37 Synthetic Biology Companies Raised $ 1. 2B this Quarter", https: //synbiobeta. com/these-37-synthetic-biology-companies-raised-1-2b-this-quarter/, February 26, 2021.

14. Christen M Rachul, "What Have I Got to Lose? : An Analysis of Stem Cell Therapy Patients Blog", https: //www. semanticscholar. org/paper/%22What-have-I-got-to-lose%22%3A-An-analysis-of-stem-cell-Rachul/5a04392fc2057af602516cb3612319 b198122fba, March 18, 2021.

15. Codex Alimentarius Secretariat, "Biotechnology", http: //www. fao. org/fao-who-codexalimentarius/thematic-areas/biotechnology/en/, February 26, 2021.

16. Congress of the State of Mexico, "General Health Act, 1984, Art. 48", http: //www. diputados. gob. mx/LeyesBiblio/ref/lgs. htm, March 6, 2021.

17. Cornell Law School, Legal Information Institute, "California Code of Regulations, Section 1363", https：//www. law. cornell. edu/regulations/california/16-CCR-Sec-1363, March 6, 2021.

18. Court of Justice of the European Union, "The Court of Justice Invalidates Decision 2016/1250 on the Adequacy of the Protection Provided by the EU-US Data Protection Shield", https：//curia. europa. eu/jcms/upload/docs/application/pdf/2020-07/cp200091en. pdf, June 21, 2021.

19. Dan Forbush, "Protecting Intellectual Property in China：A Synbiobeta Panel Set for June in Beijing", https：//synbiobeta. com/protecting-intellectual-property-china/, February 26, 2021.

20. Darryl Dyck, "Gordie Howe's Stem Cell Therapy Raises Concerns Among Regenerative Medicine Experts", https：//nationalpost. com/health/gordie-howes-stem-cell-therapy-raises-concerns-among-regenerative-medicine-experts, March 18, 2021.

21. David Cyranoski, "Patients Seek Stem-cell Compensation", http：//blogs. nature. com/news/2012/07/patients-seek-stem-cell-compensation. html, March 10, 2021.

22. David Payne, "The Scientists Who Feed Us", https：//www. nature. com/articles/d41586-018-07672-8, February 26, 2021.

23. Davide Castelvecchi, "The Science Events to Watch for in 2020", https：//www. nature. com/articles/d41586-019-03910-9, February 26, 2021.

24. Doug Sipp, "The Rocky Road to Regulation", https：//www. nature. com/articles/stemcells. 2009. 125, March 6, 2021.

25. European Medicines Agency, "Advanced Therapy Medicinal Products：Overview", https：//www. ema. europa. eu/en/human-regulatory/overview/advanced-therapy-medicinalproducts-overview # advanced-therapies-in-the-product-lifecycle-section, February 26, 2021.

26. European Medicines Agency, "ChondroCelect", https：//www. ema. europa. eu/en/medicines/human/EPAR/chondrocelect, February 26, 2021.

27. European Medicines Agency, "Procedural Advice on the Provision of Scientific

Recommendation on Classification of Advanced Therapy Medicinal Products in Accordance with Article 17 of Regulation (EC) No1394/2007", https://www. ema. europa. eu/en/documents/regulatory-procedural-guideline/ procedural-advice-provision-scientific-recommendation-classification-advanced-therapy-medicinal/2007_en. pdf, February 26, 2021.

28. European Parliament, Council of the European Union, "Directive 2001/83/EC of the European Parliament and of the Council of 6 November 2001 on the Community Code Relating to Medicinal Products for Human Use", https://eur-lex. europa. eu/ legal-content/en/ALL/? uri=CELEX%3A32001L0083, February 26, 2021.

29. European Parliament, Council of the European Union, "Regulation (EC) No 1394/2007 of the European Parliament and of the Council of 13 November 2007 on advanced therapy medicinal products and amending Directive 2001/83/EC and Regulation (EC) No 726/2004", https://eur-lex. europa. eu/legal-content/EN/ ALL/? uri=celex%3A32007R1394, February 26, 2021.

30. European Parliament, Council of the European Union, "Regulation (EU) 536/2014 of the European Parliament and of the Council of 16 April 2014 on clinical trials on medicinal products for human use, and repealing Directive 2001/20/EU", https://eur-lex. europa. eu/legal-content/EN/TXT/? uri=CELEX%3A32014R0536, February 26, 2021.

31. European Scientific Committee, "Opinion on Synthetic Biology I Definition", https://ec. europa. eu/health/scientific_committees/emerging/docs/scenihr_o_044. pdf, February 26, 2021.

32. European Union, "Treaty of Lisbon", https://www. refworld. org/docid/ 476258d32. html, February 26, 2021.

33. Ferris Jabr, "Dangers of Untested Stem Cell Cosmetics", https://www. scientificamerican. com/article/stem-cell-cosmetics/, March 6, 2021.

34. Florida Health, "Prosecution Services", http://www. floridahealth. gov/ licensing-and-regulation/enforcement/admin-complaint-process/psu. html, March 6, 2021.

35. Food and Drug Administration （FDA）， "Consumer Alert on Regenerative Medicine Products Including Stem Cells and Exosomes", https：//www. fda. gov/vaccines-blood-biologics/consumers-biologics/consumer-alert-regenerative-medicine-products-including-stem-cells-and-exosomes #：~：text = Currently% 2C% 20the% 20only% 20stem% 20cell， derived% 20from% 20umbilical% 20cord% 20blood， February 26， 2021.

36. Food and Drug Administration （FDA）， "Generally Recognized as Safe （GRAS） ", https：//www. fda. gov/food/food-ingredients-packaging/generally-recognized-safe-gras， February 26， 2021.

37. Food and Drug Administration （FDA）， "Regulatory Procedures Manual：Chapter 7-Recall Procedures", https：//www. fda. gov/media/71814/download， February 26， 2021.

38. Food and Drug Administration （FDA）， "The Federal Food， Drug， and Cosmetic Act", https：//uscode. house. gov/view. xhtml？ path =/prelim @ title21/chapter9&edition = prelim， February 26， 2021.

39. General Medical Council， "Re Dr. Robert Theodore Henri Kees TROSSEL， Reg. No. 6049460. Fitness to Practise Panel Minutes", https：//quackwatch. org/wp-content/uploads/sites/33/quackwatch/casewatch/foreign/trossel/sanction. pdf， March 6， 2021.

40. Genomeweb， "FDA Approves Foundation Medicine Liquid Biopsy Test as CDx for Lynparza", https：//www. genomeweb. com/companion-diagnostics/fda-approves-foundation-medicine-liquid-biopsy-test-cdx-lynparza # . YGV6MmQzZ6o， March 31， 2021.

41. Gina Kolata， "A Cautionary Tale of ‘ Stem Cell Tourism ’ ", https：//www. nytimes. com/2016/06/23/health/a-cautionary-tale-of-stem-cell-tourism. html， March 6， 2021.

42. Global market Insights， "DTC Genetic Testing Market to Exceed US ＄3. 4 Bn by 2028", https：//www. gminsights. com/pressrelease/direct-to-consumer-dtc-genetic-testing-market， March 1， 2021.

43. Government of Canada, "Assisted Human Reproduction Act", https: //laws-lois. justice. gc. ca/eng/acts/A-13. 4/, February 23, 2021.

44. Government of Gujarat Legislativeand Parliamentary Affairs Department, "Gujarat Medical Council Act, 1967", https: //www. indiacode. nic. in/handle/123456789/6048? view _ type = browse&sam _ handle = 123456789/2455, March 6, 2021.

45. Gov Lab Digest, "How the Enlightenment Ends", http: //thegovlab. org/how-the-enlightenment-ends/, February 26, 2021.

46. Gretchen Vogel, "Authorities Shut Controversial German Stem Cell Clinic", https: //www. sciencemag. org/news/2011/05/authorities-shut-controversial-german-stem-cell-clinic, March 10, 2021.

47. Gujarat Medical Council, "Gujarat Medical Council Rules, 1969", http: //www. gmcgujarat. org/actnrules. aspx? id=30, March 6, 2021.

48. Guoyan Wang, Lingfei Wang, Jiafei Shen, "Food to Politics: Representations of Genetically Modified Organisms in Cartoons on the Internet in China", https: //journals. sagepub. com/doi/full/10. 1177/0963662520983564, February 23, 2021.

49. Health Canada, "Health Canada Is Advising Canadians About the Potential Health Risks Associated withUnauthorized Cell Therapy Treatments Such as Stem Cell Therapy ", https: //healthycanadians. gc. ca/recall-alert-rappel-avis/hc-sc/2019/69974a-eng. php, February 26, 2021.

50. Helene St. James, "Gordie Howe Underwent Stem Cell Clinical Trial in Mexico ", https: //www. freep. com/story/sports/nhl/red-wings/2014/12/19/detroit-red-wings-gordie-howe/20666829/, March 18, 2021.

51. International Risk Governance Council, "Guidelines for the Appropriate Risk Governance of Synthetic Biology", https: //irgc. org/wp-content/uploads/2018/09/irgc_SB_final_07jan_web. pdf, February 26, 2021.

52. International Society for Stem Cell Research, "ISSCR Guidelines for Stem Cell Research and Clinical Translation 2021 Update, 3. 5 Unproven Stem Cell-based Interventions and Medical Innovation", https: //www. isscr. org/policy/guidelines-for-

stem-cell-research-and-clinical-translation/sections/part3/part35, June 23, 2021.

53. International Society for Stem Cell Research, "Patient Handbook on Stem Cell Therapies", https://www. isscr. org/docs/default-source/patient-handbook/isscrpa-tienthandbook. pdf, March 10, 2021.

54. International Society for Stem Cell Research, "Stem Cell Reports", https://www. cell. com/stem-cell-reports/home, March 18, 2021.

55. Jan H. Jans, "Minimum Harmonisation and the Role of the Principle of Proportionality", https://papers. ssrn. com/sol3/papers. cfm? abstract_id = 1105341, February 26, 2021.

56. Jeff Gelski, "FDA: Impossible Foods' Use of Heme is Safe", https://www. meatpoultry. com/articles/22360-fda-impossible-foods-use-of-heme-is-safe, February 26, 2021.

57. Jeffrey Smith, "Genetically Engineered Soybeans May Cause Allergies", http://articles. mercola. com/sites/articles/archive/2010/07/08/genetically-engineered-soybeans-may-cause-allergies. aspx, March 10, 2021.

58. Jules Montague, "The 'Unwarranted Hype' of Stem Cell Therapies", https://www. bbc. com/future/article/20190819-the-unwarranted-hype-of-stem-cell-therapies-for-autism-ms, March 6, 2021.

59. Kristen J Shilton, "Gordie Howe's Health Improving After Stem Cell Injections", https://www. usatoday. com/story/sports/nhl/wings/2014/12/19/gordie-howe-stem-cell-injections-health-improving-nhl/20667327/, March 18, 2021.

60. Mayo Clinic Care Network, "Proud Member Of Mayo Clinic Care Network", https://www. ahdubai. com/mayo-clinic-care-network, March 6, 2021.

61. Medical Board of California, "Guide to the Laws Governing the Practice of Medicine, 7th ed, 2013", http://www. mbc. ca. gov/Download/Publications/laws-guide. pdf, March 6, 2021.

62. Medical Board of California, "In the Matter of the Accusation Against Darryl Matthew See, M. D. Division of Medical Quality, File No. 04-2004-161179", https://quackwatch. org/wp-content/uploads/sites/33/quackwatch/casewatch/board/

med/see/surrender. pdf, March 6, 2021.

63. Medical Board of Queensland, "Re Dr. HarveyTarvydas Medical Board of Queensland v. Tarvydas", http：//www. austlii. edu. au/cgi-bin/sinodisp/au/cases/qld/QCAT/2010/246. html? stem = 0&synonyms = 0&query = Tarvydas#fn4, March 6, 2021.

64. Medical Council of India, "Indian Medical Council (Professional Conduct, Etiquette and Ethics) Regulations, 2002", https：//wbconsumers. gov. in/writereaddata/ACT% 20&% 20RULES/Relevant% 20Act% 20&% 20Rules/Code% 20of% 20Medical% 20Ethics%20Regulations. pdf, March 6, 2021.

65. Medline Plus, "What Are the Types of Genetic Tests? ", https：//medlineplus. gov/genetics/understanding/testing/uses/, March 1, 2021.

66. Michael Mezher, "FDA Warns Three Companies Over DTC Genetic Tests", http：//www. raps. org/Regulatory-Focus/News/2015/11/09/23563/FDA-Warns-Three-Companies-Over-DTC-Genetic-Tests/, March 1, 2021.

67. Mike Halford, "Gordie Howe Makes 'amazing' Recovery Following Stem Cell Treatment in Mexico", https：//nhl. nbcsports. com/2014/12/19/gordie-howe-makes-amazing-recovery-following-stem-cell-treatment-in-mexico/, March 18, 2021.

68. Ministry of Health and Family Welfare, "The Drugs and Magic Remedies (Objectionable Advertisement) Act, 1954", https：//www. indiacode. nic. in/handle/123456789/1412? view _ type = browse&sam _ handle = 123456789/1362, March 6, 2021.

69. Mo Tu, Mengyao He, "Open New Measures-From Shanghai New Policies to Review China's Stem Cell Industry Development and Relevant Supervision", http：//www. zhonglun. com/Content/2019/08-20/1505205203. html, February 26, 2021.

70. National Health System, "Personalised Medicine", https：//www. england. nhs. uk/healthcare-science/personalisedmedicine/, March 31, 2021.

71. National Human Genome Research Institute, "Ethical, Legal and Social Implications Research Program", https：//www. genome. gov/Funded-Programs-Projects/ELSI-Research-Program-ethical-legal-social-implications, February 23, 2021.

72. National Human Genome Research Institute, "Genetic Testing", https: // www. genome. gov/genetics-glossary/Genetic-Testing, March 1, 2021.

73. National Institutes of Health, "The Future of Health Begins with You", https: //allofus. nih. gov/, March 31, 2021.

74. National Legislative Bodies, "México: Código Penal Federal, 1931, Art. 228", https: //www. refworld. org/docid/4c502b942. html, March 6, 2021.

75. Nature, "Stem-Cell Laws in China Fall Short", https: //www. nature. com/ articles/467633a, February 26, 2021.

76. Niu Shuping, Tom Miles, "China Mulls GMO Food Law, Grain Law Ready in 2011 ", https: //www. reuters. com/article/us-china-food-gmo/china-mulls-gmo-food-law-grain-law-ready-in-2011-idUSTRE6BQ0VV20101227, March 10, 2021.

77. Noah Trister, "Family Credit Gordie Howe's Recovery to Stem Cell Trial", https: //www. thestar. com/sports/hockey/2014/12/19/family_credit_gordie_howes_ recovery_to_stem_cell_trial. html, March 18, 2021.

78. Noah Trister, "Gordie Howe's Stem Cell Treatment Brings 'Miraculous' Results", https: //www. huffingtonpost. ca/2014/12/19/gordie-howe-stem-cell-recovery_n_6358012. html, March 18, 2021.

79. Organisation for Economic Co-operation and Development, " Consumer Protection in E-commerce OECD Recommendation 2016", https: //www. oecd. org/ sti/consumer/ECommerce-Recommendation-2016. pdf, March 6, 2021.

80. Parliament of India, "The Indian MedicalCouncil Act, 1956", https: // www. indiacode. nic. in/handle/123456789/6821? view_type = browse&sam_handle = 123456789/2492, March 6, 2021.

81. Peter W. Marks, Celia M. Witten, Robert M. Califf, "Clarifying Stem-Cell Therapy's Benefits and Risks", https: //www. aadlab. org/wp-content/uploads/2019/ 04/ClarifyingStem-CellTherapy%E2%80%99sBenefitsandRisks. pdf, February 26, 2021.

82. Renée Johnson, "The Federal Food Safety System: A Primer", https: // fas. org/sgp/crs/misc/RS22600. pdf, February 26, 2021.

83. Research Canada, "Media Science Forum: Public Opinion Research Results",

http：//files. voog. com/0000/0024/8635/files/RC-MediaScienceForum ＿ PORPoll ＿ Dec2007_Report. pdf, March 18, 2021.

84. Robert Mendick, "Stem Cell Clinic that 'Preyed on the Vulnerable'", https：// www. telegraph. co. uk/news/health/news/9192157/Stem-cell-clinic-that-preyed-on-the-vulnerable. html, March 6, 2021.

85. Robert Mendick, "Stem Cell Doctor Forced to Close His Clinic After Child's Death is Back in Business", http：//www. telegraph. co. uk/health/healthnews/ 9192216/Stem-cell-doctor-forced-to-close-his-clinic-after-childs-death-is-back-in-business. html, March 10, 2021.

86. Rory Carroll, "Costa Rican Health Ministry Bans Experimental Stem Cell Treatment", http：//www. guardian. co. uk/world/2010/jun/07/costa-rica-stem-cell-treatment, March 10, 2021.

87. Sam Byford, "Apple Shuts Down Twitter Analytics Service Topsy", https：// www. theverge. com/2015/12/16/10272128/topsy-shut-down-apple-twitter-analytics, March 18, 2021.

88. Sheryl Ubelacker, "Gordie Howe's 'Miracle' in Mexico Stirs Experts' Doubts About Stem-cell Therapy", https：//www. theglobeandmail. com/life/health-and-fitness/ health/gordie-howes-miracle-in-mexico-stirs-experts-doubts-about-stem-cell-therapy/article 22695984/, March 18, 2021.

89. Singapore Medical Council Press Release, "Disciplinary Inquiry for Dr. Wong Yoke Meng, Dated November 3, 2010", https：//www. healthprofessionals. gov. sg/ docs/librariesprovider2/publications-newsroom/press-releases/2010/14-press-release ＿ dr-wong-yoke-meng_3nov10. pdf, March 6, 2021.

90. Singapore Medical Council Press Release, "Disciplinary Inquiry for Dr. Wong Yoke Meng, Dated November 9, 2010", https：//www. healthprofessionals. gov. sg/ docs/librariesprovider2/publications-newsroom/press-releases/2010/15-press-release ＿ dr-wong-yoke-meng4_9nov10. pdf, March 6, 2021.

91. St. Albert Gazette, "Stem Cell Treatment Gives Local Family New Lease on Life", https：//www. stalberttoday. ca/local-news/stem-cell-treatment-gives-local-family-

new-lease-on-life-1288253, March 18, 2021.

92. State of Florida Board of Medicine, "Florida Department of Health v. Zannos G. Grekos. DOH-13-0914-FOF-MQA", https://mqa-internet. doh. state. fl. us/ MQASearchServices/Document/MTc4OTQyMTU%3D, March 6, 2021.

93. Stem Cell Network, "Stem Cell Hype and the Dangers of Stem Cell 'Tourism'", http://www. stemcellnetwork. ca/uploads/File/whitepapers/Stem-Cell-Hype. pdf, March 6, 2021.

94. Stuart N. Soroka, "Public Perceptions and Media Coverage of the Canadian Health Care System: A Synthesis", http://www. cfhi-fcass. ca/sf-docs/default-source/commissioned-research-reports/Soroka1-EN. pdf? sfvrsn=0, March 18, 2021.

95. Susan Berfield, "CellTex Says It's Moving Its Stem Cell Business to Mexico", https://www. bloomberg. com/news/articles/2013-01-31/celltex-says-its-moving-its-stem-cell-business-to-mexico, March 6, 2021.

96. Synbiobeta Website, "Motif FoodWorks Partners with the University of Massachusetts Amherst to Optimize Formulation Processes for Plant-based Food Proteins", https://synbiobeta. com/motif-foodworks-partners-with-the-university-of-massachusetts-amherst-to-optimize-formulation-processes-for-plant-based-food-proteins/, February 26, 2021.

97. Synbiobeta Website, "The Good Food Institute Awards $4. 5M to Fill Gaps in Plant-based and Cultivated Meat Science in 2019", https://synbiobeta. com/the-good-food-institute-awards-4-5m-to-fill-gaps-in-plant-based-and-cultivated-meat-science-in-2019/, February 26, 2021.

98. Synenergene Project, "Adaptive Biosafety Assessment as a Learning Process - Strategy Paper (2017)", https://www. synenergene. eu/resource/adaptive-biosafety-assessment-learning-process-strategy-paper-2017. html, February 26, 2021.

99. Tenth Meeting of the Conference of the Parties to the Convention on Biological Diversity, "Text of the Cartagena Protocol on Biosafety", http://bch. cbd. int/ protocol/text/, February 23, 2021.

100. The Associated Press, "Monsanto Strong-Arms Seed Industry", https://

www. cbsnews. com/news/ap-monsanto-strong-arms-seed-industry/, March 10, 2021.

101. The Congress of the United Mexican States, "Federal Consumer Protection Law", https：//www. profeco. gob. mx/juridico/pdf/l _ lfpc _ 06062006 _ ingles. pdf, March 6, 2021.

102. The Department of State's Administrative Code, Register and Laws Section, "Florida Administrative Code, Rule 64B8-8. 001 ", https：//www. flrules. org/ gateway/ruleNo. asp? id = 64B8-8. 001, March 6, 2021.

103. The Economic Times, "Apollo Group Ties with J Hopkins", https：// economictimes. indiatimes. com/apollo-group-ties-with-j-hopkins/articleshow/1316882. cms? from = mdr, March 6, 2021.

104. The Economist, "Stem Cells in China, Wild East or Scientific Feast? ", https：//www. economist. com/science-and-technology/2010/01/14/wild-east-or-scientific-feast, February 26, 2021.

105. The Florida Legislature, "Regulation of Professions and Occupations, s. 458. 331", http：//www. leg. state. fl. us/statutes/index. cfm? App _ mode = Display _ Statute&URL = 0400-0499/0458/Sections/0458. 331. html, March 6, 2021.

106. The Florida Legislature, "The 2020 Florida Statutes", http：//www. leg. state. fl. us/Statutes/index. cfm? App_mode = Display_Statute&URL = 0700-0799/0766/ Sections/0766. 102. html, March 6, 2021.

107. The Minister of Consumer Affairs, Food and Public Distribution, "Consumer Protection Act, 2019 ", https：//www. indiacode. nic. in/bitstream/123456789/ 15256/1/a2019-35. pdf, March 6, 2021.

108. The National Academies of Sciences, Engineering, and Medicine, "Biodefense in the Age of Synthetic Biology", https：//www. nationalacademies. org/ ocga/briefings-to-congress/biodefense-in-the-age-of-synthetic-biology, February 26, 2021.

109. The National Academies Press, " Preparing for Future Products of Biotechnology ", https：//www. ncbi. nlm. nih. gov/books/NBK442204/, February

23, 2021.

110. The Publications Office of the European Union, "Consolidated Text: Directive 2001/18/EC of the European Parliament and of the Council of 12 March 2001 on the Deliberate Release into the Environment of Genetically Modified Organisms and Repealing Council Directive 90/220/EEC", https: //eur-lex. europa. eu/legal-content/EN/TXT/? uri=CELEX%3A02001L0018-20190726, February 26, 2021.

111. The Publications Office of the European Union, "Council Directive 90/219/EEC of 23 April 1990 on the Contained Use of Genetically Modified Micro-organisms", https: //eur-lex. europa. eu/legal-content/EN/TXT/? qid = 1585230579860&uri = CELEX: 31990L0219, February 26, 2021.

112. The Publications Office of the European Union, "Directive 2001/18/EC of the European Parliament and of the Council of 12 March 2001 on the Deliberate Release into the Environment of Genetically Modified Organisms and Repealing Council Directive 90/220/EEC", https: //eur-lex. europa. eu/legal-content/EN/TXT/? qid = 1585900727555 &uri=CELEX: 32001L0018, February 26, 2021.

113. The Publications Office of the European Union, "Regulation (EC) No. 178/2002 of the European Parliament and of the Council of 28 January 2002 Laying Down the General Principles and Requirements of Food Law, Establishing the European Food Safety Authority and Laying Down Procedures in Matters of Food Safety", https: //eur-lex. europa. eu/legal-content/EN/TXT/? qid = 1585901435872&uri = CELEX: 32002R0178, February 26, 2021.

114. The Publications Office of the European Union, "Regulation (EC) No. 1829/2003 of the European Parliament and of the Council of 22 September 2003 on Genetically Modified Food and Feed", https: //eur-lex. europa. eu/legal-content/EN/ALL/? uri=CELEX: 32003R1829, February 26, 2021.

115. The Publications Office of the European Union, "Regulation (EC) No. 1830/2003 of the European Parliament and of the Council of 22 September 2003 Concerning the Traceability and Labelling of Genetically Modified Organisms and the Traceability of

Food and Feed Products Produced from Genetically Modified Organisms and Amending Directive 2001/18/EC", https：//eur-lex. europa. eu/legal-content/EN/TXT/? uri = celex%3A32003R1830, February 26, 2021.

116. The Publications Office of the European Union, "Regulation (EC) No. 852/2004 of the European Parliament and of the Council of 29 April 2004 on the Hygiene of Foodstuffs", https：//eur-lex. europa. eu/legal-content/EN/TXT/? qid = 1585901506400 &uri = CELEX：32004R0852, February 26, 2021.

117. The Publications Office of the European Union, "Regulation (EU) No. 1291/2013 of the European Parliamentand of the Council of 11 December 2013 Establishing Horizon 2020 - the Framework Programme for Research and Innovation (2014-2020) and Repealing Decision No. 1982/2006/EC Text with EEA Relevance", https：//eur-lex. europa. eu/legal-content/EN/TXT/? qid = 1581672143997&uri = CELEX：32013R1291, February 26, 2021.

118. The Publications Office of the European Union, "Regulation (EU) 2015/2283 of the European Parliament and of the Council of 25 November 2015 on Novel Foods, Amending Regulation (EU) No. 1169/2011 of the European Parliament and of the Council and Repealing Regulation (EC) No. 258/97 of the European Parliament and of the Council and Commission Regulation (EC) No. 1852/2001", https：//eur-lex. europa. eu/legal-content/EN/TXT/? qid = 1585327794852&uri = CELEX：32015R2283, February 26, 2021.

119. The Secretariat of the Convention on Biological Diversity, "Strategic Plan for Biodiversity 2011-2020", https：//www. cbd. int/business/meetings-events/2018/, February 26, 2021.

120. The Secretariat of the Convention on Biological Diversity, "Text of the Cartagena Protocol on Biosafety", http：//bch. cbd. int/protocol/text/, February 26, 2021.

121. The Verkhovna Rada of Ukraine, "The Law of Ukraine on Advertising", https：//www. wipo. int/edocs/lexdocs/laws/en/ua/ua073en. pdf, March 6, 2021.

122. Topsy, "Created by Data Scientists: Built for brands", http://api. topsy. com/doc/overview/, March 18, 2021.

123. Transparency Market Research, "Synthetic Biology Market", https://www. transparencymarketresearch. com/synthetic-biology-market. html/, February 26, 2021.

124. U. S. Department of Health and Human Services, "Public Health Service Policies on Research Misconduct", https://ori. hhs. gov/FR_Doc_05-9643, February 26, 2021.

125. U. S. Department of Health and Human Services, "Summary of the HIPAA Security Rule", https://www. hhs. gov/hipaa/for-professionals/security/laws-regulations/index. html, March 1, 2021.

126. U. S. Food and Drug Administration, "FDA Issues Warning Letter to Genomics Lab for Illegally Marketing Genetic Test that Claims to Predict Patients' Responses to Specific Medications", https://www. fda. gov/NewsEvents/Newsroom/PressAnnouncements/ucm635283. htm, March 1, 2021.

127. U. S. Food & Drug Administration, "FDA Warns About Stem Cell Therapies", https://www. fda. gov/consumers/consumer-updates/fda-warns-about-stem-cell-therapies, March 10, 2021.

128. U. S. Food and Drug Administration, "Nucleic Acid Based Tests", http://www. fda. gov/MedicalDevices/ProductsandMedicalProcedures/InVitroDiagnostics/ucm 330711. htm, March 1, 2021.

129. US Government Publishing Office, "Code of Federal Regulations, Title 21 Food and Drug, Parts 170 Food Additives (includes Threshold of Regulation and Premarket Notifications) ", https://www. accessdata. fda. gov/scripts/cdrh/cfdocs/cfcfr/CFRSearch. cfm, February 26, 2021.

130. US Government Publishing Office, "Code of Federal Regulations, Title 45 Public Welfare, Part 46 Protection of Human Subjects", https://www. ncbi. nlm. nih. gov/books/NBK19891/, February 26, 2021.

131. Wockhardt Hospitals, "About Wockhardt", https://sobo.wockhardthospitals.com/about-wockhardt/, March 6, 2021.

132. Zen Soo, "China Becoming Battleground for Plant-based Meat Makers", https://apnews.com/article/beijing-virus-outbreak-china-archive-hong-kong-95ce6d9875c255ee6ab8ea3e0a4a3823, February 26, 2021.